셀프업 26

경영인에게 주는
희망 이야기

경영 멘토링

멘토링코리아 대표 / 류재석 지음

이담 Books

1. 이 책의 개요(Outline)

이 책은 멘토를 체계적으로 양성하여 조직개발에 기여하는 제도적 멘토링(Systematic Mentoring)을 설명하는 내용으로 인간성 바탕 위에 생산성 효과를 얻고자 하는 데 집필 목적을 두었다.

주요 내용은 국내외 경영 현장사례로 맥킨지, GE, 삼성, 삼양그룹, 서울대학 노동부 등 멘토링 성공 모델 30군데를 벤치마킹할 수 있는 자료와 조직에서 개인의 만족과 조직의 효율성을 동시에 달성할 수 있는 멘토링 경영전략 Best-5와 ON/OFF Line 통합시스템으로 경쟁력을 강화하여 저비용 고효율로 생산성 효과를 얻는 방법을 다루었다.

이 책은 CEO, 임직원, 인간존중경영에 관심이 있는 자, 부하 육성 관리자, 산업체 강사 및 컨설턴트, 멘토링에 관심 있는 자, 특히 멘토 등 멘토링 활동에 직접 참여하는 자들에게 개인 및 단체 선물로 적극 추천한다.

2. 이 책의 서언(Preface)

  멘토링 경영은 생산성 측면에서도 중요하다. 조직의 비전과 개인의 비전이 다를 수 있다. 이렇게 되면 회사의 발전에 장애가 생긴다. 두 가지 비전을 하나로 수렴시키는 데 멘토링은 적절한 수단이다.

  최근 기업 환경의 격변은 많은 경영자들을 당혹스럽게 만들고 있다. 예전에는 자신의 체험담을 들려주면서 자신의 경험에 기초하여 이야기하면 직원들도 수긍을 하면서 어느 정도의 성과를 보아온 것이 사실이다. 즉 자신의 경험이 정답이었던 시대였다.

  하지만 지금은 이렇게 위에서 아래로 명령하는 톱다운(Top Down) 방식으로는 큰 성과를 얻기는 어렵다. 과거는 기업을 둘러싸고 있는 상황이 완전히 다르므로 직원을 상대하는 방식도 달라야 한다. 왜냐하면 현대는 정답이 없는 시대이기 때문에 경영자 개인의 경험은 절대로 정답이 될 수 없기 때문이다.

  그러면 어려운 경제 환경에서 참된 기업 경쟁력이란 무엇일까? 고도 성장기에는 매출 지상주의 기업이 주류를 이루었으나 지금의 경제 정체기에는 이익률 중시 기업이 늘고 있다. 이익률 향상을 위해서는 기존의 고객을 유지하고, 이탈을 방지하는 것이 최선의 과제이다. 이것을 실현하기 위해서는 종래와 같이 제품 품질만으로는 차별화가 어렵다. 최근 경영의 핵심은 어떻게 경쟁력 있는 인재를 확보하여 서비스의 질을 높이고 고객 이탈을 막아 이익률을 높일까 하는 것이다. 멘토링 경영의 효과는 이와 같은 사람 중심의 생산성 향상을 실현하는 데 큰 기여를 할 것이다.

고도성장이 가능했고 경쟁의 정도가 지금처럼 심하지 않았던 시기에 통용됐던 '하면 된다', '이렇게 하라'는 식의 티칭(Teaching＝주입식 교육)은 더 이상 유효하지 않다. 이 티칭(Teaching)을 대신할 완전한 새로운 기법으로 지금 경영계에서 가장 각광받는 것이 멘토링 경영 모델이다.

그럼 멘토링이란 무엇일까? 한마디로 말하면 한 사람의 적성을 찾아 역량을 개발하여 조직사회에서 자발적인 행동, 즉 셀프 리더십을 발휘하기 위한 인간 간(人間間) 커뮤니케이션이다. 자신의 생각에 따라 스스로의 나아갈 길을 결정하고 그러기 위해서는 무엇을 해야 되는가를 인식하여 주체적으로 행동하는 것이며, 멘토를 세워 그것을 돕는 것이 멘토링 경영인 것이다.

멘토링을 조직 차원에서 적극적으로 나서서 해야 하는 이유는 너무도 명백하다. 당신의 자문에 이런 대답이 커다란 반향이 되어 돌아올 것이다. "당신이 사회에 처음 발을 디딘 유능한 인재들을 도우면 당연히 그 인재는 더 빨리 그리고 실패의 경험을 줄이며 성공할 수 있고, 조직이나 단체는 비즈니스적으로 좋은 결과를 얻을 수 있으며 무엇보다도 당신 또한 무한한 성취감과 함께 젊은 사람과의 지속적인 만남으로 신신한 감각을 계속 유지해 더 성공할 수 있기 때문이다."

GE 그룹 멘토링 사례에 따르면 멘토의 지도를 받은 사람은 평균적으로 승진이 빠르며 월급도 더 많이 받고 높은 전문성과 능력을 자랑한다. 또한 일에 대한 만족도도 크고 조직에 더 잘 적응하며 각종 스트레스와 역할 갈등으로부터 자유롭다. 멘토의 도움을 받은 멘제는 후에 다른 사람의 멘토가 될 가능성이 높다.

멘토 자신도 멘토-멘제 관계에서 얻는 것이 많다. 멘토링은 자신의 업무에 시너지 효과를 내는 경우가 많아, 멘토 개인적으로나 업무적으로나 '재충전'의 기회이자 조직 내에서 더욱 튼튼한 지지기반을 마련하는 기회다. 조직 내에서 인재를 발굴하고 후진을 양성한 공로를 인정받기 때문이다.

그리고 멘토링 경영 모델은 조직의 이익에도 크게 기여한다. 관리자나 상관이 멘토를 자청하고 나서면 조직의 생산성이 크게 높아질 뿐 아니라 조직원들의 소속감도 강화되고 이직률이 낮아지며 숨은 인재를 찾아낼 확률이 높아진다. 멘토링을 받은 직원들은 조직에 대한 소속감과 충성심을 갖게 된다. 이처럼 훌륭한 멘토링은 당사자인 멘토와 멘제는 물론 그들이 속한 조직에까지 크게 생산성 효과를 가져다준다.

이 책에서 중점적으로 다루고 있는 제도적 멘토링(Systematic Mentoring)이란 일명 체계적 멘토링이라고도 하며 인간존중 경영을 통하여 생산성과를 얻고자 하는 균형 경영을 말하며 멘토와 멘제를 일대일로 연결하여 멘토와 같은 리더로 재생산(Reproducing)하는 것이다.

제도적 멘토링에서 인간존중경영 및 만족경영으로 아래 5단계 전략(Strategy)을 현장에서 순차적으로 적용하여 사내외에서 성과 및 만족 경영이 실현되는 실제 사례를 들어 다루었다.

전략 1. 먼저 인재존중 경영 실현
전략 2. 우수인재개발 경영 실현
전략 3. 내부 고객만족 경영 실현

전략 4. 외부고객 고품질서비스 제공 만족경영 실현

전략 5. 재구매의욕을 높여 생산성과 경영 실현

마지막으로 조직의 경쟁력 강화 차원에서 ON / OFF Line 통합시스템을 다루어 조직에서 그동안 멘토링 활동에서 제한을 받았던 인원수, 시간, 공간, 그리고 관리적인 부문을 해결하여 저비용 고효율로 멘토링 인재개발 및 성과개발 방법을 소개했다.

1. Diamond System Style
2. Gold System Style
3. Silver System Style

가정처럼 행복한 직장 만드는 멘토링

이 세상에서 가장 행복한 조직은 가정이다. 특히 기독교에서는 가정을 하나님이 주신 천국의 모델이라고 중요시 여긴다.

왜 그럴까?

먼저 가정을 이루고 있는 시스템에서 살펴보기로 하자. 아버지와 어머니가 일대일로 사랑의 결합을 이루고 그 슬하에 자녀들을 둔다. 그리고 그 자녀들의 탄생은 아버지와 어머니의 신체 부분이 결합하여 육체가 형성되고 하나님이 영혼을 넣어 줌으로 인간으로서 완성된다. 즉 삼위일체 사랑의 열매로 이 세상에 보석과 같은 가치를 지니고 10개월이라는 긴 과정을 거쳐 사랑스러운 옥동자로 태어나게 된다.

그리고 가정은 부모와 자녀 간에 모성애, 부성애의 관계를 유지하면서 때로는 엄한 아버지와 반면으로는 따뜻이 감싸 주는 어머니의 행위가 계속 번복되면서 삶이 지속되어 간다. 여기서 우리가 간과해서는 안 되는 것이 합리적으로 접근하는 아버지의 카리스마 리더십과 사랑으로 접근하는 어머니의 섬김 리더십이 절묘하게 조화를 이루면서 가정은 질서와 사랑의 공동체로 이어 가게 된다는 점이다.

좀 더 구체적인 면에서 살펴본다면 엄한 아버지의 책망에 상심한 자녀는 그대로 방치되는 것이 아니라 바로 어머니의 역할이 주어지는데 상처 입은 자녀를 감싸 주고 어루만져 주면서 오해를 풀고 치유와 회복의 단계를 거치면서 결과적으로 행복이라는 분위기 조성이 이루어지게 되는 것이다.

이야기를 바꾸어 직장으로 초점을 맞춰 보기로 하자. 대부분 직장인들은 출근해서 근무를 마치기까지 직장에 대한 애착보다는 대부분 시간을 재촉하여 현장을 떠나고 싶어 하는 생각을 가지고 있다.

왜 그럴까?

여러 가지 이유가 있겠지만 가장 우선순위는 업무를 통한 스트레스가 원인이다. 조직의 존재목적인 생산성 추구 차원에서 상급자는 당연히 업무의 성과를 챙기기 위하여 부하직원들에게 목표를 설정하고 그에 대한 성과를 챙기면서 크고 작은 충돌이 잦아 이에 대한 결과로 의견대립이 되고 서로 간 상심하게 되는 것이다. 결과적으로는 오늘날 사회 각 조직마다 하이테크(Hightech) 업무 위주의 부작용에서 오는 인간성 상실로 모래알과 같은 조직이 되어 있는 게 문제인 것이다.

해결책은 무엇인가?

이제 다시금 행복스럽기만 한 가정의 시스템을 상기해 보면서 해결점을 찾아보기로 하자. 직장에서 업무의 성과를 챙기기 위해서 엄하게 밀어붙이는 상급자의 역할에 상처받은 직원에게 가정의 어머니 역할과 같이 따뜻이 감싸 주고 오해를 풀어 줄 수 있는 새로운 역할을 해 줄 수 있는 사람을 내세울 수 있다면 가능하지 않겠는가? 바로 여기에서 멘토(Mentor)제도의 필요성을 느끼게 된다. 상급자가 합리적으로 또한 업무적으로 접근하는 반면 멘토는 한마디로 감성역량을 개발하는, 즉 정서적인 면에서 대응하는 시스템인 것이다.

이와 같이 조직에서 상급자가 생산성(Productivity)을, 멘토가 인간성(Humanity)을 균형 있게 추구한다면 결과적으로 이 조직은 구성원 개인의 만족감과 조직의 효율성을 추구하게 되는 행복한 직장이 되지 않을까 생각해 보게 된다.

3. 이 책의 내용(Contents)

Part 1. 멘토링의 원리

멘토링(Mentoring)이란 인간적인 면을 배려하면서 업무의 효율증대와 시간 단축(High Speed)을 하면서 높은 성과(High Satisfaction)

를 얻는 최적(最適)의 인재 육성법이다.

멘토링은 지원 행동의 우산 또는 종합대학이라고 일컬어지고 있다. 그 우산 밑에는 리더십, 커리어 지원, 커뮤니케이션, 코칭, 카운셀링, 역할 모델과 같이 학문적으로나 실천적으로나 다양한 분야에서의 뛰어난 점들이 모두 포함되어 있고, 팀으로의 포용이나 우정과 같은 인간적인 측면도 가미된 과제 달성과 커리어 육성을 목표로 한 최적의 종합지원 기술이라고 하겠다.

이 과정에서는 멘토링의 정체성(Identity)을 유지하고, 올바른 이론을 정립하며, 현장에서 활용할 수 있는 체계적인 프로그램 등 멘토링 전문적인 핵심 주제 3개를 선정하여 다루고자 한다.

주제 1. 멘토링(Mentoring) 의미
주제 2. 멘토링(Mentoring) 원리
주제 3. 멘토링(Mentoring) 특성

Part 2. 멘토링의 필요성

20세기의 대량생산과 분업화를 주축으로 해 오던 경제체제가 21세기에는 다품종 소량생산과 특성화라는 새로운 패러다임의 경제체제로 급속히 전환되고 있다. 대량생산의 필수요소인 규격화와 표준화는 집단주의 사회 풍토에서 한때 사회적인 미덕으로까지 치부되어 왔다. 기업, 학교, 교회 등 각 조직의 교육현장 역시 이 같은 사회적인 패러다임 속에서 예외는 아니었다.

오늘날 21세기는 미래학자들이 예견한 것처럼 각 조직에서 인재전쟁(The War for Person)을 치를 만큼 인간관계가 갈급한 시대(Mentoring Age)라고 부르게 되었다. 그로 인하여 지금까지 각 조직에서 대량집단 교육체계로 이어 오던 인재육성 전략도 이제는 새로운 틀(New Paradigm)을 강력히 요구받게 되었던 것이다.

1장 멘토링의 중요성
2장 멘토링의 필요성
3장 멘토링의 효과성

Part 3. 경영 그리고 멘토링 Best - 30

인류역사 이래로 개인 간의 관계를 맺는 전통적인 멘토링이 오늘날 조직개발 멘토링으로 확대 적용되면서 체계적인 프로그램인 제도적 멘토링 프로그램을 요구받게 되었다.

조직개발용으로 적용되는 제도적 멘토링(Systematic Mentoring)은 조직에서 전략적으로 멘토와 멘제를 일정한 선발기준에 의하여 선발하고 투자(인력, 시간, 자금 등)에 비례하는 생산효과를 얻고자 하는 것이다. 조직에서 기대하는 목표는 구성원 개인의 만족감과 조직의 생산 효율성이다.

금번 멘토링 경영 성공모델은 저자가 10여 년 동안 현장에서 컨설팅한 도입 및 성공 사례와 국내외에서 자료를 수집한 모범사례로 국내 기업체, 기타 조직, 그리고 해외사례로 구분하여 30군데를 선정한 것이다.

Story 1. 멘토링 효과 평가사례

    NO1 맥킨지 컨설팅 평가

    NO2 ASTD 평가

    NO3 Fortune지 평가

    NO4 CLC 평가

    NO5 Forever (국내)평가

Story 2. 국내 기업체 멘토링 이야기

    NO1 삼성그룹

    NO2 포스데이타

    NO3 삼양사

    NO4 삼성테크윈

    NO5 삼성전자

    NO6 태평양그룹

    NO7 하나로텔레콤

    NO8 한화그룹

Story 3. 국내 기관 / 학교 멘토링 이야기

    NO1 <노동부 부천지청> 도입 2006. 5.

    NO2 <송파구청>(봉사지원 멘토링)

    NO3 <대전보건대학> 도입 2003. 3.

    NO4 <대경대학> 도입 2003. 3.

NO5 <강릉영동대학> 도입 2003. 10.

NO6 <숙명여대> 도입 2003. 11.

NO7 <충청대학> 도입 2004. 10.

NO8 <서울대학>

NO9 <을지대> 2007. 4.

NO10 <남해해성중고> 도입 2006. 5.

NO11 <서울경성고>

NO12 <서울송천초교>

NO13 <수원선일초교>

Story 4. 해외 기업체 멘토링 이야기

NO1 GE Group

NO2 Douglas Aircraft

NO3 Dupont Korea

NO4 Fuller Company

NO5 Bank of Montreal

NO6 Prudential

NO7 World Bank

Part 4. 멘토링 경영전략

멘토링 경영은 오늘날 조직에서 생산성 향상을 목표로 체계적인 프로그램인 제도적 멘토링을 활용한 인간존중 및 만족 경영 프로그램이다.

멘토링을 받은 직원들은 조직에 대한 소속감과 충성심을 갖게 된다. 이처럼 훌륭한 멘토링은 당사자인 멘토와 멘제는 물론 그들이 속한 조직에까지 크게 생산성 효과를 가져다준다. 아래 순차적으로 적용할 5대 전략(Strategy)을 소개한다.

전략 – 1. 인간존중 경영
전략 – 2. 인재개발 경영
전략 – 3. 사원만족 경영
전략 – 4. 고객만족 경영
전략 – 5. 성과개발 경영

Part 5. 멘토링 현장 운영관리

멘토링 프로젝트를 구체적으로 추진하기 위하여 4 – Process인 추진과정, 교육과정, 활동과정, 평가과정에서 운영 프로그램을 작성하는 단계다.

대부분 사람들이 잘못된 선입견으로 멘토링을 일회성 단기적인 교육프로그램으로 인식하고 있다. 이 테마에서는 멘토링 활동의 과정(Process), 즉 중·장기적인 기간의 필요성과 특히 조직에서 최단기적으로 적용하는 12개월의 타당성과 구체적인 일정 그리고 예산편성을 다루었다.

Part 6. 멘토링 CEO 명상록

사람을 변화시키는 것은 머리가 아니라 가슴이라고 했다. 많은 사람들이 오늘날 똑똑한 사람은 많은데 인간적인 사람, 그리고 쓸 만한 사람은 드물다고들 한다. 멘토링은 먼저 인간(Humanity)적으로 된 사람 그다음에는 적성(Aptitude)에 맞게 제대로 마음과 지식을 갖춘 든 사람 그리고 나중에 전문지식이나 첨단기술(Hightech)을 갖춘 난사람 순서로 인재가 개발되기를 기대한다. 여기에 특히 정서적인 지원을 바탕으로 12가지 주제를 선정하여 경영 모델에 촉진제로 활용할 수 있도록 명상록을 소개한다.

주제 1. 경영	주제 2. 교육	주제 3. 사랑
주제 4. 신앙	주제 5. 탈무드	주제 6. 팡세
주제 7. 명시	주제 8. 철학	주제 9. 여성
주제 10. 리더십	주제 11. CEO	주제 12. 세계명언

Part 7. 멘토링 전산시스템

멘토링 전산시스템은 조직의 양적, 질적, 성과적인 경쟁력 강화 차원에서 Off Line의 한계인 인원적, 시간적, 장소적, 관리적 제한을 벗어나는 효과가 있다.

특히 대학, 그룹사, 학교, 대형교회 등에서 수천 명을 동시에 On Line에서 지원이 가능하다. 저비용 고효율의 효과를 지속적으로 얻을 수 있는 중·장기적인 On Line 시스템이다.

이번에 우리는 온라인 사이버 교육시스템을 갖추면서 Off Line을 보완하여 On Line 시스템을 체계 있게 구축, 운영할 수 있도록 먼저 효율적인 투자 차원에서 시스템별로 예산편성표를 소개한다.

1장 멘토링에 관한 소개
2장 멘토링 시스템 추진 방법
3장 시스템 운영 예산 편성표

* 이 책의 출간감사 Thanks

멘토링코리아 설립 당시(1998. 2. 1.) Bob Biehl 박사(美 멘토링전문가)와 William Gray 교수(加 브리티시 대학)로부터 전화, 이메일, 책자 등의 귀중한 자료를 제공받은 것에 대하여 두 분에게 진심으로 감사를 드린다.

초창기부터 한국적인 정서에 맞는 올바른 이론 정립과 생산성 확보에 필수적인 실행 프로그램을 개발하는 데 전문연구원으로 동참한 민홍기 박사, 김영회 박사, 최창호 박사, 최명국 박사, 탁충실 위원 그리고 최근에 합류한 김순환 박사, 이제빈 박사, 한광훈 박사, 김해영 박사, 조병용 박사, 김동철 박사, 김성일 군목, 조주영 박사, 안만수 박사, 전종현 위원, 박화현 위원, 문일상 위원에게 감사를 드린다.

멘토링 자격증을 취득하고 전문업체로 멘토링 보급에 파트너십을 하고 있는 김호정 원장(멘토링솔루션,) 이용철 원장(한국멘토링코칭센터), 나병선 대표(멘토링코리아컨설팅), 홍은경 소장(핸즈코리아), 이영남 대표(SMI KOREA), 신정범 목사(큰비전교회), 이순길 목사(소망교회)와 그 외 현장에서 멘토링 보급에 앞장서고 있는 66명 멘토링지도사에게 감사를 드린다.

멘토링 불모지 한국에서 정부기관 도입에 앞장선 노동부 부천지청 최광휘 사무관, 농림수산부 신경순 사무관, 지식경제부 김영화 서기관, 행정안전부 이정래 서기관, 그리고 최근 교육과학기술부 임용우 팀장님께 감사를 드린다.

멘토링은 저자에게 하나님이 25년 만에 기도의 응답으로 주신 선물(Gift)이다. 이에 감사하는 마음으로 멘토링에 열정을 가지고 다이아몬드와 같은 고품질의 프로그램으로 개발하여 1) 하나님께 영광, 2) 조직개발에 기여 그리고 3) 많은 사람에게 유익을 주고자 한다(고전10:31 - 33).

저자의 멘토로서 8년간 저자에게 청교도 삶을 각인시킨(1980~1988) 故 김용기 장로님(가나안농군학교설립자)과 대를 이어 멘토링 관계를 이어 오고 있는 김평일 가나안농군학교교장께 감사를 드린다.

이 책이 발간되기까지 짧지 않은 세월 속에서 기도의 응원군인 서현교회 김경원 목사님과 성도님들, 그리고 저자의 에너지 근원이 된 아내 임금자를 포함한 가족인 류환, 류현, 한현숙, 류경헌, 류지영, 안성훈에게 감사를 드린다.

마지막으로 어려운 여건 속에서도 기꺼이 출판을 맡아 수고한 한국학술정보㈜ 출판사 임직원님들께 심심한 감사를 드린다.

저자 류재석 드림
2010. 01. 01

목 차

Part **1**

멘토링의 원리

멘토링(Mentoring)이란 인간적인 면을 배려하면서 업무의 효율 증대와 시간 단축(High Speed)을 하면서 높은 성과(High Satisfaction)를 주는 최적(最適)의 인재 육성법이다.

멘토링의 기능을 실증적(實證的)으로 연구해 보면 두 가지 측면을 볼 수 있다. 개인의 힘을 최대한으로 발휘하도록 하여 높은 실적을 달성하고 각자의 역량(Competency)을 키워 나가는 데 활용하는 측면과 심리적·사회적으로 지원함으로써 인간적, 정신적 지원(Mental Care) 측면에서 활용하는 것이다.

멘토링은 지원 행동의 우산 또는 종합대학이라고 일컬어지고 있다. 그 우산 밑에는 리더십, 커리어 지원, 커뮤니케이션, 코칭, 카운셀링, 역할 모델과 같이 학문적으로나 실천적으로나 다양한 분야에서의 뛰어난 점들이 모두 포함되어 있고, 팀으로의 포용이나 우정과 같은 인간적인 측면도 가미된 과제 달성과 커리어 육성을 목표로 한 최적의 종합지원 기술이라고 하겠다.

또한 멘토링은 높은 실적과 개인의 커리어를 달성하는 동시에 고성과형 인재를 육성하고 우수한 인재를 유지·확보하며 나아가 후계자의 육성에도 공헌한다. 넓게는 우수한 인재의 채용이나 회사 이미지 제고에도 크게 공헌하고 있다.

이 과정에서는 멘토링의 정체성(Identity)을 유지하고, 올바른 이론을 정립하며, 현장에서 활용할 수 있는 체계적인 프로그램 등 멘토링 전문적인 주제 3개를 선정하여 다루고자 한다.

- 한 아이에게 영향을 끼치는 것은 한 사람의 인생에 영향을 끼치는 것이다.
- 한 부모에게 영향을 끼치는 것은 한 가족에 영향을 끼치는 것이다.
- 한 기업의 대표에게 영향을 끼치는 것은 전체 기업에 영향을 끼치는 것이다.
- 한 목회자에게 영향을 끼치는 것은 한 교회에 영향을 끼치는 것이다.
- 한 국가 지도자에게 영향을 끼치는 것은 그를 지도자로 여기는 모든 국민에게 영향을 끼치는 것이다.

주제 1. 멘토링(Mentoring) 의미
주제 2. 멘토링(Mentoring) 원리
주제 3. 멘토링(Mentoring) 특성

주제 1. 멘토링 의미(Meaning)

1. 멘토링 파노라마

인류역사 이래로 오늘날까지 멘토링은 인간의 관계본능 지향으로 사회 구석구석에 자리 잡아 왔는데 이와 같이 개인 간 만남과 헤어짐이 자유롭게 이루어지는 형태를 전통적 멘토링(Typical Mento-ring)이라 부른다. 이러한 멘토링 프로그램은 미래에도 인간이 존속하는 한 널리 활용될 것으로 예견한다.

멘토링 및 후견인제도가 역사의 흐름 속에서 발전적으로 체계와 철학을 정립하게 되는데 저자는 여기에서 두 가지 면에서 검토한 바 그의 한편은 유대 나라를 중심으로 한 잔닥(Zantak)제도로 오늘날 유대인의 랍비와 천주교 대부제도로 전승되어 왔고, 다른 한편은 그리스를 중심으로 발전한 멘토(Mentor)제도로 오늘날 유럽 및 북미 지역에서 멘토제도로 전승되어 온 것을 다음과 같이 덧붙여 소개하고자 한다.

1) 잔닥제도(Zantak System):

기독교 신앙의 본산지인 유대나라의 히브리 문화권에서 구약 모세(BC 14세기) 오경에서 남자 아이 출생 8일 만에 하나님과 약속한 할례[(창15장) 음경 포피 수술] 시술 장면이 나오는데 이때 아버지, 모헬(의사), 잔닥(Zantak)이 함께하고 그중 잔닥이 아이를 껴안고 그 후에는 신앙생활과 사회생활 지도를 맡게 되는데 오늘날 유대인의 랍비와 천주교의 대부제도가 그 그림자라고 볼 수 있다.

2) 멘토제도(Mentor System):

서양철학의 본산지인 그리스 나라의 헬라 문화권에서 호머의 그리스 신화에 멘토(Mentor)가 첫 등장하게 되는데 이타카 왕 오디세우스가 트로이 전쟁(BC 1250)에 출정하게 되면서 어린 텔레마코스 왕자를 친구인 멘토에 맡겼는데 그 후 귀향하기까지 20년 동안 왕자를 지혜롭고 훌륭한 왕으로 성장시켰다는 데서 기인하며 오늘날 유럽의 길드, 도제, 마이스터, 북미의 청소년 BBS 멘토제도로 전승되었다고 볼 수 있다.

3) 제도적 멘토링(Systematic Mentoring):

오늘날 조직개발용으로 체계 있게 프로그램을 갖춘 제도적 멘토링은 1970년대 북미지역의 Bobb Biehl(美 MGI대표), Levinson 교수(예일대), Loche 교수(하버드대), William Gray 교수(加 브리티시대), Howard Hendricks(달라스신학교)에 의하여 열정적으로 기업, 학교,

교회, 공공기관 등 조직개발 프로그램을 개발하면서 맥킨지컨설팅 그룹, GE그룹 등에서 모범적으로 앞장서서 실행함으로 조직에서 제도적으로 정착을 이루었다고 볼 수 있다.

4) 한국적 멘토링(Korean Mentoring):

국내에 멘토링이 도입된 지는 약 30년 전으로 볼 수 있다. 주로 멘토링을 체험한 유학파 교수들이 귀국하면서, 한편으로는 교회를 중심으로 네비게이토 선교사들이 일대일 성경공부 형태로 부분적으로 도입이 이루어졌다고 볼 수 있다.

국내에 체계적이고 전문적으로 종합프로그램 도입이 시도된 것은 저자의 멘토링코리아 설립(1998.2.1.)이 시발이 되어 탁충실 위원, 민홍기 박사, 김영회 박사, 최철호 박사, 박건 목사 등으로 전문연구팀을 구성하여 연구활동을 한 시점부터라고 볼 수 있다.

이 연구팀은 초창기부터 두 가지 면에 관심을 집중하게 되었는데 1) 한국정서에 맞는 멘토링, 그리고 2) 생산성 효과를 창출할 수 있는 한국적 멘토링에 집중 연구하여 체계적인 종합 프로그램을 개발하여 오늘에 이르게 된 것이다.

5) Diamond Mentoring

저자는 10여 년을 멘토링 연구에 전념하면서 멘토링 최적의 프로그램개발 프로젝트명을 상징적으로 Diamond Mentoring으로 설정하였다. On / Off Line 통합시스템을 갖춰 현재 시행 중인 On Line Cyber 교육을 기본으로 각 기업, 학교, 대학, 교회, 공공기관, 복지

재단 등 조직별로 저비용 고효율로 생산성 효과와 양적, 질적, 성
과적 경쟁력 강화에 기여할 것이다.

2. 멘토링의 의미

　오늘날 지식시대의 출현과, 지속적인 학습의 장으로 변모한 조직
의 풍토로 인해, 멘토링은 각 조직의 경영자(CEO)가 수행해야 할 가
장 중요하고 가치 있는 역할 가운데 하나로 새롭게 부상하고 있다.
　역할 모델이 되고, 피드백을 제공하고, 재능을 키워 주고, 발전을
독려하며, 개인과 팀의 장점을 이끌어 냄으로써, 경영자는 멘토링
을 통해 조직 내의 결속을 다지고, 궁극적으로 조직의 업무 수행
능력과 수익성을 높일 수 있으며, 필요한데도 떠나려는 직원들의
이직을 낮출 수도 있다.
　하지만 훌륭한 스승이 되는 일이 쉬운 일이 아닌 것처럼, 멘토링
은 아무나 구사할 수 있는 쉬운 기술은 아니다. 그렇다고 CEO나
리더 혹은 팀장들이 멘토가 되는 일을 두려워해서는 안 된다. 멘토
의 역할을 맡을 리더들이 적은 조직에서는 훌륭한 직원들이 성장
할 수 없고, 조직원들의 브레인 파워(Brain Power)를 사장시키는 조
직에는 지식 시대의 미래가 있을 수 없다.
　다행이 오늘날 멘토가 되기 위해서 멘토링에 관한 모든 기술들
은 일정한 학습과 훈련을 통해서 충분히 습득할 수 있는 것이다.
변화와 경쟁을 즐기면서 리드(Lead)하는 조직이 되기 위해서는 학
습하는 조직이 되어야 하고, 학습하는 조직에는 멘토가 필요하다.

오늘날 조직들은 어제의 지식, 어제의 전략, 어제의 리더십, 어제의 기술이 더 이상 내일의 성공을 보장해 주지 않는다는 것을 깨닫고 있다. 날마다 새로운 지식, 새로운 전략, 새로운 리더십, 새로운 기술이 요구되는 시대인 것이다.

어제 대학이나 MBA 과정에서 배운 지식은 오늘 이미 쓸모가 없어지고, 과거의 파란만장했던 경험들은 내일의 전략 수립에 아무런 도움이 되지 않는다. 그렇다면 조직은 어떻게 날마다 새로운 지식과 전략과 리더십과 기술을 개발할 수가 있을까? 끊임없이 학습하는 조직이 되는 수밖에는 달리 방법이 없다. 더 빨리 배우고, 더 빨리 변화할 수 있는 조직만이 살아남는다. 그러므로 구성원들이 더 빨리 배우고, 변화를 즐길 수 있도록 리드하는 경영자, 그가 바로 오늘 우리에게 필요한 경영자요 CEO이며, 우리는 이를 멘토(Mentor)라 부른다.

그러니 리더와 경영자를 꿈꾸기 전에 먼저 멘토가 되라. 구성원들이 자발적으로 참여하고 끊임없이 학습하는 새로운 조직 풍토가 되기 위해서는 그의 지름길로 멘토링 선택에 관심을 갖는 것이다.

〈용어정리〉

1) 멘토(Mentor) – 도움을 주는 사람이며 멘제의 전인적인 삶의 조언자다.

2) 멘제(Menger) – 도움을 받는 사람이며 상대인 멘토를 통하여 자신의 역량을 개발하고자 하는 사람이다. [유사용어 Protégé(불란서에서 호칭), Mentoree(영국), Mentee(미국), * 멘제(Menger)

　－한국에서 멘토링코리아 프로그램에 의하여 형님 동생이라
　　는 의미로 호칭한다.]
3) 멘토링(Mentoring) – 멘토와 멘제가 활동(Activity)하는 상태를
　　말한다. (Mentor + ing)

주제 2. 멘토링 원리(Principal)

멘토링 프로그램은 왕자 교육이라는 고품질의 인재개발에서부터 출발한다. 한 왕자를 위하여 멘토는 20여 년간 인격을 상징한 수학, 철학, 논리학을 교재로 사용하여 전인적인 삶이라는 주제로 지혜롭고 현명한 왕으로 성장시켰다. 그러한 멘토링의 원리를 알기 쉽게 5가지로 요약한다면

▲ 한 사람(a Person)의 멘토가 한 사람(a Person)의 멘제와

▲ 일정 기간 동안 일대일(One to One) 관계를 맺고

▲ 멘토 자신의 역량(Competency)을 최대한 발휘하여

▲ 멘제의 특성과 잠재력을 개발하고

▲ 인격을 갖춘 차세대 리더(Post Leader)로 세우는 일이다(Standing Together).

원리 1. 한 사람 멘토(Mentor)와 한 사람 멘제(Menger)를 선정한다.

멘토 / 멘제를 선정하는 것은 특별한 기준이 있어야 한다. 일반적

으로 아무나 선정하는 것이 아니라 각 조직마다 멘토링 목표에 맞게 특정한 사람을 멘토와 멘제로 선정한다는 의미가 내포되어 있다.

원리 2. 일정 기간 동안 멘제 중심의 일대일 관계를 맺는다.

멘토링 활동에는 조직마다 멘토와 멘제에게 약정한 기간을 설정해 주어야 한다. 특히 일대일로 연결하고 활동을 하되 멘제 중심의 활동이 이뤄져야만 올바른 멘토링이라고 볼 수 있다. 당초 왕자 텔레마코스에 초점을 맞추고 멘토 선생이 20년간 집중적으로 열정을 다하여 현명한 지도자로 성장시켰다는 것에 유의해야 한다. 멘토나 리더가 중심이 된다는 것은 멘토링의 활동에서 본질에 크게 벗어나고 있다는 것을 알아야 한다.

원리 3. 멘토의 역량(Competency)을 최대한 발휘한다.

멘토가 멘제를 위하여 자신의 가장 노하우격인 역량(남이 따를 수 없는 경쟁력 있는 능력)을 발휘하여 멘제를 업그레이드하는 데 전심전력을 다하여야 한다. 멘토와 멘제의 미팅(Meeting)이 신변잡기 차원의 모임이라면 효과를 거두기는 어렵다고 본다. 멘토가 제대로 역량을 갖추고 멘제에게 전이(轉移)가 이뤄진다면 자동적으로 지식경영과 학습조직이 이뤄진다고 볼 수 있다.

원리 4. 멘제의 특성과 잠재력을 개발한다.

멘토링 활동이 성공하려면 가장 중요한 포인트가 멘제의 Data

Base를 구축하는 것이다. 개인의 인적 사항은 물론이고 상호간 관계를 더욱 돈독히 하기 위하여, 예를 들면 성격분석을 통하여 멘토 / 멘제 상호 성격의 차이를 극복하는 데 노력하여야 한다. 잠재력이라는 것은 멘토 / 멘제의 가치개발에 초점을 두되 당초 멘토가 텔레마코스에게 20년 동안 교재로 수학, 철학, 논리학을 가르쳤듯이 오늘날 멘토링의 교육훈련의 컨텐츠(Contents)는 인격의 가치를 개발하여 업그레이드하는 데 중점을 두고 있다.

원리 5. 인격을 갖춘 차세대 리더로 세우는 원투원 멘토십이다.

멘토가 멘제를 일정 기간 동안 멘토링함에 있어 먼저 자신의 인격, 즉 지, 정, 의에 대한 역량을 서비스하는 것이다. 멘제가 인격적으로 업그레이드한다는 뜻은 지적 분야만 힘쓸 것이 아니라 정적부야, 절제력이나 판단력 분야 등 균형을 맞춰 개발한다는 것이다. 여기서 리더라는 뜻은 두 가지 면으로 생각할 수 있다. 첫째는 위대한 지도자로 사회적으로 큰 영향력을 발휘한다는 것이고 둘째는 조직 적용 멘토링에서 리더라는 개념은 멘토의 도움을 받은 멘제가 일정 기간이 지나서 멘제 자신도 도움 주는 멘토로 생활 태도가 바뀌는 것을 의미한다.

주제 3. 멘토링 특성(Feature)

멘토링의 특성은 일반 리더십과 멘토링의 차별성과 시너지를 다룬 내용이다. 일반 리더는 양(量 – Mass) 관리와 멘토는 질(質 – Quality) 관리로 구분할 수 있으나 상호 시너지(Synergy)로 인재경쟁력을 확보하여 이상적인 유기체 조직을 구축할 수 있다. 멘토링은 멘토가 인간성(Humanity)을, 일반 리더가 생산성(Productivity)을 담당하여 효과적인 성과를 도출하는 프로그램이다.

1. 멘토링의 이념(Idealogy)

멘토링의 이념은 인간존중에서부터 출발한다. 여기서 인간존중이라는 의미는 멘제의 무한대한 잠재력을 개발해 준다는 것이다. 바로 그냥 놔두면 5% 정도 개발될 것이 멘토가 관여함으로써 더욱 퍼센트를 업그레이드시켜 준다는 것이다. (보통사람 5% 개발, 노벨상 수상자 10% 개발, 에디슨 15% 개발)

2. 멘토링의 정의(Definition)

멘토링의 정의는 멘토와 멘제의 인간관계를 촉진한 데 있다. 카네기재단의 발표 자료에 의하면 성공한 사람 10,000명을 상대로 성공요인 설문조사 결과가 8,500명(85%)이 인간관계에 있다고 대답하고 있다. 국내 직장생활에서 가장 중요하다고 대답한 것이 인간관계가 45%로 제일 높게 나타나고 있다. 그렇다면 멘토와 멘제 간에 어떠한 기준으로 관계가 설정되어야 하는가? 바로 존경과 신뢰관계를 들 수 있다.

3. 멘토링의 목적(Purpose)과 목표(Target)(개인, 조직)

멘토링의 목적은 멘제를 차세대 리더로 세우 것(Standing Together)이다. 리더라는 개념은 사회적으로 위대한 지도자라는 뜻도 있지만 조직 적용 멘토링에서는 도움받는 멘제가 훗날 도움을 주는 멘토로 삶의 태도가 바뀌는 것을 말한다. 조직에서의 목표는 바로 멘제가 멘토로 변함으로 중간지도자를 개발하게 되는데 결국 인재경쟁력을 확보하게 되는 것을 의미하고 개인에서 목표는 인격, 즉 인격가치를 업그레이드하는 것이 목표다.

- 목적: 인격적인 차세대 리더 개발
- 목표: 1) 개인목표 – 인격가치 개발(Humanity)
    2) 조직목표 – 생산성과 개발(Productivity)

4. 멘토십의 내용(Contents)

멘토링 핵심 내용(Contents)은 인격(知, 情, 意) 자체다. 그러므로 멘토링 활동은 바로 知的에 치우친 교육이 아니라 전인적인 삶으로 조언해 주는 인재개발이 되어야 한다. 그 기원은 그리스신화에서 멘토(Mentor) 스승이 텔레마코스 왕자를 20년간 멘토링할 때 교재로 수학(知를 상징), 철학(情을 상징), 논리학(意를 상징)을 사용했다는 데서 기인한다.

■ 인격내용 적용 도표

인격 서비스	세부분류	Star Game 적용 부문
지적(知的) 서비스	지식, 기술, 정보	High Tech - 지식지수
정적(情的) 서비스	포용력, 기대와 칭찬, 헌신봉사	High Touch - 마음지수 High Health - 건강지수 High Relation - 관계지수
의적(意的) 서비스	의지력, 절제력, 판단력(선과 악)	High Control - 관리지수

5. 멘토링의 전략(Strategy)

멘토링의 전략은 멘제 중심의 일대일(One to One) 서비스를 말한다. 멘제 중심의 서비스란 일반 리더십이나 유사 멘토링에서 리더 중심으로 활동이 이뤄지는 것과 큰 차이가 있는 것이다. 그러므로 멘제 중심의 일대일 의미는 멘제 1:멘토 1, 멘제 1:멘토 다수 등식을 말한다.

Part **2**

멘토링의 필요성

20세기의 대량생산과 분업화를 주축으로 해 오던 경제체제가 21세기에는 다품종 소량생산과 특성화라는 새로운 패러다임의 경제체제로 급속히 전환되고 있다. 대량생산의 필수요소인 규격화와 표준화는 집단주의 사회 풍토에서 한때 사회적인 미덕으로까지 치부되어 왔다. 기업, 학교, 교회 등 각 조직의 교육현장 역시 이 같은 사회적인 패러다임 속에서 예외는 아니었다.

19세기까지만 해도 가정교육이나 서당교육 등 교육 현장에서는 인간관계와 관계 사이에서 이어져 내려오는 인격적 감화와 영향력이 사회적으로 일반화되어 있었다. 그러나 20세기 이후 학교라는 제도적인 교육은 공장에서 대량 생산되는 물품처럼 인격적인 영향력이 배제된 채 규격화되고 경쟁적인 모습으로 생산에 소요인력을 공급하는 데 앞장서 왔다.

산업화가 진전될수록 개인주의는 병세가 악화되었고 공동체가 해체되면서 개인과 개인 사이에 단절된 틈을 타고 죄(罪)는 밀물처럼 밀려들어 왔다. 범죄는 갈수록 흉포화·지능화되었다. 학원 폭력과 가정 파괴도 전 세계적으로 심각성을 더해 왔다.

개인주의가 극에 달해 있는 미국 사회에서 이 같은 병폐는 더욱 짙게 나타났고 드디어 인간관계 중심의 리더십 유형인 멘토링(Mentoring)이 그 사회적 대안으로 등장하여 유행병처럼 번지고 있다.

오늘날 21세기는 미래학자들이 예견한 것처럼 각 조직에서 인재전쟁(The War for Person)을 치를 만큼 인간관계가 갈급한 시대(Mentoring Age)라고 부르게 되었다.

그로 인하여 지금까지 각 조직에서 대량집단 교육체계로 이어오던 인재육성 전략도 이제는 새로운 틀(New Paradigm)을 강력히 요구받게 되었던 것이다.

Episode◀Synergy Mentoring

어느 고을 임금님이 과수원지기를 내보냈다. 과일이 익을 무렵이면 임금님 몰래 과일을 먼저 따 먹었기 때문이다. 그 후에 임금은 후임 지기를 선발하는 데 한참이나 고심하고 나서 최적의 인물을 선발했다. 누가 보기에도 시각장애자와 하반신 장애자들이어서 과일 따 먹는 걱정은 염려를 놓을 수 있었다.

철이 바뀌어 과일이 먹음직스럽게 주렁주렁 매달렸다. 임금은 침이 넘어가는 것도 꾹 참고 더욱 잘 익기를 기다렸다. 임금님의 시종이 어느 날 혼비백산 달려와 '과일이 없어졌다'라고 말하자 임금님은 너무나 기가 막혀서 철저히 과수원을 수색하고 나서야 어처구니없게도 범인은 두 장애자임을 밝혀냈다. 시각장애자의 어깨를 타고 하반신 장애자가 일을 치렀던 것이다.

1장 멘토링의 중요성
2장 멘토링의 필요성
3장 멘토링의 효과싱

1장 멘토링의 중요성

1. 오늘날 기업은?

20세기의 대량생산과 분업화를 주축으로 해 오던 경제체제가 21세기에는 다품종 소량생산과 특성화라는 새로운 패러다임의 경제체제로 급속히 전환되고 있다. 대량생산의 필수요소인 규격화와 표준화는 집단주의 사회 풍토에서 한때 사회적인 미덕으로까지 치부되었다. 기업의 집단교육역시 이 같은 사회적인 패러다임 속에서 예외는 아니었다. 그러면 멘토링기법에서 기업의 인재개발 대안은 무엇인가?

기업경영에서 멘토링을 성공적으로 활용한 사람은 GE의 잭 웰치를 들 수 있다. 그는 우수인재개발 멘토링에서 진급자의 80%가 멘토의 도움을 받았다고 자서전에 기록하였고 자신을 비롯한 임원 600명이 부하들을 멘토 삼아 IT분야를 배우는 쌍방향 멘토링, 그리고 핵심인재인 후계자 이멜트 CEO를 1년간 일대일로 집중적으로 멘토링을 하였다. 그는 인사관리업무에 70% 시간을 투자하면서 멘토링기법을 조직의 각 부문에 활용하여 오늘날 기업경쟁력과 직결시키고 있음을 알 수 있다.

조직에서 일대일 멘토링은 통상 개인의 능력을 이끌어 내면서 조기 육성을 도모하는 기본적인 방법으로 활용되고 있다. 또한 도움받는 멘제뿐만 아니라 도움 주는 멘토도 동시에 육성할 수 있다는 점이 멘토링 제도의 가치를 높여 주고 있는 것이다. 아직 미숙하더라도 장래성 있는 멘제에 대하여서는 일대일 멘토링부터 시작하는 것이 원칙인데, 이는 장래성을 꿰뚫어보기가 쉽기 때문이기도 하다. 가능성 있는 인재에게는 계속적으로 성장해 가는 모습을 지켜보면서 별도의 개발계획을 생각해 두는 것이 좋다. 그동안 국내외 멘토링 필요성에 대한 자료를 정리하여 아래와 같이 요약해서 소개하고자 한다.

1) 현행 집단교육은 갈수록 그 피해가 속출하고 있으며 특히나 고비용 저효율이라는 차원에서 문제가 심각하다. 멘토링은 그에 최적의 대안으로 중간 지도자인 멘토를 세워 일대일 인재 개발 체제로 저비용 고효율뿐만 아니라 집단교육의 피해를 충분히 보완할 수 있는 프로그램이다.

2) 생산성(Productivity) 위주의 현행 일방(One Way) 경영체제는 노사관계뿐만 아니라 오늘날 구성원의 다양한 능력을 모으는 데 걸림돌이 되고 있다. 인간성(Humanity) 위주의 멘토십 제도는 사원이 함께 참여하는 쌍방(Two Way)경영의 새로운 노사화합 문화를 구축할 수 있는 대안으로 평가받고 있다.

3) IT산업 발전과 첨단기술(Hightech)은 살벌한 경쟁심을 유도함
으로 모래알 같은 차가운 조직 분위기가 되어 특출한 인재들
의 이직이 속출하고 있다. 멘토링은 이러한 냉랭한 분위기에
서 멘토와 멘제 간에 따뜻한 인성(Hightouch)이 베풀어짐으로
써 고품질의 인재(High Quality Person)를 확보할 수 있어 21
세기 인재전쟁(The War for Talent) 시대에서 인적 경쟁력의
우위를 선점하는 HRD의 New Paradigm이라 할 수 있다.

2. 오늘날 학교는?

18세기 중엽 영국에서 일어난 산업혁명으로 인해 산업화, 도시화
가 이루어짐으로써 교육도 대중화 시대를 맞이하게 되었다. 시민대
중의 의무교육은 점차 각국의 국가적 시책으로 등장했고 과거와
달리 교육기회의 균등한 분배가 민주사회를 앞당기는 공헌을 했어
도 학교교육 적용곤란 학생의 양산이라는 또 다른 문제점을 야기
하고 말았다. 게다가 18세기 말 프랑스에서 발발한 정치 혁명은 방
금 전의 산업 혁명과 더불어 서양인들의 사고와 생활에 가히 '혁명
적' 지각변동을 가져왔다.

그 뒤로 19세기에 넘어와서 마르크스 공산주의 운동, 다윈의 진
화론 및 프로이트의 의식형 심리학 등에다 20세기 포스트모더니즘
까지 뒤범벅돼 지식인들조차 확정된 객관적 가치의 부인을 공공연
히 들먹였다. 이러한 결과로 인간 간 유대 단절, 공동체의 와해, 자
연의 침탈현상이 갈수록 두드러지게 되었고, 사회의 일원인 학교

역시 그 충격으로 무너져 갔다.

특히 미국에서는 멀리는 장 자크 루소, 가까이는 존 듀이의 자연주의 - 본성주의 - 교육사상에 입각한 진보교육이념이 교육의 지적 측면을 소홀히 하고 재능개발만 강조하다 보니 하향평준화로 가버렸고 끝내 공교육의 붕괴로 이어지고 말았다.

이에 교육적 실재를 회복하고, 각종 형태의 부적응학생을 도와주기 위해 열린교육, 영재교육, 인성교육, 대안교육 등이 출현한 것이다. 그러므로 이러한 대안 교육은 기존교육의 반성에서 출발한다. 지적기능 발휘 위주, 개인주의적 입시경쟁 위주의 교육, 개성을 무시한 천편일률의 교과과정, 이신론적 신념 위에서 개발을 빙자해 자연을 마구 만용, 훼손하려는 이기주의 및 섬김보다 출세를 미덕으로 삼는 입신 양명주의에 물든 기존학교교육의 한계를 극복하려는 의지의 일단이 인간성 회복의 대안으로 멘토링 교육 형태를 강하게 요구받고 있다.

1) 현행 평준화교육은 갈수록 그 피해가 속출하고 있으며 과대한 사교육비와 교육이민이라는 차원에서 사회적으로 문제가 심각하다. 멘토링은 그에 최적의 대안으로 중간 지도자인 멘토를 세워 일대일 인재개발 체제로 우수그룹 학생과 열등그룹 학생을 수준별 교육함으로 평준화 교육의 피해를 보완할 수 있는 프로그램이다.

2) 양(Quantity) 위주의 현행 교육체제는 학생들의 다양한 재능을 개발하는 데 걸림돌이 되고 있다. 인간성(Humanity) 위주의 멘토십 제도는 학생 개개인의 재능과 특성을 개발하여 질(Quality)

적 성장을 유도하는 대안으로 평가받고 있다.

3) 학력(Hightech) 위주의 학습풍토는 살벌한 경쟁심을 유도함으로 사제 간, 학생 간 모래알 같은 분위기가 되어 전인교육을 지향하는 학교 교육에 치명타를 안겨 주고 있다. 멘토링은 멘토와 멘제 간에 일대일 관계로 교사 간, 교사와 학생 간, 학생 간 따뜻한 인정(Hightouch)이 우선적으로 베풀어짐으로 자연스럽게 인성교육의 장(場)이 마련되게 된다.

[대학에서 중요성]

미국대학에서 **MBA** 출신 86%가 멘토링 제도가 있는 기업을 선택하겠다는 통계를 발표한 적이 있다. 이는 대부분의 대학에서 재학생들에게 멘토링 활동을 적극 권장하면서 개인개발과 조직 활성화에 큰 효과를 거두고 있기 때문이다.

국내에서도 대부분 대학마다 나름대로 멘토링을 도입하고 있다. 멘토링을 경험해 봤는지를 묻는 질문에 대해 대학생 443명 가운데 43.1%가 경험했다고 응답했다(자료: 2002년 11월 직업능력개발원). 반면에 대학에서 성공률은 극히 미미한데 이는 제도화된 멘토링 프로그램을 갖추지 못한 유사멘토링(Side Mentoring)에 머물고 있는 실정 때문이다.

대학에서 멘토링은 대학을 지나가는 관문으로 인식하는 학생들에게 형제와 자매와 같은 부드러운 분위기를 유도할 뿐 아니라 지적(知的) 면에도 살벌한 경쟁의식에서 남을 챙겨 주는 포용력을 발휘함으로써 조직 분위기를 인간성 바탕 위에 자발적으로 고차원의 학업성취를 달성하는 데 필요한 제도이다. 양(Quantity) 위주의 현행 교육체제는 학생들의 다양한 재능을 개발하는 데 걸림돌이 되고 있다. 인간성(Humanity) 위주의 멘토링 제도는 학생 개개인의 재능과 특성을 개발하여 질(Quality)적 성장을 유도하는 대안으로 평가받고 있다.

1) 대학에서 교수와 교수 간의 멘토링 활동은 지식경영이 이뤄진다.
2) 교수와 학생 간에 멘토링 관계에서 존경과 신뢰회복 계기가 된다.
3) 특정 학생에게 교수 멘토제도는 질적 수준별 교육이 가능하다.
4) 학생끼리 동료 멘토링(Peer to Peer)으로 학습조직이 활성화된다.
5) 특히 신입생에 적용하는 멘토제도는 정착률을 획기적으로 높인다.
6) 동문, 사회지도자와 졸업생과 연결은 개방적이고 취업률을 높이는 계기가 된다.

3. 오늘날 교회는?

교회론의 가장 큰 이슈는 '교회가 왜 존재하는가?'라는 물음이다. 이 질문은 '교회의 사명이 무엇인가?' 하는 질문과 동일한 것이다. 한국 교회는 이 질문을 답하는 과정에서 역시적으로 두 유형의 모델을 세워 나갔다.

하나는 전도를 통한 '교회 양적 성장'이며 다른 하나는 '교회 질적 성숙'이다. 이와 같이 양적인 성장과 질적인 성숙이라는 두 바퀴가 서로 같이 구를 때만이 교회가 건강하다고 볼 수 있다. 그러나 오늘날 목회의 현실은 어떠한가? 아래와 같이 몇 가지 문제점을 지적하고 멘토링 전략 차원에서 대안을 제시하고자 한다.

1) 먼저 목회자의 일방적인 목회(Oneway 목회)가 문제이다.

과중한 목회로 인하여 건강은 물론이고 고유한 기도와 말씀 연구에 전념하지 못하므로 교인의 질적 성숙에 문제가 드러나고 있다.

멘토링에서는 모세가 평신도를 개발하여 중간지도자에 업무를 위임한 사례와 같이 오늘날 목회 현장에 평신도 멘토제를 도입하여 의사소통이 원활한 목회(Two Way목회)를 지향해야 한다.

2) 두 번째는 교육 중심의 지적목회(Hightech목회)가 문제이다.

평신도에게 과분한 성경교육은 결과적으로 이기주의적인 제자는 양산될지 모르나 진정한 사역자는 얻기 힘들다. 목적보다도 수단이 앞서가는 것은 스스로 부메랑 피해를 목회자 자신이 안게 되는 것이다. 멘토링에서는 예수님의 소수 중심으로 따뜻한 인정을 베푸는 목회(Hightouch목회)로 전향할 때가 되었다고 본다.

3) 셋째는 앞문도 활짝 열리고(Produtivity목회) 뒷문도 활짝 열려 있는 목회가 문제이다.

활발한 전도 활동을 통하여 새신자들이 교회에 들어오게 하는 데는 목회자마다 제 실력을 충분히 발휘하고 있다고 본다. 그러나 문제는 기존 성도들에 대한 관리기술은 어쩐지 허술해서 뒷문으로 줄줄 새고 있는 현실이다. 멘토링에서는 멘토제도를 활용해서 교인한 사람 한 사람에 만족 기법을 발휘(Humanity목회)하여 뒷문을 막아야 한다.

그러므로 미래의 모든 교회는 아무리 대형 교회가 나타난다 할지라도 성도 한 사람 한 사람을 돌볼 멘토십제도(Mentorship System)를 구축해야 한다. 이는 큰 교회 속에 작은 일대일 교회를 만드는 것과 같다. 이 일대일 팀은 다만 지리적인 공통점을 가지고 기계적으로 나뉜 하부 조직이 아니고 멘토로 하여금 교인의 욕구를 정확히 진단하고 충족시킬 대안을 가지고 탄생되는 살아 있는 유기체 조직이 되는 것이다.

오늘날 조직에 적용하는 멘토십(Mentorship)은 일대일(소수) 인간관계를 통하여 먼저 조직체 구성원을 높은 인성(Hightouch)과 첨단기술(Hightech)을 겸비한 고품질의 인재로 개발하는 제도이다. 또한 조직개발 전략으로서 멘토링은 학교의 인성교육·특기개발교육, 기업의 핵심인재개발·신입사원정착, 교회의 평신도 개발·일대일 제자 훈련 등 각기 조직의 목표를 달성하고자 하는 조직개발 활성화 대안이다.

2장 사업체에서 중요성

우선 아래의 질문을 읽고 답해 보라.

1. 만일 당신이 상당히 존경하는 사람이 한 명 혹은 여러 명 있고, 그 사람의 경력이 앞으로 몇 년 동안 당신이 이루어야 할 목표에 도움이 된다면 그와의 멘토링 관계가 당신의 성장을 가속시킬 것이라고 생각하는가?

2. 직장 내에 정기적으로 당신을 멘토링해 주는 사람이 한 명 이상 있고 당신이 멘토링하는 사람이 1∼3명 정도 된다면, 당신은 그 회사를 그만두기 전에 한 번 더 생각하지 않겠는가?

3. 당신에게 멘토가 있다면, 위기에 닥쳤을 때 주저하겠는가? 아니면 평정을 찾고 조언을 구하겠는가?

당신에게 멘토와 멘제가 있음으로 해서 큰 유익을 얻는다면, 다른 사람들도 마찬가지로 그렇게 느낄 것이다. 그러한 유익은 멘토링 유대관계가 수년간 발전될수록 상당히 실제적이고 특별해진다. 멘토링 관계는 회사의 이직률을 감소시키며, 회사의 견고성을 유지해 준다.

직업인 사이의 멘토링은 멘제에게 상당한 발전과 성장을 이룰 이득을 얻게 한다. 멘제가, 멘토가 전혀 없이 시행착오를 거듭하는 상황에서 벗어나 멘토의 경력을 발판 삼아 빠른 성장을 얻을 수 있기 때문이다. 멘제는 난잡하게 돌출하는 시행착오를 피하여, 멘토가 그간 다듬어 낸 기술을 받을 수 있다. 멘제는 교본에는 나와 있지 않으나 매우 중요하다고 할 정보들을 멘토로부터 얻을 수 있다.

1. 직장에서 멘토가 있으면

주어진 할당량을 빨리 끝내고, 승진이 빨라지고, 급여가 는다. '갈지(之)' 자로가 아닌, 곧게 성과를 이룰 수 있다. 멘토링은 어떤 사람이 주어진 할당량을 성공적으로 끝낼 수 있는가를 평가하는 게 아니라, 어떤 사람이 가고자 하는 목표에 빨리 이르도록 가속시키는 것이다.

- 당신은 멘토가 보여 준 객관성을 토대로 당신이 판단한 방향이 맞음을 확인한다.
- 당신은 멘토가 그간 다듬어 낸 지식을 토대로 당신이 그 방향으로 가고 있는 이유를 너욱 분명히 알게 된다.
- 당신은 멘토와의 인긴관계를 통해 멘토 주위의 사람들로부터 목표 달성에 필요한 도움을 얻는다.

멘토링은 사람과 사람 사이에, 서로에게 집중적으로 도움을 주고받게 하는 일을 한다. 세상이 더욱 첨단기술(hightech)에 의존할수록 긴밀한 인간 사이(hightouch)의 교류는 더욱 절실해진다. 멘토링으로써 인간성 실현과 목표 달성을 함께 이루게 될 것이다.

3장 멘토링의 효과성

　해가 갈수록 인재육성에 대한 조직들의 관심이 더욱 가속화되고 있다. 구성원들의 실력을 높이고, 잠재 역량을 개발하기 위해서는 실제 일을 통한 학습이 무엇보다 중요하다. 이러한 일을 통한 학습 방법에는 여러 가지가 있겠으나, 그중 하나가 바로 멘토링 제도(Mentoring Program)이다.

　멘토링은 조직에 대한 경험과 업무 노하우를 갖고 있는 리더십을 갖춘 선배 사원이 직접 후배 사원들을 지도하고 조언해 주는 것으로서, 일상 업무현장 속에서 상호작용을 통해 일대일로 이루어진다는 면에서 그 효과가 탁월하다 하겠다.

　이러한 중요성을 반영하여, 최근 멘토링 제도가 신입사원 조직 전력화 일환, 업무 능률 향상, 경력개발, 핵심인재개발 등 조직들 사이에 확산되고 있는 추세이다.

　'후견인, 벗바리, 빅브라더, 가디언' 등 조직마다 사용하는 명칭은 다르나, 그 근본 목적은 선배 사원들의 적절한 조언과 코치를 통해 후배사원들의 조직 및 업무에 대한 신속한 적응을 촉진하는 데 있다.

한 예로, 2002년 인터넷 채용정보 업체인 잡링크가 160여 개 기업을 대상으로 조사한 바에 따르면, 47.5%가 멘토링 제도를 활용하고 있다고 응답하였으며, 42.5%는 적극 검토 중이거나 도입할 예정이라고 답했다.

이처럼 현장학습의 주요 수단으로서 그 중요성이 증가하고 있는 멘토링 제도의 기대효과에 대해 살펴보자.

1. 조직 차원

첫째, 지식 등 노하우 이전이다.

멘토링은 멘토의 머릿속에 가지고 있는 지식, 기술, 정보 등을 멘제에게 이전시켜 줌으로써, 특정 사람이 회사를 떠나더라도 조직 내에 중요한 노하우를 남겨 두는 효과가 있다.

특히, 업무 현장에서 일대일로 직접 상호 작용하면서 실시간으로 업무 관련 지식과 노하우를 전달해 수기 때문에 강의실을 중심으로 한 일반 교육훈련보다 비용도 적게 들고 학습 효과도 더욱 크다는 이점이 있다. 이러한 멘토링의 노하우 이전 효과는 직무 순환이나 인력 이동이 잦은 기업에게 큰 도움을 줄 수 있을 것이다.

둘째, 회사의 핵심가치나 조직문화를 강화/유지하는 데 기여할 수 있다.

멘토링은 공통의 문화적 가치나 회사가 기대하는 바를 구성원들의 마음속에 심어 줌으로써, 공동체 의식과 회사에 대한 몰입을 강화시키는 효과가 있다.

이러한 멘토링 기능은 구조 조정이나 다운사이징 등과 같이 조직의 가치나 문화가 흔들리기 쉬운 급격한 조직 변화 시기에 유용하게 활용될 수 있을 것이다.

셋째, 인재개발이다.

멘토링의 가장 중요한 기능 중의 하나로서 업무에 필요한 기술과 역량을 습득하도록 유도함으로써, 핵심인력이나 리더를 개발할 수 있다. 선진 기업들의 경우, 멘토링을 인재개발 프로그램과 전략적으로 연계하여 활용하고 있다.

예컨대, Delta Air Lines사나 Union Pacific사는 임원 포지션을 담당한 후계자를 개발하기 위해, 약 18개월 동안 집중적으로 멘토링 프로그램을 활용하고 있다. Hewlett Packard사도 중간관리자 개발을 위해 멘토링을 활용하고 있다. 입사 5~7년 정도의 구성원을 대상으로 상사의 추천에 의해 멘제를 선발하며, 이렇게 선발된 멘제들은 약 7일간 리더십 교육을 수료하게 하며, 그 결과 개선이 필요한 2~3개의 역량에 대해 정해진 멘토에 의해 집중적으로 멘토링을 받게 된다.

이처럼, 인재개발기능으로서 멘토링이 제대로 이루어질 경우, 우수인재의 유지에도 많은 도움을 줄 수 있다.

예컨대, CLC(Corporate Leadership Council)가 1999년 포춘 500대 기업 중 60개 기업을 대상으로 조사한 결과에 의하면, 멘토링을 받은 사람과 받지 않은 사람의 이직 의도는 각각 16%와 35%로 2배 정도의 차이가 있었다고 한다.

넷째, 멘토링은 외부 우수인력의 유치에도 긍정적인 영향을 줄 수 있다.

구성원들의 실력과 시장 가치를 높여 주는 조직은 외부의 우수 인력을 유인하는 데 보다 수월하기 때문이다. 한 예로서, Union Pacific사는 멘토링 프로그램의 성공적 운영을 통해, 대학 리쿠르팅에서 경쟁사보다 우수 인력 확보에 있어서 우위를 점할 수 있었다고 한다.

2. 개인 차원

멘토링 제도는 멘토와 멘제 개인 차원에서도 도움을 준다. 우선, 신입사원이 회사 생활에 신속한 적응을 하는 데 도움을 줄 수 있다. 상사나 동료와의 관계 등과 같은 전반적인 회사 생활이나 담당 업무에 대해 상시적으로 조언을 얻고 대응함으로써, 자신감 있는 조직생활이 가능하다는 것이다.

또한, 멘토링은 멘제의 능력 개발을 가속화시켜 경력 개발 및 멘제의 시장가치를 높여 줄 수 있다. 업무 수행 과정에서 멘토와 직접적으로 상호 작용하면서 관련 노하우와 테그닉을 보디 빨리 습득하여 단기간에 업무 능력을 향상시킬 수 있다. 이를 통해, 회사에서 높은 성과를 발휘할 수 있으며, 승진이나 높은 보상을 받는 등의 이점을 누릴 수 있다.

한편, 멘토링은 멘토에게도 많은 이점을 줄 수 있다. 가장 대표적인 것이 새로운 노하우와 다양한 관점에 대한 이해와 학습이다.

신입사원을 지도하면서, 조직 내에서는 접하기 힘들었던 새로운 노하우를 배울 수 있으며, 젊은 세대의 가치관이나 관점에 대해 이해할 수 있는 계기도 된다. 또한, 구성원들을 지도/조언하면서 대인관계 기술이나 리더십 역량도 향상시키는 효과도 얻을 수 있다.

예컨대, DuPont사는 리더들의 인재개발 능력을 향상시키는 주요 수단으로써 멘토링을 활용하고 있다고 한다. 이를 통해, 리더들은 인재개발 능력뿐만 아니라, 멘제가 갖고 있는 새로운 지식이나 사고의 다양성도 학습할 수 있다고 한다.

3. 멘토링 활동 기대효과

1) 단기간에 최소의 비용으로 효과를 나타낸다. 또한 조직이 견고해지며, 창의성과 자율성이 강해진다.
2) 과거 도제와 같은 기술전수의 효과를 나타낼 수 있으며, 불량률이 저하되고, 품질이 향상된다.
3) 전 사원을 우수사원으로 향상시킬 수 있으며, 자신의 자질을 발휘할 기회를 주고 인간관계를 통하여 특히 이직률이 높은 업종(보험업 등의 영업사원)에서 정착률을 높일 수 있는 획기적인 방법이다.
4) 조직 전체가 최상의 성과를 내는 견고한 조직으로 발전시킬 수 있다.
5) 멘토링 자체가 지식경영이며(지식의 창조, 저장, 활용, 공유가 멘토링 활동 자체임) 지식경영의 가장 핵심인 암묵지의 형식

지화와 공유가 아주 자연스럽게 일어난다. 멘토링은 좁게는 일종의 형식지 공유라고도 볼 수 있다.

6) 체계적인 마케팅 활동으로 매출신장은 물론, 고객과의 유대강화가 고정 고객화로 이어지며, 고객과의 이상적인 접촉을 통하여 고객 needs에 대한 정확한 정보를 얻어, 신제품 개발과 기존제품 보완에 능동적 대처가 가능하다.

Part **3**

경영 그리고 멘토링 Best - 30

인류역사 이래로 개인 간의 관계를 맺는 전통적인 멘토링이 오늘날 조직개발 멘토링으로 확대 적용되면서 체계적인 프로그램인 제도적 멘토링(Systematic Mentoring) 프로그램을 요구받게 되었다.

조직에 적용하는 멘토링은 중세 유럽의 길드(Guild - 동업계조합) 제도에서 신규 가입하는 경영자에게 기존의 성공한 경영자가 일대일로 멘토링을 하는 데서 시작되었다. 거의 동시대에 우리나라 개성상인 사이에도 훌륭한 멘토링 사례를 볼 수 있다.

1970년대부터 북미지역 특히 GE그룹에서 종합 멘토링을 시작하여 기업, 학교, 교회, 공공기관, 교회 등 전 조직에 체계화된 프로그램인 제도적 멘토링이 자리를 잡으면서 오늘날 국내에서도 삼성그룹을 비롯하여 재벌그룹을 시작으로 확산일로에 있다고 볼 수 있다.

2003년을 기점으로 국내 멘토링 도입이 유행병처럼 번지고 있다. 국내에서도 160개 기업 대상 설문에서 47.5%가(Job Link자료), 대학생 450명 대상 설문에서 43.1%(한국직업능력개발원자료)가 멘토링을 도입했거나 경험했다고 하는 자료가 발표되고 있다.

미국에서도 이러한 무분별한 도입에 대하여 우려하면서 맥킨지 컨설팅은 제도화된 멘토링을 도입할 것을 강조하고 있다.

금번 멘토링 경영 성공모델은 저자가 10여 년 동안 현장에서 컨설팅한 도입 및 성공 사례와 국내외에서 자료를 수집한 자료 중에서 모범사례로 국내 기업체, 기타 조직, 그리고 해외사례로 구분하여 30군데를 선정한 것이다.

조직개발용으로 적용되는 제도적 멘토링은 조직에서 전략적으로 멘토와 멘제를 일정한 선발기준에 의하여 선발하고 투자(인력, 시간, 자금 등)에 비례하는 생산 효과를 얻고자 하는 것이다. 조직에서 기대하는 목표는 구성원 개인의 만족감과 조직의 생산 효율성이다.

Episode◀닫힌 마음 / 열린 마음

명강사 초청 세미나에 참석한 박 사장(朴社長)은 너무나 큰 감동을 받고 허겁지겁 회사로 돌아왔다. 한 가지 할 일이 있기 때문이다. 마침 시간에 맞게 비서가 아침 죽을 준비 중이었다. "김 비서 이리 좀 앉게." 비서는 가슴이 뜨끔 했다. "오늘은 뭘 트집을 잡아 책망할까?" 속으로 방어 태세를 취하면서…… 우리 사장은 사원들을 기(氣) 죽이는 데는 도(道)가 튼 사람으로 정평이 나 있다. 사장의 눈치를 살피면서 조심스럽게 앉아 있는 비서에게 전혀 예측할 수 없는 일이 벌어졌다. "이제부터는 자네에게 책망하는 일이 없을 걸세." 어안이 벙벙한 비서는 한참 동안 사장의 모습만 바라보고 있었다. 예전과 다른 사장의 진지한 모습을 확인한 후에야 김 비서도 예측할 수 없는 한마디의 말을 던졌다.

"사장님 감사합니다. 이제 저도 사장님이 드시는 아침 죽에 침을 뱉지 않겠습니다."

Story 1. 멘토링 효과 평가사례
Story 2. 국내 기업체 멘토링 이야기
Story 3. 국내 기관 / 학교 멘토링 이야기
Story 4. 해외 기업체 멘토링 이야기

Story 1. 멘토링 효과 평가사례

멘토링은 인간의 특성을 연구하고 그 역량을 개발하여 차세대 리더로 세우는 일이다. 특히 오늘날 각 조직마다 하이테크의 부작용으로 상실된 인간성 회복에 멘토링은 인격적인 리더 개발로 각광받고 있는 인간경영 프로그램이다. 이 과정에서는 멘토링을 활발하게 활용하고 있는 북미지역 4개 업체와 국내 1곳의 멘토링에 관한 효과 평가 사례를 다루었다.

NO1 맥킨지 컨설팅 평가

NO2 ASTD 평가

NO3 Fortune지 평가

NO4 CLC 평가

NO5 Forever(국내) 평가

NO1 맥킨지 컨설팅의 21세기 멘토링! 그 놀라운 힘

먼저 맥킨지 컨설팅 21세기 인재전략 리포트를 소개하면서 말문을 연다. 최근 저서 『인재전쟁』(세종서적 번역간)에서 "멘토링이 인재개발에서 놀라운 힘을 발휘하고 있다."고 극찬하고 있다. 어떤 이유에서일까? 다음과 같이 요약해서 소개한다.

이 책은 맥킨지 컨설턴트들이 5년에 걸쳐 77개 기업과 6,000명 이상의 관리자들을 대상으로 실증적 연구를 해 정성들여 쓴 『인재전쟁(The War for Talent)』이 21세기 인재전략 리포트로서 HRD분야에서 각광을 받고 있다고 말하고 있으며 오늘날 기업마다 유능한 인재확보를 위해서 치열한 전쟁에 돌입했다는 것과 '인재'라는 이슈의 전략적 중요성과 최고경영자들의 태도변화가 중요하다는 점을 강조하고 있다.

특히 멘토링을 다룬 5장(43p분량) '조직에 인재개발을 정착시켜라'에서 멘토링 시스템을 조직에 제도화해야 한다는 점을 강조하면서 멘토링을 경험한 설문 응답자의 말을 빌려 "멘토링이 인재개발에 놀라운 힘을 발휘하고 있다."고 말한다.

자료 1. 맥킨지의 멘토링 경험자의 놀라운 효과 설문 측정

맥킨지 저서 『인재전쟁』에서 멘토링 경험자들은 아래와 같이 설문에 놀라운 답을 하고 있다.

1) 멘토링 활동에 자신이 최선을 다했다   95%

2) 멘토링 후에 타사로 이직하지 않았다   88%

3) 멘토링이 회사의 성공에 도움이 되었다   97%

4) 멘토링 활동이 그들의 삶을 바꾸었다   50%

자료 2. 맥킨지의 멘토링 프로그램의 성공요건

1) 한 사람을 소중히 여기고 깊은 애정을 전달한다.

2) 멘토링 시스템을 제도화해야 한다.

3) 신중하게 멘토를 선정해야 한다.

4) 각각 사업단위로 멘토링 프로그램을 갖고 있어야 한다.

NO2 ASTD의 평은?

－멘토링은 기업에서 두 마리 토끼 － 지식경영, 학습조직 － 를 잡는 데 성공한 프로그램이 라고 2003보고서에서 평을 하고 있다.

1. Mentoring System － ASTD 2003 결과 보고서

HRD분야에서 세계 최고의 권위를 인정받고 있는 미국산업훈련협회(ASTD)는 2년을 주기로 HRD에 관한 세부적인 결과보고서를 내고 있다. Mentoring System 분야에 대한 2003년 보고서를 아래 내용으로 소개한다. 다양한 인재개발 기법 중에서 타의 추종을 불허하는 Mentoring System은 북미지역에서 21세기 최적의 인재개발 전략으로 자리매김을 하고 있다는 사실이다.

2. 결과 보고서 내용

1) Knowledge Management(지식경영)에서 성공을 거둠
2) Organizational Learning(학습조직)에서 성공을 거둠
3) 회사가 구성원에게 배려해 준다는 의식이 들게 해 주어서 회사에 대한 효과로
   (1) 회사에 대한 충성도가 배가 되었으며
   (2) 이직률 감소 효과가 현저히 나타났고
   (3) 전사적인 안목으로 의식 전환이 성장했으며
   (4) 사내 Networking이 활성화가 되었고
   (5) 전략적 사고로 업무를 다루는 의식이 신장했음

NO3 포츈지 설문 평은?

- 포츈지 500대 기업 임원 설문결과

96%　멘토링은 중요한 development tool이다.

75%　자신의 직업적 성공에 핵심적 역할을 했다.

71%　포츈 500대 기업 및 비상장기업이 멘토링을 활용하고 있다.

77%　멘토링이 직원 이직방지 및 성과향상에 도움이 되었다.

60%　대학/대학원 졸업생의 취업회사 선택에 고려 요소가 되었다.

NO4 CLC(Corporate Leadership Council 美)

- 포춘지 500대 기업 중 60개 기업 이직률 설문조사
- 멘토링 미실시 기업 35% - 실시 기업 16%

NO5 Forever(국내) 평가

* 회사에 멘토가 있으면 좋겠다　　　　79.5%

* 멘토링 제도가 있다　　　　18.2%

대부분 직장인들은 회사에서 멘토가 필요하다고 생각하지만 실제로 멘토링 제도가 실시되는 곳은 많지 않은 것으로 나타났다.

17일 온라인 취업사이트 사람인에 따르면 리서치 전문기관인 포에버와 함께 직장인 1천636명에게 '직장생활에서 멘토가 필요하다고 생각하는가'라고 설문한 결과 79.5%가 '그렇다'고 답했다.

멘토란 그리스 신화에서 오디세우스가 트로이 전쟁을 떠나면서 자신의 아들을 친구인 멘토르에게 맡긴 것에서 유래된 것으로, 회사나 업무에 대한 풍부한 경험과 전문 지식을 갖고 있는 사람을 뜻한다.

멘토가 필요한 이유에 대해(복수응답) 직장인들은 주로

1) '업무 스트레스를 줄일 수 있어서'(42.9%)나

2) '업무능력을 키울 수 있어서'(42.0%)라고 답했다.

멘토에게 받고 싶은 도움으로는(복수응답)

1) '업무 전문지식과 노하우'(62.8%),

2) '인간관계'(51.2%),

3) '자기계발 노하우'(34.0%),

4) '인생상담'(26.8%) 등인 것으로 조사됐다.

그러나 현재 다니는 회사에 멘토링 제도가 있는지를 묻는 질문에 직장인 18.2%만이 '있다'고 답해 멘토링 제도를 시행하는 기업이 많지 않은 것으로 나타났다.

Story 2. 국내 기업체 멘토링 이야기

2000년부터 우리나라에 적용하고 있는 멘토링은 아직은 초보적인 수준이다. 대부분 현재 단순히 선배와 후배를 연결하는 신입사원 멘토링에 머물고 있다. 이것은 한마디로 옛날 버전이다. 북미지역에서 안방 멘토링(경영자주관)을 하고 있는 반면 아직도 국내는 사랑방 멘토링(인사, 교육담당자 주관 90% 이상이 신입사원 멘토링 수준)을 하고 있다. 하루빨리 다양한 멘토링 프로그램을 도입해야 한다.

이제는 단순히 업무성과만 내겠다는 생각을 넘어서 해외 성공사례를 벤치마킹하고 일정 과정 체계적인 관리 프로그램을 적용하여 리더를 개발하는 연결고리 역할을 해야 한다.

리더를 키우겠다, 핵심인재를 기르겠다는 생각으로 접근해야 한다. 오프라인뿐만 아니라 인터넷 기반의 시스템도 마련해야 한다. 웹사이트(Website) 멘토링을 통해 정보를 제공하고 상호 교류를 활성화하는 것이 멘토링의 성공 지름길이다.

NO1 삼성그룹

NO2 포스데이타

NO3 삼양사

NO4 삼성테크윈

NO5 삼성전자

NO6 태평양그룹

NO7 하나로텔레콤

NO8 한화그룹

NO1 삼성그룹 멘토링

1. S급 인재 등 핵심인재 멘토링

　당시 윤종용 삼성전자 부회장은 상당수 외국인 핵심인재의 멘토
(Mentor＝경험과 연륜으로 상대방의 잠재력을 파악하고 그가 꿈과
비전을 이뤄 리더로 성장할 수 있도록 도움을 주는 사람)를 맡고
있다. 멘토의 상대방은 외부에서 영입한 S급 인재. 윤 부회장은 한
달에 한 번씩 이들과 식사를 하거나 면담을 갖는다. 그는 "하늘이
두 쪽 나도 이 약속은 지켜야 한다."고 강조한다. 대화는 복잡한
현안들이 배제되고 가족들 안부를 묻는 데서 시작된다. 일상의 크
고 작은 고충과 애로들을 물어보고 업무 흐름에 불편함이 없는지
도 세세하게 체크한다. 면담이 끝나고 나면 윤 부회상은 직집 메모

를 작성해 관련부서에 업무 지시를 내린다.

　* S급(Super) 인재 – 최고경영자 대우받는 인재
　* A급(Ace) 인재 – 핵심추진인력으로 분류되는 인재
　* H급(High Potential) – S급 인력으로 양성가능한 인재

삼성전자의 최도석 경영지원 총괄사장과 김인수 인사팀장도 이런 식으로 핵심인재들과 매월 다섯 차례 정도 정기 면담을 갖는다. 삼성은 핵심인재가 회사에 안착해 오랫동안 다닐 수 있도록 다양한 제도적 장치를 해놓고 있다. 멘토제도도 그중의 하나다. 사장은 S급 인재, 사업부장은 A급 인재, (수석)부장은 H급 인재에 대해 일대일로 직접 멘토를 맡아야 한다.

매월 면담보고서를 제출해야 할 뿐만 아니라 개선 요청사항을 받아들여 즉시 시행하는 것도 멘토의 의무다. 만약 핵심인재가 석연찮은 이유로 회사를 그만두게 되면 1차적으로 책임을 져야 하는 사람 역시 멘토다.

2. 퇴직 조기 경보제

삼성이 이처럼 핵심인재를 일대일 멘토링 기법으로 관리하는 이유는 인재를 영입하는 것 못지않게 이들을 안착시키는 일이 어렵다고 판단하기 때문이다. 삼성관계자는 "능력이 뛰어날수록 경쟁사의 스카우트 표적이 되기 쉽고 외국인들의 경우 이질적인 한국 문

화에 적응하기 어렵다는 점을 감안한 제도"라고 설명했다.

특히 조직 운영에 불만을 품고 떠난 외국인이 험담을 하고 다니는 상황은 최악이다. 세계 IT업계에 평판이 나빠지면 인력 수혈에 큰 차질이 빚어질 수밖에 없기 때문이다.

삼성전자는 이 때문에 핵심인재들을 대상으로 '3색경보체제'를 은밀하게 가동하고 있다. 인력의 퇴직가능성을 △녹색(안정적), △황색(약간불안), △적색(퇴직가능성 고조) 등으로 분류, 핵심인재의 이탈을 조기에 감지하는 시스템이다. 퇴직가능성이 있다고 판단하는 사람에 대해선 중점 관리에 들어가 대인관계와 개인 전문성과 업무의 불일치 여부 등을 정밀하게 진단, 즉각 개선책을 마련한다.

현재 2천 명이 넘는 핵심인재 중 S급은 대부분 녹색, A급은 99%가 녹색, H급은 98%가 녹색 등급을 받고 있는 것으로 파악됐다.

3. 집안일까지 지원

외국인이 삼성에 입사하게 되면 일단 'Employee Guide Book'이라는 이름의 두꺼운 책자를 제공받는다. 영어판, 일어판으로 제작된 이 책에는 인사제도, 편의 시설, 회사소개, 정착정보, 주거지, 금융·의료시설 이용법 등이 자세하게 소개돼 있다.

여기에 각 사업장에는 'Global Help Desk'라는 이름의 지원 조직이 설치돼 총 20여 명의 전문인력이 배정돼 있다. 영어 요원 10명, 일본어 요원 10명 등으로 구성된 이들은 핵심인재의 크고 작은 집안일과 차량관리, 해외 출장 시 입출국 비자업무 처리 등 업무 수행에 필요한 제반 지원 활동을 펼치고 있다.

삼성은 또 가족을 고국에 두고 홀로 생활하고 있는 핵심인재들을 위해 해외에 있는 가족들의 대소사도 챙겨 준다. 예를 들어 부인이나 다른 가족이 일자리를 원할 경우 글로벌 인사팀을 통해 즉각 직장을 마련해 주기도 한다.

외국인 핵심인재들에겐 다국적 기업 수준의 높은 연봉 외에 MDI(Market Driven Incentive), TDI(Technology Driven Incentive) 등의 명목으로 다양한 인센티브가 제공된다. A, H급 인력의 경우 수백만 원에서 수억 원까지 책정돼 있다.

4. '흔들기'는 금물

하지만 우수인재를 붙들어 두기 위한 가장 큰 장치는 회사의 강력한 의지다. 윤종용 부회장은 임직원들에게 틈날 때마다 "외부에서 왔다고 텃세를 부리거나 따돌리는 일이 생기면 결코 좌시하지 않겠다."는 뜻을 밝히고 있다.

최지성 디지털 미디어 총괄 사장 역시 외국인들과 수시로 식사를 하며 "업무에 불편한 일이 있으면 나를 직접 찾아오라."고 주문한다. 삼성은 이를 통해 인재 간 상생풍토를 조성, 조직 전반의 경쟁력을 높인다는 전략이다.

5. 삼성핵심인재 확보 육성 전략

확 보 ⇒	배 치 ⇒	육 성
* 변화 주도 역량 확인	* 적재적소 배치	* 성장 비전 제시
* 전문역량 포착	* 업무 및 일상의 불편 해소	* 도전기회 제공
* 이질적 요인 포용	* 멘토제 시행(일대일 관리)	* 인재 간 상생 풍토 조성

NO2 포스데이타 멘토링

포스데이타에서는 신입사원의 조직 적응도를 높이고 체계적인 업무기술을 전달하기 위해 2001년 8월부터 멘토링 제도를 도입·실시하고 있다.

이 회사에서는 기본적으로 신입사원과 모범 선배사원을 일대일로 연결시켜, 선배 사원으로 하여금 신입사원을 양성하도록 책임을 부여하고 있다.

포스데이타에서 시행하고 있는 멘토링 제도의 주요 특징을 살펴보면 다음과 같다.

1. 도입 배경

첫째, 신입사원들에 대한 체계적인 교육이 절실했다.

이 회사는 1999년부터 3년 동안 신입사원의 채용이 증가하면서, 이들에 대한 체계적인 관리의 필요성을 느끼게 되었다. 따라서 멘토링을 통한 지속적인 지도와 후원으로 이들이 빠른 기간 내에 회사에 기여할 수 있도록 유도한 것이다.

둘째, 생산성 향상에 도움이 된다.

신입사원의 업무기술 습득을 가속화시킴으로써, 결과적으로 생산성을 향상시키는 효과를 볼 수 있었다.

셋째, 구성원들의 업무 몰입도를 높일 수 있다.

멘제의 개인적인 문제나 고민을 멘토가 상담하고 해결해 줌으로써, 이들이 업무에 집중할 수 있도록 유도했다.

2. 멘토의 자격

첫째, 멘제의 신뢰를 얻을 수 있는 인품과 업무경험, 기술을 가지고 있어야 한다.

둘째, 회사가 원하는 임무, 전략, 업무에 대한 목표 등을 정확히 이해하고 있어야 한다.

셋째, 리더십 역량을 갖춘 3년 이상의 경력사원이어야 한다.

이 회사에서는 인사팀과 교육팀으로 구성된 멘토링 운영위원회로 하여금 위와 같은 세 가지 요건을 종합적으로 평가하여 멘토를 선정하도록 하고 있다.

3. 멘토의 역할

포스데이타에서 요구하는 멘토의 역할은 다음과 같이 크게 네

가지로 요약할 수 있다.

1) 교사 역할

2) 상담자 역할

3) 코치 역할

4) 스폰서 역할

또한 멘토는 주 1회 멘토링 활동에 대한 결과를 소속 부서장 및 인사팀에 보고해야 하며, 3개월 후에는 최종적으로 소속 팀장이나 인사팀에 멘토링 결과 보고서를 제출해야 한다.

4. 매칭 프로세스

이 회사에는 멘토와 멘제의 연결 효과를 극대화하기 위해 다음과 같은 매칭 프로세스(Matching Process)를 적용하고 있다.

1) 신입사원을 채용하면 부서 배치 1~2주일 전에 인사팀에서 해당 팀에게 각 신입사원에 대한 인적 사항을 통보하고 적절한 멘토를 추천하도록 의뢰한다.

2) 소속 팀장은 신입사원의 직무와 개인신상을 바탕으로 가장 적합한 멘토를 선정히여 담당임원이 승인을 받고, 인사팀에 통보한다. 이때 해당 팀에 적절한 멘토 후보가 없을 경우, 타 팀장에게 협조를 요청할 수도 있다.

3) 인사팀 또는 멘토링 운영위원회에서는 추천받은 멘토와 멘제가 서로 적합한지를 고려하여 최종적으로 멘토를 임명하고 인사발령을 낸다.

4) 교육팀 및 멘토링 운영위원회에서는 선발된 멘토들을 소집하여 멘토링 활동에 대한 교육을 실시한다.

5. 회사지원

포스데이타에서는 다음과 같이 회사 차원에서 멘토링 활동을 적극적으로 지원하고 있다.

1) 월 10만 원 내에서 멘토링 활동비를 지원한다.
2) 멘토를 대상으로 멘토 교육과정을 개설하여 멘토링 제도의 정의 및 도입 취지, 내용, 역할, 효과적인 멘토링 기법 등을 전달한다.
3) 멘토 운영위원회를 구성하여 매월 정기모임, 상담, 제도 개선 등을 통해 지속적이고 효과적으로 멘토링 활동을 지원한다.

결과적으로 포스데이타는 멘토링 제도를 통해 신입사원 조기 퇴사율을 16%에서 2.4%로 그리고 3년차에서는 1.8%로 감소시킬 수 있었다. 또한 개별적 밀착 관리를 통해 잠재적인 핵심인재의 조기 선별 및 회사에 대한 구성원들의 몰입도 강화, 세대 간 사고 및 생활방식의 상호 이해 등의 측면에서 큰 효과를 얻을 수 있었다.

NO3 삼양사 멘토링

제도적 멘토링 운영으로 '신입사원 빠른 정착' 성과

입사 전 교육 (3주)	→	입문과정 (1주)	→	배치 전 OJT (1주)	→	배치 후 OJT (3월)	→	Mentoring (12월)

1924년 설립돼 설탕, 밀가루, 식용유 등의 식품군을 비롯해, 엔지니어링 플라스틱 등 화학소재, 의료용구 등 8개 사업부와 8개의 계열사를 거느리고 있는 삼양그룹은 80년대 중반 이후부터 QC, TQM, TOP, 관리 혁신, ERP, CRM, KM 등 다양한 변화관리 활동을 성공적으로 진행해 왔다. 그러나 이러한 하드웨어적 변화관리만으로는 글로벌 경쟁력을 확보하는 데 어려움이 있다고 판단해 왔다. 이른바 한 명의 인재가 10만 명을 살리는 'war for talent'의 시대를 대비하기 위해서는 신입사원의 조기정착 및 체계적인 육성을 통해 핵심인재로서의 육성이 요구됐고, 이에 삼양은 지난 2002년부터 신입사원을 대상으로 멘토링 제도를 도입, 운영해 오고 있다. 삼양의 신입사원 운영체계는 다섯 단계로 진행되는데, 마지막 단계가 멘토링이다.

1. 멘토링 Process

삼양의 멘토링은 '역량향상'과 '안정된 생활 유도'라는 두 가지 목표를 가지고, 지난 2002년 8월부터 전 계열사 신입사원을 대상으로 시행하고 있다. 2002년 신입사원 26명과 선배 사원 26명이 멘토링 커플이 되어 참여한 1기 멘토링을 시작으로 2, 3기를 성공적으로 실시하고, 현재 5기와 6기 멘토링이 진행 중이다.

멘토링 활동은 4~10년차 선배 사원으로 구성된 멘토와 신입사원인 멘제가 일대일로 매칭돼 1년 동안 공식/비공식 멘토링 활동을 하게 된다.

2. 선발과 커플매칭

멘토는 삼양에 만 3년 이상 근속한 선배사원 중에서 충성심(Loyalty)과 청렴도(integrity)가 높고, 업무 및 역량 수준, 대인 관계와 리더십이 뛰어난 사람들 위주로 COO(Chief Operation Officer, 최고운영책임자)의 승인을 얻어 선발한다.

선발된 멘토pool은 교육을 통해 멘토링 제도를 이해하게 되며, 발대식에서 커플을 매칭하게 된다. 커플 매칭은 크게 세 가지 원칙을 따르고 있다. 첫째, 대면 멘토링 활동을 원활히 수행할 수 있도록 동일지역 근무자를 우선으로 하고 있으며(Same Area), 둘째, 다양한 인적 네트워크를 확보하고, 업무 지도를 목적으로 하는 OJT와의 중복을 피하기 위해 동일 팀을 피하고 있으며(Different position), 마지막을 가급적 동성 간의 커플 매칭(Same Gender)으로, 이 원칙은 상황에 따라 유연하게 적용하고 있다.

3. 멘토링 활동

멘토링 발대식을 통해 교육을 받은 커플은 1년 동안 공식 / 비공식 멘토링 활동을 하게 된다. 커플이 매칭되면, 커플은 상호 협의

하여 멘토링 목표와 활동계획을 수립하며, 수립된 목표와 계획에 따라 공식 / 비공식 활동을 시작한다.

특히, 매월 15일은 'Mentoring Day'로 정해 멘토링 활동을 독려하고 있으며, 커플에게는 매월 10만 원의 멘토링 활동 지원금이 지급되고 있다. 활동 직후에는 멘토가 주관하여 활동 내역을 멘토링 홈페이지를 통해 기록하게 되며, 인력개발팀은 이러한 활동 기록 내용을 바탕으로 멘토링 활동을 모니터링하고, 매월 활동이 우수한 한 커플을 '이달의 우수 멘토링 Champion 커플'로 선정해 포상하고 있다.

4. 멘토링 활동 모니터링

2005년 7월 종료한 3기 멘토링을 모니터한 결과, 멘토링 커플의 평균 미팅 횟수는 월 2~3회 수준이며, 1회 미팅 시 소요시간은 1~2시간 정도인 것으로 나타났다.

멘토링 목표는 대부분이 멘토와 멘제의 합의에 의해 결정됐고, 과반수 성노가 기초 설정한 목표를 달성한 것으로 조사됐다. 이성(異性) 멘토링 커플 매칭에 대해시는 대다수가 중립 또는 부정적 견해를 나타냈다. 이와 함께 보안해야 할 이슈로 공식적으로 멘토링 활동 이외에 소그룹 규모의 다양한 멘토링 프로그램의 개발과 해당 팀장의 보다 적극적인 관심이 필요하다는 데 의견이 모아졌다.

5. 활동 평가

멘토링 활동은 멘토링 활동과 만족도 수준에 의해 평가된다. 우선 활동 평가는 공식 행사 및 교육의 참여도와 활동일지의 작성 수준을 바탕으로 평가하며, 이달의 우수 멘토링 챔피언 등에게는 일정 수준의 가산점을 부여하고 있다. 만족도 평가는 멘토의 만족도를 가장 크게 반영하고(30%) 했으며, 멘제의 팀장이 평가하는 멘토링 활동의 효과성(10%), 멘토의 팀장이 평가하는 멘토링 활동의 효과성(10%)을 반영하고 있다.

활동 평가(50%)	만족도 평가(50%)
공식행사 참여도	멘제 만족도
이달의 멘토링 챔피언 가산점	멘제 팀장 만족도
활동일지 작성도	멘제 팀장 만족도

6. 멘토링 종료 후 우수사례 공유

1년간의 멘토링 활동이 종료하면, 종료식을 실시하고 있다. 종료식에서는 평가 결과를 바탕으로 우수 커플을 포상하고, 우수 사례를 공유한다. 또한 활동이 우수한 멘제들은 향후 잠재적인 멘토 풀로서 관리되며, 실제로 지난 2002년 실시한 1기 멘토링에서 우수한 활동을 보여 준 멘제들은 현재 6기의 멘토로 활동하고 있다.

7. 멘토링 도입 효과

멘토링을 실시한 이후, 신입사원 이직률이 낮아졌으며, 회사에 대한 만족도는 상승했다. 멘토의 도움을 받아 신입사원은 사내에서 일어나는 갈등과 관리와 CDP 계획, 역량개발 계획을 효율적으로 실천해 나아가며, 더불어 인적 네트워크를 키워 나가게 된다. 또한, 멘토로 활동한 선배 사원들은 멘제와의 대화를 통해 스스로 리더 십을 형성해 나가는 훈련을 하게 된다.

이러한 활동을 통해, 결국 회사는 신입사원의 조기 전략화와 중 간관리자의 리더십 향상이라는 두 가지 큰 소득을 얻을 수 있었다.

8. 멘토링 이슈

신입사원 멘토링이 꾸준히 자리를 잡아 가고 있지만, 아직 멘토 링의 객관적 평가제도의 개발과 효과성의 측정은 지속적으로 해결 해야 할 과제다. 또한, 이를 확대하여 핵심인재나 팀장 후보군에 대한 확대가 꾸준히 논의되고 있다.

NO4 삼성테크윈 멘토링

21세기 Digital 시대의 진정한 리더가 되기 위해 당사는 2000년

'삼성항공 산업㈜'에서 '삼성테크윈㈜'(Technology Winner)로 사명을 변경하고 World Class의 제품을 육성하기 위해 모든 역량을 집중하고 있다. 특히 멀티미디어의 총아인 디지털카메라와 영상정보기기, 반도체 부품 및 장비 그리고 항공기 엔진에 이르기까지의 다양한 제품군(群)은 새로운 인재와 그에 맞는 인재상을 요구하고 있으며 그 결과로 최근 3년간 신입사원의 수는 급격히 늘어나고 있는 추세다.

1. 신입사원은 조기에 조직의 가치관을 공유해야

최근 입사하는 신입사원들의 성향은 기성세대에 비해 '자기중심적 개인주의'가 강하다는 반면에 보다 풍요롭고 안정된 사회 속에서 성장하여 온 까닭에 솔직하고 진지한 일면과 합리적인 사고방식을 갖고 있다는 점도 있다. 신입사원들은 자신들의 주장이 기업으로부터 받아들여지지 않는 데 대하여 당혹감을 느끼기도 하고 심지어 기업에 대한 실망을 느끼고 조직을 떠나는 사례가 늘고 있다. 즉 기업에 대한 소속감의 약화, 전직성향의 상승으로 나타나고 있는 것이다. 리차드 파스칼(Richard Pascale) 교수는 신입사원에 대하여 가능한 한 조기에 '회사인간'으로 바꿀 것을 강조하고 있다. 신입사원의 특성인 가치관의 다양성은 존중하되, 영속적 성장이라는 명확한 조직의 목표를 갖고 있는 기업에 들어온 이상 하루빨리 그들의 가치관을 조직의 가치관에 맞도록 바꾸는 노력이 필요하다는 것이다. 즉 기업문화에 적응할 수 있는 인재를 채용하는 것이 가장 중요하겠지만 이미 채용한 신입사원에 대해서는 기업문화에 맞는 가치관을 가질 수 있도록 조기에 훈련과 교육이 필요하다고 강조하고 있다. 이를 위해 당사에서는 기존의 후견인제도를 보완하여 2003년부터 새로운 멘토링 프로그램을 도입, 운영하고 있다.

2. 업무 OJT와 병행하는 멘토링 프로그램

당사에서 운영 중인 멘토링 프로그램의 특징은 '업무 OJT를 겸한 멘토링'이라는 것이다. 일부에서는 멘토링은 업무와 무관하게 진행되어야 한다는 의견이 있으나 기업 입장에서는 일대일 인간관계를 통한 신입사원의 조기정착과 자연스런 업무 OJT가 가능하게끔 유도하는 것이 가장 합리적인 방법이라 여겨진다. 업무 지휘 관계의 특성상 인간관계 형성의 한계점은 분명 존재하게 되지만, 신입사원들이 일을 통해 조직에 정착하는 방법이 그 어떤 조기정착 유도 프로그램보다 질적 우위에 있다는 것은 모두 공감하는 부분이라고 생각한다. 원래 OJT가 '업무 Skill전수'라는 과업지향적 목표에 일대일 관계라는 인간적 유대를 가미한 것이라면, 멘토링은 인간적 교류를 통해 자연스럽게 업무 Skill을 전수하는 것으로 볼 수 있다. 즉 멘토링을 통해 보다 완성된 OJT조직을 운영할 수 있다는 점이다. 당사의 멘토링 제도는 그간 비공식적인 후견인을 지정하여 운영하던 방식을 수면 위로 끌어올려 공식화한 점이 기존의 후견인제도와 다른 점이라 할 수 있겠다. 모든 것이 낯설기만 한 신입사원들에게 누군가가 자신을 지켜 주고 돌봐 주고 있다는

사실은 신입사원들에게는 커다란 힘이 되고 있으며, 실제로 신입사
원들의 이직률이 줄어드는 결과를 가져오고 있다.

3. 멘토링 프로그램 설계

멘토링 프로그램을 설계할 때에는 기본적으로 다음의 4개 과정
(4Process)을 따른다. 반드시 이 절차대로 진행되어야 하는 건 아니
고 업체별로 실정에 맞게 선택할 수 있다.

Process1 – 준비과정 – 활동기간 12개월 운영안 작성 – 사전검토 목
표설정 과정설계

Process2 – 도입과정 – 멘토링 도입교육 및 간부 교육, 결연식 – 실
행오리엔테이션단계

Process3 – 활동과정 – 12개월 멘토 / 멘제 개인 미팅활동과 계간으
로 전체 그룹활동 프로그램, 보수교육

Process4 – 평가과정 – 정량평가와 정성평가 및 사후관리단계

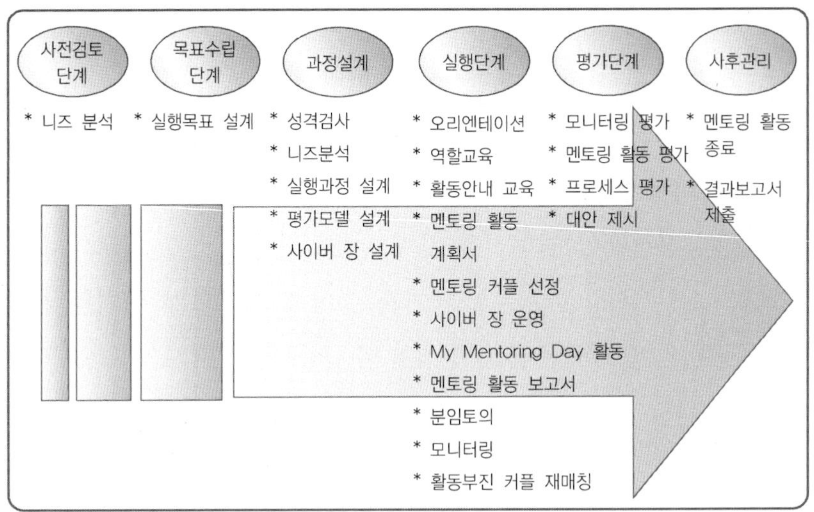

4. 멘토의 선정

당사의 멘토는 일정한 자격요건을 필요로 하며 인사부서와 신입사원의 부서장이 검토하여 최종 결정하게 된다. 멘토의 선정기준은 첫째, 인격적으로 신뢰가 가고 대인관계가 원만한 사람이어야 한다. 대인관계가 원만하지 못하거나 적극적이지 못한 사람이 멘토가 될 경우 잘못된 멘토의 의식과 행동을 그대로 답습할 우려가 있으며 또한 멘토의 가정이나 건강에 이상이 있는 경우에는 신입사원(멘제)의 본보기가 되기가 어렵기 때문이다. 둘째, 일정수준의 업무 성과를 내는 사람이어야 한다. 이는 멘제에게 업무상 조언이 가능하고 노하우의 전수가 가능해야 하기 때문이다. 셋째, 조직에 대한 로열티 및 자기희생 그리고 솔선수범 의지가 강한 사람이어야 한다. 그래야 멘토와 멘제 모두 멘토링을 통해 자연스럽게 애사심이

고취되고 직무몰입의 자연적인 유도가 가능하기 때문이다. 마지막으로 회사 및 부서의 고유한 조직문화의 전수를 가능하게 하기 위해 1년 미만의 전입자와 징계를 받은 자를 멘토 선정 시 제외시키고 있다. 이렇게 선정된 멘토와 멘제는 경영진과 부서장들이 참석한 가운데 공식적인 결연식을 갖게 된다. 결연식 이후 멘토의 사원증(IC카드)에 'Mentor'라는 스티커를 부착해 줌으로써 주위의 사람들로 하여금 멘토의 존재를 인식할 수 있도록 부각시키고 있다.

5. 멘토링 오리엔테이션 내용

멘토와 멘제가 선정되고 나면 멘토링 전문기관을 통해 오리엔테이션을 실시하게 된다. 오리엔테이션은 멘토, 멘제의 개인적 성격 유형을 여러 Typology 중 한 가지(Lynchpin Game, DiSC, MBTI, 애니어그램 등)를 이용하여 서로의 장단점 및 유형을 확인한 후 단계별 멘토링 활동의 목표를 정하게 되는데 여기서 서로간의 친밀도를 높이기 위한 기초적인 방법부터 비교적 장기적 목표인 업무적응 및 개인별 성장목표를 공유하여 언제 어떻게 목표들을 달성할 수 있을 것인가에 대한 진지한 논의가 시작된다. 멘토는 멘제에 대한 기본적인 사항들 ― 입사동기, 가치관, 비전, 개인적 관심사 ― 에 대한 정보를 얻게 되고 멘제는 멘토의 육성철학, 직무경험, 지도 스타일 등에 관한 정보를 획득하게 된다. 이렇게 서로 논의한 계획들을 사무국에 제출하고 멘토링의 공식적인 첫걸음을 내딛게 된다. 멘토링 활동이 시작되고 나면 6개월 후에는 멘토 보수교육이 진행된다. 보수교육은 외부 멘토링 전문가의 특강 및 성공 및 실패 사례 공유 등으로 구성된다.

6. 단체 멘토링 활동으로 적극적 참여 유도

멘토링 활동에서 가장 중요한 것은 지속성이다. 업무상 바쁜 일정 때문에 멘토가 멘제와 충분한 시간을 갖지 못하게 되는 경우가 대부분이며 시간을 갖더라도 아주 짧은 경우가 많다. 그리고 멘토와 멘제가 서로 만나서 무엇을 함께 할 것인가에 대한 고민도 발생하게 된다. 이런 점들을 해결하기 위해 멘토링 사무국에서는 주기적으로 단체 멘토링 활동을 실시하고 있다. 원래 멘토링 활동 자체는 지극히 개인적인 것이지만 합동 멘토링을 통해 자신들 외 다른 커플의 활동 방법론에 대한 벤치마킹과 노하우를 공유하기도 한다. 일종의 멘토링 활동 독려 차원으로 이해하면 될 것이다. 단체 멘토링 활동의 내용으로는 등반, 운동경기, 스포츠 관람, 문화체험 등을 들 수 있으며 지난 2월에는 경영진과 멘토, 멘제들이 일주일간 릴레이 중식 간담회를 실시하기도 하였다.

7. 효과 및 문제점

첫째, 멘토링에서 기대되는 가장 큰 효과는 무엇보다도 신입사원들을 조직에 빨리 적응시키는 데 있다. 멘토링 프로그램을 도입하기 이전인 2001년과 2002년의 신입사원 이직률은 14.4%였으나 멘토링을 도입한 2003년 신입사원의 이직률은 6.3%로 줄어들었다. 2007년 현재 진행 중인 5기 멘토링의 경우에는 퇴직률 0%를 유지하고 있다. 물론 실업증가, 취업의 어려움 등 사회 전반적인 요소도 작용을 했겠지만 멘토링이 지대한 역할을 담당했다는 점은 부인할 수 없다. 둘째, 그간의 인재육성 방식이었던 대량 교육체제가 일대일 맞춤교육 체제로 변하기 시작했다는 점이다. 개인별 니즈를 반영하는 맨투맨 관리만이 소중한 인재를 놓치지 않는 중요한 방법이라는 것을 회사가 인식하기 시작했다는 것이다. '멘토링 활동을 통해서나 또한 성장하고 있는 느낌을 받았다'라는 설문에서 4기 (2005년 결연) 멘토의 경우 평균 83.5% 이상의 만족도를 나타냈으며, 특히 중간점검(81.3%) 때보다 멘토링 활동의 종료시점에 실시한 마무리 점검(85.7%) 시 보다 더 향상된 만족도가 나왔다는 것은 주목할 만한 점이다. 셋째, 멘토로 선정된 선배사원들을 조직의 차세대 리더로서 리더십 체험을 해 볼 수 있게 했다는 점이다. 신입사원인 멘제뿐만 아니라 멘토들에게도 이직의 확률을 감소시켰으며, 일선 조직관리 방식에 긍정적인 모델을 제시한 사례라 할 수 있다. 뿐만 아니라 멘토링이 쌍방향 커뮤니케이션을 전제로 멘토가 멘제에게 일방적으로 정보를 제공하고 스킬을 전수하는 것이 아니라, 멘토 스스로도 멘제를 통해서 신세대들의 감성과 트렌드를 파악할 수 있게 되었으며, 자신의 직장생활 활력을 찾게 되었다. 이는 멘토들을 대상으로 한 설문에서도 확인할 수 있는데 전체 멘토의 70% 이상이 현재의 멘토링에 대해 긍정적인 자세를 취하고 있으며 부서장들 역시 멘토의 66% 이상이 업무상 높은 성과를 냈다고 답변하였다.

넷째, 멘토링 프로그램은 조직 활성화에 긍정적이라는 점이다. 기업조직은 새로운 사람들이 수급됨으로써 새로운 성장엔진을 장착하듯이 선순환의 흐름으로 사업에 대응해야 한다. 하지만 수급되는 사람이 없고, 수급된 사람마저 중도에 없어져 버린다면 이에 조직은 고인 물이 되고 결국에는 썩은 물로 전락해 버리고 만다. 신입사원이 회사를 떠나지 않고 정착하면서 조직은 청량제를 얻게 되고, 이는 조직의 활성화에 많은 기여를 하고 있다.

8. 반면 당사의 멘토링에 대한 문제점으로는

첫째, 급격히 증가하는 멘제들에 비해 멘토의 숫자가 부족하다는 점이다. 멘토 풀(pool)이 제대로 구축되지 않은 상황에서 성급하게 멘토와 멘제를 결연시키다 보니 극소수의 커플들이 일종의 의무감에 휩싸여 멘토링 활동의 본질을 왜곡하여 소기의 목적을 달성하는 데 어려움을 겪곤 하였다. 이 점은 멘토, 멘제의 결연방식에 대한 개선여지를 충분히 갖게 하는 점이다.

둘째, 멘토링 대상자들과 멘토링 사무국의 꾸준한 관심과 정성이다. '인재의 유지'가 인사의 업(業)이기 때문에 멘토와 멘제를 대할 때는 나의 고객으로 섬김의 마음을 지니고 다가가야 하는 것은 당연하지만 시행 초기에는 제도의 정착만 신경을 쓴 결과 대상자들에 대한 관심이 줄어들 수밖에 없었던 상황이 전개되었고, 이는 성공적인 멘토링 활동의 저해 요인으로 작용하였다.

셋째, 부서 내에서 멘토링 활동이 자칫 다른 사람들과의 관계에서 위화감과 알력으로 작용할 수 있다는 점이다. 이것은 현실적으로 피하기 어려운 점이지만 멘토로 지정되지 않은 다른 사람들에게 차기 활동 시 멘토로 지원할 수 있는 여건을 조성해 줌으로써 해결할 수 있다고 생각된다.

넷째, 멘토링 활동이 일회성으로 끝나지 않고 지속될 수 있도록 정기적인 멘토링 행사를 확대 추진하고 사무국의 모니터링 방법을 다양화해야 한다. 멘토링 활동이 지속적으로 이루어질 수 있도록 정기적인 멘토링 소식지 「Mentoring Magazine」을 발간하여 서로의 활동을 공유하고 부서장의 관심을 유발시켰으며, 다양한 합동 멘토링 행사(자원봉사, 등산, 스포츠경기 관람 등)를 확대, 추진하고 사무국의 모니터링 방법을 설문조사, 임원 간담회 등으로 다양화하였다.

9. 우수사례에 대한 지속적인 홍보 필요

멘토, 멘제와 더불어 멘토링에서의 또 하나의 중요한 역할은 해당 부서장들이다. 부서장이 멘토링에 대한 이해가 부족하면 해당 커플은 멘토링 활동에 어려움을 겪게 된다. 이에 당사는 멘토링 도입 시에 부서장의 멘토링에 대한 올바른 개념과 부서장으로서의 역할 등에 대해 사전 교육을 시행함으로써 멘토링 활동에 대한 공감대를 형성시켰으며, 사무국에서는 주기적으로 커플별 활동에 대한 피드백을 해 주어 부서장의 관심을 지속시키고 격려를 가능케 하였다. 또한 사내 인트라넷으로 멘토링 홈페이지를 구축하여 각종 정보를 제공하고 서로의 활동을 공유할 수 있도록 하였으며, 사내

기획방송을 통해 전 사원에게 멘토링 활동을 홍보하기도 하였다. 작년 연말에는 멘토, 멘제의 멘토링 활동사진을 모아 기념 캘린더를 제작하여 배포하기도 하였다. 이런 모든 홍보활동은 개인적, 비공식적 활동이라는 멘토링의 약점을 극복할 수 있는 좋은 방법이며 주위의 관심을 지속시킬 수 있는 대안이기도 하다. 주위의 관심이 사라지게 되면 자연스레 멘토링 활동이 위축될 수 있는 가능성이 높기 때문이다. 경영진을 포함하여 전 사원에게 멘토링 활동의 우수사례를 다양한 매체를 활용하여 꾸준히 홍보하는 것이 멘토링 사후관리의 핵심이라 할 수 있다.

10. 성공적인 멘토링을 위한 방안

성공적인 멘토링 도입을 위한 방안으로는

첫째, 멘토링에 대한 충분한 사전 검토와 준비가 필요하다. 조직 내에 도입하려는 멘토링의 목적이 신입사원들의 분위기 적응을 위한 것인지 핵심인재의 육성에 관한 것인지 명확히 정립해야 한다. 또한 멘토의 자질을 갖춘 사람이 조직 내에 얼마큼 있는지, 새로운 멘토 pool의 구축이 용이한지에 대한 검토도 필요하다고 본다. 멘토링을 도입한 후 멘토가 없거나 부족하다면 멘제들의 적응과 성장에 어려움이 발생할 수 있다.

둘째, 멘토링에 대한 명확한 이해가 전제되어야 한다. 멘토와 멘제뿐만 아니라 부서장, 경영진에게 이들의 존재를 알리고 활동내용에 대한 피드백을 지속시켜야 한다. 또한 멘토는 지시자가 아닌 파트너로서의 자세를 견지할 필요가 있다. 일방적인 지시보다는 멘제가 갖고 있는 문제의 현상을 제대로 알려 줘야 하며 멘제 스스로 주인의식을 갖고 생활하도록 유도하여야 한다. 셋째, 정기적인 멘토링 효과분석과 성과에 대한 적절한 인정과 보상이 필요하다. 멘토링 활동 과정이나 결과에 대한 엄격한 평가가 주기적으로 진행되어야 하며 그 결과에 따라 금전적, 비금전적 보상도 함께 동반되게 된다면 그 효과가 배가될 것이다. 당사에서는 멘토링 제도가 조직 활성화 및 생산성 향상, 일선 조직관리에 긍정적이라는 판단 아래 사업장 고유문화로 정착시키기 위해 온 힘을 기울이고 있으며, 향후 신입사원뿐만 아니라 경력사원에게도 확대 적용할 계획이다.

NO5 삼성전자 멘토링

정보통신 사업의 확장에 따른 신규인력의 대거 채용은 얼마나 빨리 조기 전력화하느냐가 중요한 이슈였다. 이에 기존에 실시되고 있던 멘토 제도 개선운영에 대해 신입사원 지도 선배 부서장의 VoC 조사를 통해 실제 업무 수행에 도움이 되는 교육 매체를 부서에서 실시되는 일대일 or 1:n 형태의 OJT(응답률 58%)라고 답변했다.

이에 대졸 신입사원의 조기 적응을 위해 개선된 멘토 제도는 '05년 상반기에 입사한 75명의 통신연구소 신입사원을 대상으로 실시됐다. 약 5개월간(2004년 11월~2005년 4월) 미국 오크랜드에서 개최된 IMA(국제멘토링 협회) 컨퍼런스 참가를 통한 국외 멘토링 현황 파악과 삼성테크윈, 한국GE, 삼양사 등 국내외 멘토링 도입 현황을 검토하여 R&D 연구원에게 맞게 멘토링 프로그램을 도입하여 적용했다. 당시 지도 선배라는 의미로 '멘토'라는 말이 삼성 내에서는 범용적으로 사용되고 있었고, 인간관계에 초점을 맞춘 국외의 멘토 의미보다는, 기술적 역량의 향상이 주된 목적인 OJM(OJT+Mentoring)형태로 진행됐다.

75명의 신입사원에 대한 멘토는 소속팀의 부서장이 멘토의 자격 조건(근속 3년 이상의 대리급이며, 업무 능력이 탁월하고, 대인관계가 원만하고 타의 모범이 되는 자)을 만족하는 대상을 통보하면 인사부서에서 검토 후 멘토, 멘제를 매칭했는데, 이때 검토 기준은 신입사원과의 업무 연관성, 근속, 인물평, 학연 및 지연의 배제 등이 있다.

매칭된 멘토는 4월에 2차례에 걸쳐 멘토링 전반에 대한 이해와 멘토 스킬을 소개하는 멘토링 특강에 참석했고, 당시 특강 시간에는 한국 멘토링 코칭 센터에서 발행하는 CPW(Career Planning Workbook)을 작성하면서 멘토링이 다만 신입사원에게만 도움이 되는 과정이 아닌 윈-윈 과정이라는 점을 강조했다.

멘토링 특강은 연구소장과 인사그룹장의 강력한 의시로 전원 수료했으며, 과정 수료 후 멘토들은 멘제와 함께 멘토링 활동의 목적, 기간(공식 멘토링 기간: 6개월), 멘토, 멘제로서 지켜야 할 사항을 멘토링 약속서에 작성했고, 멘토링의 세부적인 활동사항은 멘토링 활동 계획서에 작성했다.

멘토링의 자발적인 공감대 형성을 위해 인사부서에 제출하는 사항을 최대한 줄이고, 양식들을 간소화했다. 바쁜 업무를 고려하여 열린 상담센터 주관으로 진행하던 사이버 멘토링 사이트를 이용하였고, 이 사이버 장을 통해 멘토, 멘제만의 공간을 활용하여 미처 대면으로 전달하지 못하는 말과 국내외 출장으로 떨어져 있을 경우 지속적인 접촉이 될 수 있도록 했다. 멘토링을 위한 활동비는 지원하지 않았고, 멘토링 특강 때 멘토들에게 총 9권의 멘토링 활동에 도움이 될 만한 책들을 미리 선택하도록 하고 배포하여 활동에 활용할 수 있도록 했다.

또한 멘토 도시락 또는 중식 간담회를 통해 2005년 연말, 수원사업장 주관으로 실시된 멘토링 활동의 베스트 우수 멘토 시상 시 통신연구소 소속의 베스트 멘토 2명, 우수멘토 4명을 배출하는 결과를 얻었고, 2005년 12월 멘토링에 참여한 신입사원 중 퇴직한 신입사원은 단 한 명도 없었다. 당시 실시된 멘토, 멘제 설문조사에서 특히 주목할 점은 멘제에게 가르치는 것과 멘제에게서 얻는 정보가 유익했다는 것이 19%로 동일하게 나왔다는 점이다. 이때부터 멘토링은 신입사원의 조기 적응도를 향상시켜 경영 성과에 기여하는 것 이외도 멘토에게는 멘토링 활동을 통해 리더십 발휘를 할 수 있는 기회를 주고 멘제에게는 새로운 기술 습득에 도움이 되는 프로그램임을 알게 되었다.

06년 5월: 전 임직원 대상으로 역량 향상과 조직 활성화를 위한 멘토링 확대 적응. 2010년 삼성그룹의 Mission은 사업 초일류화를 통한 '가장 존경받는 기업'이 되는 것이다. 이는 초일류 제품을 많이 만들어 내는 것도 중요하지만 그것을 만드는 것은 바로 사람이니만큼 존경받는 기업이 되기 위해서는 조직 내외적으로 존경받는 사람이 많아진다면 그룹의 장대한 목표에 한 걸음 다가갈 수 있을 것이라고 생각한다.

특히 통신연구소의 경우, 석·박사 비율이 높고 차세대 기술을 연구하고 준비하다 보니, 같은 기술에 연관되어 있는 연구원들의 수가 적어 집합교육을 개설하기가 힘든 상황이다. 이에 2004년부터 Study Group 제도를 신설하여 현재 27개 정도의 Study Group이 활동하고 있다. 하지만 이런 Study Group 활동으로 포함하지 못하는 개인의 Needs들을 다 수용한 맞춤형 자기개발을 위한 도구로서 멘토링만큼 효과가 있는 Tool은 없다는 점이 작년 운영 결과로나 국내외 트렌드이다. 이에 2006년에는 멘토링을 전 연구원을 대상으로 실시하고자 시스템과 운영에 대한 준비 중이다. 정보통신 기술의 빠른 변화에 맞추기 위해서는 조직환경의 변화에 발 빠르게 개인 역할을 변화시켜야 하며, 새로운 역량을 요구하게 됐고, 멘토링을 통해 기술적 역량 향상뿐만 아니라 임직원들 간의 원활한 커뮤니케이션과 조직력 강화를 위해 멘토링을 확대하여 운영하게 됐다.

이번 멘토링의 주제는 전 임직원들의 '나만의 멘토를 찾기 위한 멘토링 항해'이며, 이는 앞으로 정보통신 분야와 글로벌 리더가 되기 위한 성장의 기회가 되도록 운영할 예정이다. 본인과 관련 있는 기술 분야의 멘토를 찾아 본인의 멘토가 되어 줄 것을 요청하고 멘토의 일대일 또는 1:n 선호 유형에 따라 멘토, 멘제 매칭을 하여 매칭 단계부터 멘제의 적극적 참여 의지를 담아내도록 고안했다. 최근 3년간 삼성경제연구소와 함께 실시한 리더십 진단 실시 결과, 통신연구소에서 요구하는 존경하는 리더들의 Skill이 멘토링 Skill의 동기부여, 적극적 경청, 긍정적 피드백, 부하육성 등 부합하는 부분들이 많다는 것을 알게 되었다. 이런 만큼 향후 멘토링을 통해 멘

토, 멘제 모두가 성장하는 윈-윈 활동으로 정착되는 가슴 설레는
한 해가 될 거라 생각한다.

NO6 태평양그룹 멘토링

㈜태평양(대표이사 서경배)은 1945년 창립 이래 국내 화장품 산
업에서 부동의 1위 자리를 지켜 오고 있다. 그리고 2015년까지 화
장품업계 글로벌 Top 10 진입을 목표로 하고 (현재 24위) 해외사업
확장 중이며, (중국, 동남아, 프랑스, 미국) 이와 연계하여 인재개발
팀에서는 글로벌 인재육성을 추진하고 있다.

1. 교육과정명

태평양에서는 신입사원을 대상으로 '신입사원 멘토링 과정'을 2003
년 12월 처음 도입하여 실시해 오고 있다.

2. 신입사원 멘토링 교육실시 목적

가. 신입사원(멘제)의 직무에 대한 자신감 및 회사에 대한 자긍심
   함양
나. 현업의 신입사원 OJT 운영 효과성 향상

다. 지도사원(멘토)의 리더십 역량 향상을 통한 조직의 구조적인
   기반강화

1) 대상

멘제: 신입사원(수습사원 필수, 경력사원은 해당 팀장이 판단)
멘토: 해당 팀 내에서 팀장이 추천, 인재개발팀에서 최종 승인
멘토선정 기준표를 별도 제공하여 팀장의 판단 기준에 일관성을
부여하고 있다.

2) 실시 일정 및 기간

멘토링은 기본적으로 월 단위로 실시되며, 기간은 3개월이다.
수시채용과 상하반기 공채가 병행되고 있어서 월별 채용 규모에
따라 멘토과정의 세부적인 운영은 탄력적으로 가져가고 있다. 그러
나 채용 멘토 선발 오리엔테이션 조별 활동 평가로 진행되는 큰 흐
름은 변함이 없다.

3) 세부진행 내용

(1) 멘토 선정

신입사원이 채용되면, 해당 팀장이 멘토링 참여 여부를 결정하고
(단, 수습사원은 필수 참여) 사내에서 멘토 자격 평가기준에 의거하
여 적합한 멘토를 추천한다. 평가기준은 업무성과, 부서이해, 직무
능력, 대인관계, 조직이해, 리더십, 역할모델, 사회경험으로 세분화

되어 있고 각각 5단계 척도로 평가하여 평균 3.5 이상인 사원을 멘토로 추천하도록 권장한다.

(2) 오리엔테이션

멘토링 오리엔테이션은 멘토, 멘제 공통 교과목과 분반 교과목으로 나누어지는데, 신입사원 채용인원에 따라 탄력적으로 운영된다. 일반적인 오리엔테이션은 공통분과 교과목으로 구성된 2일 과정에 멘토와 멘제가 모두 참여한다. 공통 교과목은 '멘토링의 이해', '상호 이해진단', '계획수립', '결연식'이 있다. 별도 교과목으로는 코칭 및 피드백스킬(멘토)과 상사 멘토와의 커뮤니케이션(멘제)이 있다.

해당 월에 채용인원이 너무 적어서 별도 오리엔테이션 실시가 어려운 경우는 멘토링 코디네이터의 개별 컨설팅(전화 방문)과 개인학습(도서 이러닝)이 지원된다. 연 2회 대규모 공채시기에는 오리엔테이션이 신입사원 입문과정에 적절히 연계되어 멘토링과, 신입사원 교육과정이 통합적으로 운영되고 있다.

(3) 멘토링 활동

태평양 멘토링 활동은 신입사원 업무적응을 일차적인 목표로 한다. 하지만 각 멘토링 조별 목표수립은 팀장, 멘토, 멘제의 대화를 통하여 이루어진다. 멘토는 신입사원이 향후 담당하게 될 업무를 팀장으로부터 파악한 후, 해당 업무 수행에 필요한 요소들을 정리한다. 멘제는 자기 자신의 강점과 약점을 분석하여 개발하고자 하는 요소들을 정리한다.

멘토와 멘제는 각각 정리한 자료를 공유하고 함께 목표 우선순위를 선정하고, 세부 실행계획을 작성하게 된다. 목표와 실행계획은 팀장의 승인을 거쳐 인재개발팀으로 보고된다. 인재개발팀 멘토링 코디네이터는 각 조별로 활동들을 지원하고 평가한다.

(4) 평가

준비, 활동과정, 결과 세 부분을 종합적으로 평가한다. 준비단계에서는 목표 수준과 계획서의 구체성을, 활동과정에서는 계획대비 실행도와 팀장의 참여도를 마지막으로 결과단계에서는 목표 달성도와 참여자 만족도를 평가한다. 평가 주체는 참여자 자신과, 해당 팀장 그리고 인재개발팀의 멘토링 평가위원들 모두가 해당된다. 우열을 가리기가 무척 난해하긴 하지만, 모범사례를 보여 준 조에 대해서 별도의 시상식과 함께 사례를 공유하고 축하하는 자리를 마련한다.

3. 향후 개선 과제

올해로 ㈜태평양은 멘토링을 도입한 지 3년째로 접어들고 있다. 자발적인 참여와 전 사원들의 공감대를 얻기 위하여 각종 홍보활동과 크고 작은 개선 작업들을 해 왔다. 2006년부터는 사보에 '멘토와 멘제'라는 고정섹션이 설치되어 멘토링 참여자들에 대한 인터뷰 기사를 꾸준히 게재하여 직원들의 많은 관심을 불러 오고 있다.

멘토링 활동이 실질적으로 잘 이루어지고 있는지를 관찰하고 적절하게 피드백을 제공하는 부분이 여전히 미흡하다. 이를 위하여 멘토링 온라인 커뮤니티를 활발히 운영하여 입체적인 관찰과 피드백이 가능하도록 시스템화하여 운영할 예정이다. 또한 아직까지도 멘토링에 대한 팀장의 관심과 참여도가 부족한 만큼 멘토링 활동

요소요소마다 팀장이 자연스럽게 관여하도록 프로세스를 개선해 나가고 있다.

효과적인 멘토링 제도 정착을 위한 조건으로 다음 세 가지를 제시하면서 맺고자 한다.

첫째, 멘토와 멘제의 적절한 매칭,
둘째, 스폰서(팀장)의 충분한 지원,
끝으로 체계적인 운영 및 평가.

NO7 하나로텔레콤 멘토링

하나로텔레콤은 2010년에 최고의 유무선 종합 멀티미디어 사업자로 발돋움하기 위한 '도전과 전진'을 모토로 삼고 있다. 하나로가 중점을 두고 있는 부분은 음성과 데이터 통합, 유무선 통합, 통신, 방송 융합 등 컨버전스 사업이다.

하나로의 인재육성 철학은 자신이 맡은 부분에 대한 전문가이면서 동시에 회사 경영이 가능한 리더로 육성하는 것이다. 이를 위해 고객지향 전문인, 주인정신 주체인, 변화주도 창조인, 공동성취 조직인 등 4가지 인재상을 설정하고 교육을 강화시키고 있으며, 그 일환으로 지난 2004년부터 임직원당 연간 교육시간을 100시간으로 의무화하는 등 교육에 대한 회사의 지원과 개인의 참여를 대폭 강화하고 있다.

하나로는 다른 어떤 사업환경보다 하루가 다르게 변화와 혁신을 거듭하고 있는 통신서비스경쟁에서 차별화된 기업으로 자리매김하기 위해서 21세기 정보통신 환경을 이끌어 나아갈 핵심인재를 조기에 육성하여 조직의 창의적이고, 역동적인 신기업문화를 창출할 수 있도록 2005년부터 신입사원 멘토링 제도를 도입하여, 성공적으로 시행하고 있다. 하나로의 신입사원 육성체계는 세 단계로 진행되며, 멘토링으로 마지막 단계를 마무리한다.

<하나로텔레콤 신입사원 육성체계>

입문과정(2주)		OJT(2개월)		멘토링(6개월)
합숙 + 집합		실 / 팀 OJT		멘토 - 멘제 활동

1. 멘토링 추진 경과

하나로 멘토링의 목표는 '신입사원의 조기 역량 향상 및 조직 적응력 제고'이며, 2005년 4월부터 선배사원(멘토) 20명과 신입사원(멘제) 20명을 대상으로 1기 멘토링을 시작했으며, 같은 해 7월부터 2기 멘토링(멘토 14명, 멘제 14명)을 시작해 2005년 총 2기의 멘토링을 성공적으로 마무리한 상태이다.

사전준비 멘토링활동 평가 / 포상

<하나로텔레콤 멘토링 운영프로세스>

멘토선발 멘토링 W / S		멘토링데이(월 2회) 딘제멘토링(분기 1회)		활동보고서 평가 우수커플선정 / 포상

2. 멘토의 역할 및 선발

멘토는 상담자, 옹호자, 관계 형성자, 학습 촉진자 등 멘제의 조기 역량 함양 및 조직 적응에 매우 중요한 역할을 수행해야 한다. 따라서 최적의 멘토를 선발하여 멘제와 매칭시키는 것이 성공적인 멘토링의 시작이라 할 수 있다. 이를 위해 멘토 선발 시 대리~과장급 이상, 입사 4년차 이상이며, 리더십과 애사심을 갖추고, 무엇보다 뛰어난 커뮤니케이션 능력을 갖추고 있는 후보자 중 해당 총괄 임원의 최종 승인을 얻어 선발한다. 또한, 다양한 인적 네트워크 확보 및 OJT와의 중복을 탈피하기 위해 멘토와 멘제 매칭 시 팀 내 선배 사원 및 이성 간 매칭은 배제하며, 가급적 동일 실조직 중 업무가 다른 팀의 선배를 멘토로 선발하는 것을 원칙으로 한다.

3. 멘토링 워크숍

1박 2일간 진행되는 멘토링 워크숍은 멘토와 멘제가 처음으로 얼굴을 대면하게 되며, 서로에 대한 기대감과 동시에 긴장감이 맴돌지만 짧은 시간 내 서로를 알 수 있는 귀중한 시간이다.

성격유형 검사, 팀워크 게임, 체육활동, 대화의 시간을 통해 커플 간 상호이해 및 팀워크를 제고하며, 이를 토대로 멘토와 멘제 간 6개월간의 멘토링 세부활동 계획을 세우게 된다. 무엇보다 CEO의 격려사와 멘토 / 멘제 파트너십 인증서 수여를 통해 멘토 / 멘제 결연식의 의미를 되새기면서 6개월간의 멘토링 활동을 시작하게 된다.

4. 멘토링 활동

워크숍 기간 중 수립한 실행목표를 토대로 진행되는 멘토링 활동은 효율적인 활동 진행을 위해, 월 2회 멘토링 데이(매주 1, 3주 목요일)를 지정, 커플 간 공식적인 활동이 자율적으로 진행되며, 분기별 단체 멘토링은 인력개발팀의 주관으로 주로 봉사활동, 산행 등의 특별 프로그램을 지정하여 진행한다. 특히, 단체 멘토링의 경우 멘토링 1기와 2기가 공동으로 서울 SOS 어린이 마을 대상 봉사활동을 통해 아이들과 놀아 주고, 마을 / 방 청소, 빨래 등 봉사활동도 하고 1기 / 2기 간 상호 인적 교류를 넓히는 일석이조의 효과를 거두기도 했다.

또한, 3~4개 이상의 커플끼리 문화활동(영화 / 연극 / 스포츠관람 등) 및 학습조직(사내 직무관련)을 적극 구축하여 멘토링의 효과와 의미를 배가시키며, 인력개발팀에서도 이런 멘토링 활동에 주기적으로 참석하여 멘토링의 실제 현장을 경험하며, 필요시 활동관련 다양한 조언도 제공해 주고 있다.

5. 활동 평가

멘토링 활동의 결과는 커플단위로 매일 1회 월별 활동보고서 및 분기 1회 분기별 활동보고서의 형태로 보고하되, 상호 사례 공유 및 피드백 제공을 위해 온라인 커뮤니티에서 진행된다. 멘토링 평가는 커플별 멘토링 활동 평가와 인력개발팀의 제도 운영에 대한 평가로 나누어진다. 커플별 멘토링 활동 평가는 월별 / 분기별 보고서 등 보고서 충실도(50%)와 커뮤니티 / 단체활동 및 계획대비 실천율 등 활동 충실도(50%)로 이뤄진다. 또한 인력개발팀 자체 평가는 멘토링 만족도(50%)와 신입사원 정착률(50%)로 이루어진다. 또한, 마지막 멘토링 종료식에는 모두가 모여 각자의 멘토링 활동내역을 공유하고 격려하며, 특별히 평가기준에 의거하여 최종선발된 최우수 커플(1쌍) 및 우수커플(1쌍)에게는 인사고과 가점반영 및 포상금을 지급하고 있다.

6. 멘토링 도입 효과

멘토링 1기의 경우 멘토링 만족도 90% 및 신입사원 정착률 100%로서 처음 도입한 멘토링 제도의 효과성을 검증할 수 있었다. 멘토링을 통해 신입사원은 직장생활에서 조기에 적응하고, 회사에 대한 로열티가 향상되며, 향후 회사 생활 시 언제든지 흉금을 털어놓을 수 있는 서포터를 확보하는 기회가 되고, 멘토는 6개월간의 짧은 멘토링을 통해 자신의 커뮤니케이션 및 리더십 역량을 점검하고 업그레이드할 수 있는 학습기회가 되며, 마지막으로 회사는 새내기의 회사 정착률을 높이는 동시에 실전 리더십 경험을 갖춘 중간관리자를 양성할 수 있는 최적의 효과를 경험할 수 있게 된다.

7. 향후 과제

이런 멘토링 효과를 유지 / 보안하기 위해 자체 멘토링 성공사례를 지속적으로 발굴하고 멘토링 활동의 정확한 평가를 위해 중장기가 아닌 단기(1년 내) 멘토링 목표의 설정을 독려하며, 당사에 맞는 선진 평가지표의 개발이 필요하다.

아울러 멘토의 역량을 단기간에 제고할 수 있는 다양한 멘토 스킬 함양 프로그램을 보안하고, 멘토링이 현업의 성과향상에 더욱 기여할 수 있도록 멘토링 최종 과제물을 현업의 실제 문제와 어떻게 더욱 연계할 것인지가 향후 풀어야 할 과제로 남아 있다.

NO8 한화그룹 멘토링

1983년 개원하여 한화그룹 인재양성의 중심이 되어 온 한화인력개발원은 '신용과 의리의 한화인 육성'이라는 대명제 아래 그룹의 경영 향상과 기업문화 전파에 기여하고자 최선의 노력을 해 왔으며, 경영의 전략적 파트너로서 그룹을 이끌어 갈 인재를 키우기 위한 각종 방안을 제안하고 이를 실행에 옮기는 역할을 수행하고 있다.

1. 한화그룹 신입사원 육성 시스템

한화인력개발원에서는 그동안 그룹 임직원들의 역량강화를 위한 다양한 교육프로그램을 운영하였으며, 그중에서도 특히 한화그룹에 첫발을 내딛는 신입사원들을 한화그룹이 요구하는 인재, 한화그룹의 문화와 정신을 이어받을 수 있는 인재로 육성하기 위한 신입사원 과정에 가장 많은 준비와 노력을 기울이고 있다. 약 1년간 6단계에 걸쳐 진행되는 신입사원 육성체계는 첫 단계로 입사 확정 후 2주간 사이버 교육의 형태로 실시되는 사전 학습과 4주간의 그룹 입문과정, 그리고 각 사로 배치된 후 소속사별 입문과정, 멘토링 시스템을 활용한 부서 OJT를 거치게 된다.

새로운 직장생활에 대한 적응에 가장 많은 혼란을 느끼는 시기인 입사 8~9개월 시점에는 감성훈련을 활용한 Follow Up교육을 실시하고, 마지막으로 대리 승격 전까지 그룹 및 각 사에서 선정한 필수, 선택 교육과정을 이수하여 중간 관리자가 되기 위한 기본 역량을 강화시킨다.

한화그룹의 신입사원은 이와 같은 총 6번의 담금질을 통해 강철같이 강인한 미래 한화그룹의 주역으로 성장하게 된다.

<한화그룹 신입사원 육성체계>

교육과정	입사 전 과정	그룹입문과정	계열사 입문과정	부서OJT(멘토제)	Follow Up 과정	승격 이수제도

교육
내용
	- 사이버 한화
	  탐구
	- 레포트작성
	- OA 교육
	  (엑셀 외)
		- 한화탐구교육
		- 직장인기본
		  교육
		- 팀워크 공동
		  체교육
			- 기업조직제도
			- 비전 및 전략
			- 핵심Process
			- 현장학습
				- 담당선배
				  사원에 의한 부
				  서별 OJT
				- 업무개선 세미나
					- 공동체의식
					  강화
					- 팀워크 훈련
						- 그룹필수과정
						- 각 사 선택
						  과정

교육 기관	입사 전 2주	학습교육 3주 + 야외훈련	1~6주	14~16주	입사 후 8~9개월 시점 (2박3일)	대리승격 이전
주관	인력개발원	인력개발원	계열사	계열사	인력개발원	인력개발원 계열사

비고	- 사이버 학습
	- 시스템 활용
		- 그룹 내 사내
		  강사육성 활용
			- 현장학습
			  강화
				- 현장업무개선
				  활동 실시
				- 멘토제 실시		

2. 멘토링 시스템을 활용한 신입사원 조직 적응력 강화

최근 채용 전문업체에서 조사한 자료에서 보면 신입사원 10명 중 3명이 1년도 못 채우고 회사를 그만두는 것으로 조사되었는데 평균 퇴사율, 중소기업(30.8%)>대기업(22.9%) 많은 비용과 시간을 투자하며 채용한 신입사원이 회사에 적응하지 못하고 1년도 안 되어 20~30%씩 회사를 떠나므로 해서 각 기업들은 엄청난 경제적, 시간적 손실을 보고 있다.

아는 사람 하나 없는 직장이라는 새로운 환경 속에서 상사의 기대수준과 자신의 목표를 조화시켜 조직에 적응해 나가기 위해서는 일반적으로 많은 시간이 필요하며, 주위로부터의 따뜻한 관심과 격려는 신입사원에게 있어서 절대적인 필요조건이다.

때로는 동문선배처럼 때로는 스승처럼 직장생활의 든든한 버팀목이 되어 주는 사람이 바로 이러한 직장 내 부적응을 해결해 줄 수 있는 도우미, 즉 멘토이며 업무를 떠나 개인적인 고민과 의문점까지도 터놓고 이야기할 수 있는 자신의 후원자 역할까지 겸하고 있어 아무리 직장생활이 힘들어도 서로 의지하면서 지혜롭게 이겨 나갈 수 있는 큰 힘이 되어 주고 있다.

이러한 '멘토링 시스템'을 통하여 회사나 업무에 대한 풍부한 경험과 전문 지식을 갖고 있는 선배(Mentor: 멘토)가 일대일 전담으로 신입사원(Menger: 멘제)을 조언하면서, 실력과 잠재력을 성장시키는 것은 물론 조직문화를 강화하고 유지하는 역할까지 병행하고 있어 신입사원 개인이나 회사에게 있어서 양쪽 모두에게 매우 효과적인 도움을 주고 있다.

1. 도입&관계 형성 - 멘토링 제도 도입목적 - 멘토 / 멘제의 역할과 스킬 - 상호 행동유형 분석 및 이해	2. 진단 - 멘토 / 멘제 역량 진단 - 역량, 활동목표 설정 - 업무 수행방식 진단
4. 멘토링 도구 - 멘토링 계획서 - 멘제 경력개발 계획 지침서 - 멘토링 협약서 등	3. 멘토링 스킬 - 코칭, 피드백, 상담 스킬 - 커뮤니케이션 스킬 - 상담 스킬

3. 한화그룹의 멘토링 시스템

그동안 각 사별로 자율적으로 시행해 오던 멘토링 시스템을 2005년부터는 그룹에서 적극적으로 권장하여 매년 신입사원 채용 시즌에 맞추어 정기적으로 한 학급당 30명 내외의 인원으로 멘토 양성과정을 실시하고 있다.

2006년부터는 멘토와 멘제가 같이 교육에 입과하여 1박 2일간 함께 학습하고 생활하며, 기본적인 멘토링 스킬 이외에 상호간의 행동 유형분석과 개인역량, 성장 비즈니스 분석, 멘제 경력개발 목표설정 등 공동작업 수행을 통해 신속한 조직생활 정착과 상호간의 친밀감 강화를 높이도록 적극 지원하고 있다.

특히 각 사별로 엄정한 선발기준에 의해 회사에 대한 로열티와 업무능력, 대인관계 등이 뛰어난 멘토를 선발토록 하여 사회생활의 첫걸음을 내딛는 신입사원들에게 직접 행동으로 프로 직장인의 모습을 보여 주고 있으며, 멘토로 선발된 사람에 대해서는 다양한 복리후생 및 인사상의 혜택을 부여하여 스스로 멘토로서의 자긍심을 느낄 수 있도록 정책적으로 배려하고 있다.

이러한 체계적인 단계별 신입사원 관리 시스템과 감성적 접근방법으로 인하여 한화그룹의 최근 5년간 신입사원 평균 이직률은 타사 평균 이직률보다 현저히 낮은 약 7% 정도에 머물고 있다.

현재 한화그룹 계열사 중 약 80%가 멘토링 시스템을 도입하여 운영하고 있으며, 멘토/멘제가 함께 하는 정기적인 봉사활동, 산행 등의 모임을 통해 신입사원들로 하여금 새로운 환경에 대한 빠른 적응을 유도하고 조직문화이해 및 대인관계를 넓히도록 기여하고 있다.

Story 3. 국내 학교 / 기관 멘토링 이야기

멘토링은 구성원의 관계 활성화를 목적으로 어느 조직이든 필요로 하는 인간 경영 프로그램이다. 국내에서는 먼저 교회에서 선교회 중심의 일대일 프로그램을 도입하였고 2000년 초부터 기업체에서 신입사원 정착률 프로그램으로 활발하게 도입되었다 이어서 대학에서 신입생을 위한 정착률과 취업률 행상기법으로 많은 대학에서 관심을 갖고 도입했다. 요즈음에는 공공기관을 비롯하여 학교와 군대 등에서도 도입을 서두르고 있어 먼저 도입한 13군데를 모범 사례로 소개한다.

NO1 <노동부 부천지청> 도입 2006. 5.

NO2 <송파구청>(봉사지원 멘토링)

NO3 <대전보건대학> 도입 2003. 3.

NO4 <대경대학> 도입 2003. 3.

NO5 <강릉영동대학> 도입 2003. 10.

NO6 <숙명여대> 도입 2003. 11.

NO7<충청대학> 도입 2004. 10.

NO8 <서울대학>

NO9 <을지대> 2007. 4.

NO10 <남해해성중고> 도입 2006. 5.

NO11 <서울경성고>

NO12 <서울송천초교>

NO13 <수원선일초교>

NO1 〈노동부 부천지청〉 도입 2006. 5.

1. 멘토링 도입동기

금번 노동부 혁신성과 관리단 지원으로 노동업무의 난이도와 직원들의 업무과중으로 삶의 질이 저하되어 있는 현실을 감안하여

1) 직원들의 역량 개발을 촉진하고

2) 업무 능력을 향상시키며

3) 부서 내 인재경쟁력을 확보하기 위한 차원에서 멘토링 프로젝트를 도입하게 되었다.

2. 추진 시스템 구축

1) 추진 지원부서: 노동부 혁신성과 관리단: 정원호 서기관, 김성진, 유연희
2) 시범 실행부서: 노동부 부천지청: 임인주 지청장, 최광휘 과장, 박은경 계장
3) 실행 자문업체: 멘토링코리아(대표 류재석)

3. 추진 기본 사항

1) 멘토링영역: 신규직원 정착 및 업무 조기 숙달 멘토링
2) 멘토링기간: 8개월 진행
3) 시행 및 종료: 06년 5월 19일~12 / 11일 - 8개월 진행
4) 멘제선발대상: 3 / 13일 신입직원 20명
5) 멘토선발대상: 기존 직원 중 우수 및 모범직원 20명

4. 멘토링 효과

1) 상하 간, 동료 간 인간관계 활성화 촉진이 이뤄졌다.
2) 멘제에게 업무능률 효율성 제고와 업무 조기 숙달이 이루어졌다.
3) 멘토는 부하직원 개발 및 인재개발 리더십이 개발되었다.
4) 부서 간 장벽이 허물어져 조직구성원 간 융합이 이루어졌다.
5) 자기중심에서 타인 중심으로 바람직한 조직 문화형성이 되었다.

NO2 〈송파구청〉(봉사지원 멘토링)

서울 송파구청이 운영하는 대학생 멘토링 봉사단에서는 '펠로우(fellow)' 제도가 눈에 띈다. 펠로우란 멘토에 대한 상담과 조언을 맡는 사람을 일컫는 말, 주로 전문직 종사자나 퇴직자인 이들은 멘토가 제 몫을 다할 수 있도록 지원하는 역할을 담당한다. 말하자면 '멘토의 멘토'인 셈이다. 문제는 없나 받아들일 준비 안 된 경우엔 성과 의문 "재정 기반 너무 취약…… 기본적 지원은 해줘야" 그러나 모든 멘토링 프로그램이 좋은 성과를 거두는 것은 아니다. 멘토 자격으로 참여한 사람들이 공통적으로 지적하는 문제는 멘토링 프로그램에 참여하는 멘제의 자세, "좋은 취지에 공감해 무료 봉사하는 경우가 대부분이지만 멘제들이 이를 악용하는 경우가 없지 않다."는 것이 이들의 지적이다.

NO3 〈대전보건대학〉 도입 2003. 3.

지난해 초부터 멘토링을 도입한 대전보건대학의 경우 도입 이전에 비해 취업률이 23%나 상승하는 효과를 보았다. 전교생을 선후배 멘토링으로 엮는 한편 150쌍을 산업체와 연결해 실습과 강의, 인간적 교류를 하도록 한 결과 이 같은 기록을 낸 것.

이 대학교수 5명은 멘토링코리아의 지도사 과정을 수료하는 등

대학 차원의 관심과 투자도 대단하다. 멘토링 프로그램을 총괄하는 김상진 교수는 "이강오 학장이 직접 멘토링 도입을 권했을 정도로 관심이 높다."고 전하고 "프로그램 품질과 목표를 지속적으로 향상시키기 위해 앞으로 로드맵 기능을 추가할 계획"이라고 밝혔다.

NO4 〈대경대학〉 도입 2003. 3.

경북 경산시 대경대학의 경우 지난해 3월 본격적인 멘토링 제도를 도입했다. 이전까지 멘토링 제도와 유사한 전담지도 교수제를 통해 진로 및 취업지도를 하던 데서 교수, 산업체, 선배 멘토를 학생과 직접 연결시켜 상호 교류하도록 보완한 것.

김정목 호텔조리과 교수는 "지난 1년간 운영한 결과, 졸업생 취업률이 전년도에 비해 18% 올랐으며 멘토링 제도를 도입한 8개 학과 졸업대상자 797명 가운데 740명이 직장을 구하는 놀라운 기록을 세웠다."고 밝혔다.

NO5 〈강릉영동대학〉 도입 2003. 10.

강릉영동대학은 재학생들끼리 멘토링을 통해 선후배 유대관계를 돈독히 하고 학습효과도 높이는 효과를 보았다. 지난해 하반기부터 멘토링 프로그램을 도입한 이 대학은 1차로 40명의 선후배를 멘토-멘제로 연결해 대학생활, 학습조직, 특정재능 개발 등 세 분야로 나눠 운영했다.

하기종 교수는 "첫 시행이라 학생들이 생소하고 프로그램 개발에 애를 먹기도 했지만 1차 시행결과는 만족스럽다."고 밝히고 "앞으로 지역사회, 기업체, 교수, 졸업생 등을 멘토로 임명해 프로그램을 다양화할 계획"이라고 밝혔다.

NO6 〈숙명여대〉 도입 2003. 11.

4년제 대학 중에서는 여대를 중심으로 도입이 늘어나는 추세다. 여성에게 상대적으로 취약한 인적 네트워크 구축을 돕고 학생 개개인의 경쟁력 향상을 높이기 위한 목적이 대부분이다.

숙명여대는 지난해 하반기부터 기업CEO와 학생을 연결하는 멘토 프로그램을 가동하여 좋은 평을 받고 있다. 특히 멘토로 참가하는 기업인의 면면이 화려해 화제를 불러일으키기도 했다. 이현봉 삼성전자 시장, 김신배 SK텔레콤 사장, 김진형 남영L&F 사장, 차석용 해태 제과 사장, 김영경 신화전자 사장 등이 멘토로 참여하고 있으며 대기업의 과장, 대리 등 검증된 커리어를 가진 주요 실무자들도 포함돼 있다.

강정애 취업 경력개발센터장은 "CEO 멘제들이 공모전에 입상하고 해당 기업의 인턴으로 채용되는 등 성과가 나타나고 있다."고 밝히고 "성공적인 사회진출을 지원할 뿐만 아니라 조직에서 꼭 필요한 여성 리더를 육성하기 위해 멘토링을 도입했다."고 덧붙였다.

NO7 〈충청대학〉 도입 2004. 10.

1. 멘토링 운영목표

학생들의 학교생활적응력 및 학습능률 향상과 선후배 간의 친밀한 관계를 형성하며 나아가 학생들의 휴학률을 감소시키고 대학에 대한 관심과 소속감을 높여 애교심을 갖도록 하는 것을 목표로 하고 있다.

2. 실시대상

충청대학 이공계열 학생들 30쌍(12개학과 60명)을 대상으로 하였다. 멘제는 1학년으로서 보다 나은 학교생활적응력과 수업태도를 요하는 학생을 선발하였다. 멘토는 2(3)학년 또는 연장자로서 학교생활에 성실하고 의욕이 있으며 멘제를 이끌어 줄 수 있는 능력이 있다고 생각되는 학생을 대상으로, 멘토와 멘제는 동성 연결을 원칙으로 하였다. 이공계열 교수들에게 멘토링에 대한 공문을 보내고 교수들의 추천을 받아 멘토와 멘제를 선발하였다. 각 학과 교수들은 우선 학생들에게 멘토링이 무엇인가에 대하여 설명한 후 자발적 참여를 유도하여 전공별로 멘토 - 멘제 지원서를 쓰도록 하였다.

3. 실시기간

멘토링 활동은 2004년 10월 8일부터 12월 8일까지 10주 동안 실시하였다.

4. 평가단계

멘토링 결과에 대한 평가는 유지율, 멘토링 활동에 대한 만족도 및 전반적 성과에 대하여 행하여졌다. 평가도구는 멘토링코리아의 평가지를 참고로 하여 자체 제작한 설문지를 사용하였으며 리커트 5점 척도(매우 그렇지 않다~매우 그렇다)와 최빈치 평가를 하였다.

NO8 〈서울대학〉

1. 인재개발 멘토링

경영대학원(조동성 교수)에서 대학원생의 학업지원을 목적으로 동문 등 외부 후원자들과 대학원생들과 일대일로 연결하여 'Big

Brothers' 시스템으로 멘토링을 실시하고 있다. 작년까지만 해도 학비 지원만 했으나 금년부터는(02년) 직접 도움 주는 사람인 멘토(Big Brother)와 시간을 같이하면서 식사도 나누고 사회경험담, 성공사례, 진로 문제 등 명실 공히 멘토와 멘제와의 멘토링 활동을 하고 있다.

2. 학습능력 향상 멘토링

서울대 인문대는 학생이 스스로 과제를 선정한 뒤 지도교수를 지정받아 일대일로 공부하는 '독립과제 연구 프로그램'을 도입했다(06년 1학기). 교수가 강좌를 개설하고 학생을 받는 기존 수업 방식과 180도 반대 개념이다. 이번 학기(06년 1학기)에는 5명 학생이 5명 교수에게 각각 지도를 받고 있다. 3학점짜리지만 정해진 강의 시간이 없다. 교수와 학생이 이메일로 과제와 자료를 주고받으면서 매주 약속시간과 장소를 따로 정해 진도를 체크한다.

3. 학습지원 장학 멘토링

서울대 학생들이 오는 06년 4월부터 서울 관악구와 동작구 인근의 저소득층 자녀들을 위해 무료 과외 지도에 나선다. 영어, 수학 등 공부는 물론 연극이나 캠핑도 함께 즐기는 프로그램이다.

'대학생 멘토링' 제도가 도입된다. 이를 위해 교육부와 서울대, 서울시 교육청, 관악구, 동작구 등은 지난 2월 8일 서울대에서 협약식을 체결했다. 대학생 멘토링은 전국 11개 교대와 40개 사범대로 확대하고, 1년간 시범 실시 결과가 좋으면 다른 지역으로 확산될 예정이어서 대학생에게 개인 지도를 받는 학생들이 크게 늘어날 것으로 보인다. 일단 교육받을 기회가 상대적으로 부족한 저소득층 밀집지역을 중심으로 대학생 멘토링 사업이 펼쳐진다. 기초생활 수급자 등 저소득층 자녀에게 우선적으로 대학생 지도 혜택이 주어진다. 이번에 시행되는 관악구와 동작구에서 1,000명 정도의 저소득층 가정 초·중·고생과 장애학생이 서울대생 300명으로부터 과외 지도를 받게 된다. 현재 관악구와 동작구에 사는 기초생활 수급자와 특수아동이 2,000명이며 3월 중 희망 과목이나 특기 적성 지도 내용에 대한 신청을 받는 등의 절차를 통해 희망자 1,000명을 선정할 예정이다. 정부는 차상위 계층으로 대학생 멘토링 대상자를 점진적으로 확대한다는 방침이다. 대학생들은 1명당 3~4명을 그룹지도 형태로 가르친다. 특수아동 등 그룹지도가 곤란한 학생은 일대일로 개별지도를 해 준다. 한 번 갈 때마다 2시간씩 매주 2회 지도해 준다. 공부장소는 구민 회관, 주민자치센터 공부방 등 구청에서 제공한다. 하지만 학생이 원하면 가정에 직접 방문해 준다. 가르치는 내용도 다양하다. 글쓰기나 영이, 수학, 과학, 한자 등 교과지도는 물론 만화나 애니메이션, 가야금, 바이올린, 풍악놀이 등도 포함된다. 캠핑이나 등산, 답사, 연극, 영화 관람도 한다. 진로 상담이나 학교생활도 도움받을 수 있다. 서울대는 3월 중 희망 대학생을 대상으로 적격자를 선발하고 기초 소양 교육을 시행한다. 교육청은 대학생과 교육받을 학생들을 연결해 준다. 참여 대학생에게는 활동비(식비와 교통비 등)로 시간낭 20,000원씩 월

320,000원(16시간 기준)이 제공될 예정이다. 서울대는 상반기 학칙을 개정해 멘토링 활동을 봉사학점으로 인정해 2학기부터 1학점을 주는 방안을 추진하고 있다. 미국에서는 멜번대학과 프로리다 주립대가 멘토링을 학점에 반영하는 등 상당수 대학이 사회봉사를 학점으로 인정해 주고 있다.

4. 새싹 멘토링

서울대생 3명 중 1명은 앞으로 가정형편이 어려운 초·중·고교생을 매주 1회 돌봐 주는 멘토(mentor·조언자)가 된다. 서울대 이장무(李長茂) 총장은 23일 조선일보와의 인터뷰에서 "교내·외 장학금을 받는 서울대생 1만여 명이 저소득층 학생들과 결연을 맺는 사업을 추진하겠다."며 "이는 소외되고 가난한 가정의 학생들을 위해 서울대생이 적극 나서겠다는 선언"이라고 말했다.

이를 위해 서울대는 지난해 2학기 70명의 재학생들이 저소득층 학생들과 맺은 '새싹 멘토링' 사업을 전 학생이 참여하는 운동으로 발전시키겠다는 계획이다. ─서울대생이 저소득층 학생들과 결연을 맺는다고 했다. "경제가 어려워지면 빈곤층이 가장 큰 타격을 받는다. 특히 빈곤층 가계의 경우 가난이 대물림돼 자식에게까지 이어질 가능성이 높다. 가장(家長)이 무너지면 제일 타격받는 것이 자식들, 어린이들이다. 그래서 이 어린이들을 위해 우리가 뭔가 해야겠다고 판단했다." ─이미 몇몇 서울대생들은 저소득층 학생들을 위한 멘토로 활동하고 있는데. "작년에 김선동 전 에쓰오일(S－Oil)

회장이 사재를 털어 서울대생 70명에게 연간 1,000만 원씩의 장학금을 주면서, 장학생은 서울이나 지방의 극빈층 학생들에게 의무적으로 일주일에 한 번씩 멘토링해 주도록 했다. 대단히 성공적이었다. 이를 확대하겠다는 것이다. 현재 장학금을 받는 서울대생이 1만 5,600여 명이다. 이들과 저소득층 학생과의 결연을 적극 유도하겠다.” —학생들이 동참하리라고 보나? “오는 3월 새 학기에 직접 학생들에게 이 메일과 편지를 보내겠다. 이 어려운 시기에 서울대생이 우리 사회를 위해 앞장서야 한다는 내용을 전하겠다. 학생들이 틀림없이 동참하리라고 본다.” —‘새싹 멘토링’에 참여할 서울대생이 몇 명 정도 되리라고 보나? “우리의 목표는 적어도 1만 명의 서울대생들이 가난한 초·중·고교생들의 멘토가 되는 것이다. 충분히 가능하다. 서울대뿐이겠는가. 이 운동이 확산되면 다른 대학도 동참할 것이다. 우리 사회 전체로 번져 나가면 큰 효과를 거둘 것이다.”(이장무 총장대담기사 – 조선일보 2009년 1월 24일자)

NO9 〈을지대〉 2007. 4.

1. 목적: 멘토와 멘제, 교내 교수들을 대상으로 멘토링시스템 구축사업을 홍보하고 멘토링의 방법, 일정 등을 설명하는 워크숍을 실시해 멘토링시스템에 대한 이해를 높인다. 또한 멘토와 멘제의 결연식을 통해 동기부여를 해주고 만남의 장을 마련해 멘토링프로그램의 효율적 운영 및 지속저 발전방안을 모

색한다.

2. 일 시: 2007년 4월 27(금) 19:00~21:00

3. 장 소: 을지대학교 실내체육관

4. 참석대상: 멘토 및 멘제(105쌍, 210명), 총장, 교무위원, 학과
   장, 멘토링 및 취업 TFTeam

5. 면담일지 작성방법

1) 면담일지 작성방법

가. 멘제가 멘토와 상담한 내용을 작성한다.

나. 면담일지 작성은 전화통화 내용, E – Mail 주고받은 내용, 직
   접 면담한 내용을 아래의 첨부된 파일에 작성한다.

다. 면담일지를 주기적으로 작성한다.

라. 면담일지 내용에 충실(성실)하게 작성한다.

마. 면담일지 내용을 증빙할 수 있는 내용을 첨부한다.

예시) 이메일 내용, 직접 상담 시 멘토와 찍은 사진 등.

2) 멘토링 중간 및 최종 보고서 제출기한

가. 멘토링 중간보고서 제출: 2007. 06. 21(목) 17:00까지

나. 멘토링 최종 보고서 제출: 2007. 11. 30(목) 17:00까지

※ 결과 보고서는 멘제가 면담일지를 작성하여 중간 및 최종 보
   고서 제출기한에 제출, 제출한 보고서 평가 후 우수 멘제(토)
   시상함

3) 제출 장소: 학과 사무실

※ 학과에서는 수합한 중간 및 최종 보고서를 취업지원센터 또
는 대외협력처 취업지원팀(본관 202호)에 제출

4) 평가 후 시상

가. 시상: 제출한 면담일지를 기준으로 우수 멘제(토)를 선발하여
시상
나. 시상식: 2007년 12월 초 실시 예정

NO10 〈남해해성중고〉 도입 2006. 5.

선생님이 삼촌·언니 같은 멘토 역할……

남해해성고, 전국에서 학생 몰려 교직원 1인당 학생 3~4명씩 멘토·멘제 관계

함께 어울리며 상담…… 문제학생이 우등생으로

봄볕이 교정을 포근하게 감싼 17일 오후, 경남 남해군 낚해해성 고등학교에선 학생들이 느티나무 아래 모여 재잘거리고 있었다. 서울서 온 건우(17), 대구 출신 지현(여·17), 진주가 고향인 나연 (여·18), 남해 토박이 재관(18), 목포 소녀 선진(16), 청주에서 중학교를 졸업한 은혜(여·16)……

작은 시골 학교지만, 학생들을 모아 보니 '전국권'이다. 전교생

272명 중 타 지역에서 온 학생이 66%나 된다. 진주공항에서도 한 시간 남짓 차를 타야 나오는 작은 면 소재 학교가 이렇게 여러 지역 학생들을 자석처럼 끌어당기고 있다.

무엇 때문일까. 이 학교는 저마다 다른 학생들이 한데 어우러지도록 하는 독특한 제도가 있다. 바로 '멘토(Mentor)'와 '멘제(Menger)' 제도. 멘토는 후견인을, 멘제는 멘토로부터 상담이나 조언을 받는 사람을 의미한다. 교직원(전체 40명)이 전교생 272명 중 골프 특기생을 제외한 180명을 대상으로 멘토 한 명당 멘제 3~4명을 관리한다. 말뿐인 멘토가 아니다. 교사 전원이 아이들에게 '제2의 가족' 역할을 톡톡히 하고 있다.

서울에서 중학교를 마치고 이 학교에 진학한 건우(17). 중학교 시절 왕따를 당했던 건우를 변화시킨 사람은 멘토 유경현(29) 체육교사다. 주말마다 "날 좀 내버려 두라"는 건우를 깨워 같이 운동하고, 밥 먹고 목욕탕에 가서 서로 때를 밀며 시간을 보냈다. 협동생활이 안 되는 건우의 기숙사 룸메이트도 자청해 1년 넘게 함께 생활했다.

입학식 때 슬리퍼에 트레이닝 바지 차림으로 등장해 주위를 놀라게 했던 정주(여·17). 몰래 담배까지 피우던 정주를 멘토 선생님은 금연 클리닉에 보내고, 늘 불러 앉혀 놓고 다독였다. 지금 정주는 서울대를 바라볼 만큼 우등생이다. 6살 때 교통사고를 당해 몸 오른쪽이 마비된 재관이(18)도 멘토 덕에 학교생활에 적응해 나가고 있다.

학생 90% 이상이 기숙사 생활을 하는 해성고는 장학금 혜택으로도 유명하다. 2006년 ㈜에머슨퍼시픽그룹 이중명(64) 회장이 학

교 재단이사장으로 취임한 뒤 그해엔 장학금 1억 2,000만 원, 이듬
해엔 1억 5,000만 원이 돌아갔다.

이중명 이사장은 "재워 주고, 먹여 주고, 공부시켜 주고, 사람 만
들어 주는 학교를 만들고 싶었다."며 "몇 년 안에 꼭 해성고를 전
국에서 으뜸가는 학교로 만들고 싶다."고 말했다.

NO11 〈서울경성고〉(학습 지원 멘토링)

멘토링은 공교육 분야에서도 점차 확산되는 추세다. 서울 경성고
(교장 차재연)에서는 지난 1학기 동안 서울대·연세대·고려대에
진학한 선배들이 '야자(야간자율학습)' 감독을 맡기도 했다. 그 과
정에서 선후배 사이에 멘토와 멘제의 관계가 형성됐고 후배들은
허심탄회하게 모르는 것을 물어보거나 진로지도를 받았다. 전동중
학교에서는 인근지역에 있는 한국외국어대학교와의 협력관계(MOU
협정)를 맺고 교육 열의는 높으나 가정환경이 어려운 학생들을 대
상으로 방과 후 학습 멘토링을 실시하고 있다. 이를 통해 학부모의
사교육비를 절감히면서도 학생들의 기초학력 신장에 기여하는 것
이 목적이다. 동시에 같은 지역 학교 간 멘토링 관계가 형성됨으로
써 지역공동체의 교육활동 참여가 활성화될 수 있다는 효과도 기
대할 수 있다.

대학생들은 학습 멘토링을 통해 맞춤식으로 학습지도를 하고 진
학·진로를 지도한다. 맞춤식 학습지도는 학생 개인에 맞는 학습방

법을 제시하고 잠재력을 높이는 데 성과를 거두고 있다. 올해 1학기에는 한국외국어대의 교육대학원 학생 7명이 멘토로 참여했다. 이들은 희망 학생 84명과 지속적으로 만나면서 각자의 능력에 맞는 공부방법을 지도했다.

NO12 〈서울송천초교〉

(5학년 담임 김정순 교사) 2003. 3.

♣ 사례 1: 학습지도 활동에서 멘토링을 적용하기 제일 좋은 과목은 수학과이다.

한 단원이 끝난 뒤 단원 평가를 하여 점수가 높은 학생부터 차례로 8명을 멘토로 정하고 점수가 낮은 학생 8명을 멘제로 정하였다.

수학 시간에 문제를 내주었을 때 멘토들은 일찍 문제를 풀고 시간이 남는 관계로 남는 시간에 멘제를 도와주도록 하였으며, 아침 자습을 활용하기도 하였다. 방과 후는 학원에 다니는 어린이도 많고, 늦게 귀가하는 것을 싫어하기 때문에 될 수 있으면 쉬는 시간이나 학습 처리 후 남는 시간을 이용하였다.

어린이들은 친구들한테 지도받으면 자기들 수준에서 이해시키기 때문에 더 쉽게 이해될 경우가 많다고 한다. 멘토나 또 다른 어린이들이 잘 모르는 것은 선생님에게 가져오도록 하였다.

각 단원이 끝날 때마다 단원 평가 후 멘토와 멘제가 바뀔 수도 있으나 거의 변함이 없고, 많이 향상된 어린이는 자기 의사에 따라 멘토로 정해 주기도 하였다. 또 멘제도 많이 향상되었을 경우 멘제에서 벗어나기도 하고, 멘제들 중에서 다른 교과에 재능이 있는 어린이는 '체육 멘토, 컴퓨터 멘토 등'으로 이름 붙여 주었더니 매우 우쭐해하고 자신감을 가졌다.

♣ 사례 2: 본인은 학교에서 특별활동 시간에 사물놀이 지도를 맡고 있다. 4, 5, 6학년 어린이들 중에서 사물놀이부를 희망하고 시험에 통과한 어린이 29명이 사물놀이 부원이 되었는데, 그중에 2, 3년째 하는 기존의 부원도 있기 때문에 어린이들의 실력 차이가 많았다.

그래서 기존 부원 13명을 멘토로 하고 신입 부원 16명을 멘제로 하여, 멘토 1명당 1명 또는 2명의 멘제를 정해 주었다.

멘제들은 모두 장구를 잡고, 멘토는 자기가 원하는 북이나 꽹과리를 잡도록 하여 지난해 배운 장구 가락에 맞는 북, 꽹과리 가락을 새로 익히도록 가르쳐 주었고, 멘제들은 멘토들이 알고 있는 장구 가락을 가르쳐 주었다.

먼저 기본 가락부터 교사가 시범을 보이고, 멘토들에게 개별로 지도할 시간을 주면 멘토들은 매우 즐거워하며 아주 열심히 지도하였다.

멘제들은 대충 알고 넘어갈 것도 멘토들이 하나하나 꼼꼼히 지도해 주니까, 훨씬 쉽게 익히는 것 같았다.

멘토링을 몰랐던 지난해 지도할 때보다 올해가 확실히 수월하고 어린이들도 쉽게 익힌다는 것을 느꼈으며, 멘토들도 매우 흥미 있어 하는 것을 보았다.

♣ 사례 3: 컴퓨터 시간에 컴퓨터 능력이 우수한 어린이 5명을 멘토로 하고 멘제는 특별히 정하지 않은 상태에서 교사가 프로젝션 TV를 통해 설명을 해 주었는데도 이해를 못 하는 어린이가 손을 들면 멘토가 찾아가서 지도해 주는 것으로 하였다.

예를 들어 인터넷으로 필요한 사이트에 찾아 들어가는데 잘 모르는 어린이, 저장하는 방법을 모르는 어린이, 게시판에 올리는 것, 파워포인트 활용법 등 그때그때 활용 방법을 손을 들면 멘토들이 찾아가 도와주었더니 교사 혼자서 지도하는 것보다 효과가 크고, 어린이들의 컴퓨터 활용 능력이 매우 향상되었다.

* 멘토링의 효과

- . 의욕 부진, 자멸감을 없애고, 자신을 사랑하고 자부심을 가질 수 있도록 함.
- . 면학 분위기 조성 및 학습 능력 신장
- . 멘토로서 자부심을 갖고 지도력이 향상되며, 모든 일에 자신감을 얻음.
- . 선생님을 존경, 동료 사랑의 인간 존중의 태도를 기를 수 있음.

NO13 〈수원선일초교〉 경기도교육청 멘토링 시범학교

활동기간: 2004. 3. 1.~2006. 2. 28.
운영주제: 멘토링 자율장학을 통한 교사의 전문성 신장

운영중점:

1. 멘토링 자율장학을 위한 기반 조성

2. 멘토링 자율장학 프로그램을 전개

3. 자기 개발을 위한 교원 연찬 활동 강화

실행효과:

1. 교내 장학효과를 얻을 수 있었음

2. 인간관계 촉진으로 가족분위기 조성

3. 교실 중심, 수업 중심, 연구 중심의 학교풍토 조성

4. 반성적(反省的) 학습과정으로 교사의 수업능력 향상

5. 잘못된 습관 개선으로 교사 학습방법이 개선됨

자기개발:

1. 매우 향상이 되었다 – 8.33

2. 조금 향상이 되었다 – 58.33

3. 보통이다 – 29.17

4. 향상이 되지 않았다 – 4.17

5. 전혀 향상이 되지 않았다 – 0

Story 4. 해외 기업체 멘토링 이야기

멘토(Mentor)라는 단어가 우리나라 말이 아니듯 멘토링 자체도 국내에 뜻이 알려지기 전부터 해외에서 활발히 진행돼 왔다. 먼저 멘토링 제도가 활성화된 미국의 경우, GE그룹 등 대기업은 물론 벤처기업들도 멘토링을 받아들였다. 아래와 같이 7군데 모범적인 사례를 소개한다.

NO1 GE Group

NO2 Douglas Aircraft

NO3 Dupont Korea

NO4 Fuller Company

NO5 Bank of Montreal

NO6 Prudential

NO7 World Bank

1. GE는 어떤 회사인가?

2001년 9월 잭 웰치 前 GE 회장은 천3백억 불의 미국의 최고기업으로 이끌었던 CEO 자리에서 물러났다.

그가 CEO자리를 맡았던 1981년 시절, GE는 25억 불의 회사였다. 같은 기간 동안 자본시장도 13억 불에서 4천억 불로 성장하였다. 웰치 회장 시절의 GE는 셀 수 없을 정도의 많은 합병과 인수 등 사업을 늘리고 경영리더의 역량을 키워 나가는 일에 혼신을 다했다.

어떤 경우에서든, 성공적인 비즈니스는 임직원들에게는 희망이자 꿈을 실어 준다. 따라서 조직의 리더들은 매혹의 대상이 되곤 한다. 하지만 잭 웰치처럼 언론의 조명을 받은 리더는 드물다. 물론 잭 웰치의 골프친구들인 빌 게이츠와 워렌 버핏도 많은 언론의 관심 대상이었지만 그들은 잭 웰치처럼 타고난 경영자는 아니다. 빌 게이츠는 기술자이며 사업가이고 워렌 버핏은 주식 등 증권 투자가이다.

하지만 잭 웰치는 미국 경영의 최고의 경쟁력과 결과에 집착을 하며 시업을 번창시키는 것에 피곤을 느끼지 못하는 그렇기 때문에 남들의 두려운 대상이 되기도 하는 세계적으로 유명세를 타고 있는 경영자이다.

현재 전 세계의 서점에는 잭 웰치에 관한 도서들로 북새통을 치르고 있을 정도로 그는 리더십, 경영방식, 6시그마, 그리고 자서전에 이르기까지 많은 메시지를 남겼다. 미국의 *Financial Time*이라는 신문사에서는 그를 세계에서 가장 존경받는 인물로 4년 연속 커버 스토리로 싣고 있다.

2. GE 멘토링 현장 사례 4가지

사례 1 - 우수인재 양성 멘토링

북미지역에서 멘토링은 20여 년 전부터 체계 있는 프로그램으로 서서히 채택되면서 오늘날은 기업, 학교, 교회, 군대, 공공기관 등 모든 조직에서 일상적인 일로 받아들여지고 있다. 최근에 국내에서 베스트셀러가 되고 있는 GE의 전 CEO 잭 웰치의 자서전에서도 그의 인사관리기법으로 멘토링이 활용되고 있는데 그 내용을 저자가 요약해서 소개하고자 한다.

GE의 CEO였던 잭 웰치(Jack Weltch)는 "최고의 인재를 뽑을 수 있고, 최고의 인재로 키울 수 있다면 기업은 성공할 것이다."라고 인재중시의 경영을 외치면서 업무의 70% 이상을 인사관리에 집중해 왔다. 그는 특별한 인사관리기법으로 개발한 활력곡선(Vitality Curve)을 이용하여 A급 사원으로 20%, B급 사원으로 70%, C급 사원으로 10%를 선정하여 A급 사원은 파격적인 대우를, B급 사원은 보통으로 대우를, C급 사원은 퇴출대상으로 몰아붙였다.

특히 그는 멘토링(Mentoring)프로그램을 B급 사원을 A급 사원으로 승급시키는 데 적용하였고 A급이나 B급 사원을 진급시키는 데도 필수적으로 적용시켰다. 아래 글은 그의 자서전에서 일부 발췌

한 내용이다.

[잭 웰치의 멘토링 – 자서전에서 발췌]

지난 몇 년 동안 우리는 같이 점심 식사를 하면서 엄청난 잠재력을 가진 직원들을 많이 만나게 되었다. 그들은 최고 경영진으로부터 각자 한 사람씩 멘토(Mentor)를 배정받았다. 나는 이러한 멘토링(Mentoring)프로그램이 실질적인 혜택과는 전혀 무관한 것임을 강조해 왔다.

인재개발 방법에 관해 논의하던 중에 제품을 개발할 때 사용하는 것과 똑같은 방법을 적용하기로 결론을 내렸다. 이 경우 엄청난 잠재력을 가진 멘제(Mengrer)들은 제품에 해당했다. 그들의 지도자들인 최고 경영진의 스태프들은 이러한 제품을 개발하는 책임을 지고 있었다. 그것은 그들의 지도대상자들을 A등급 수준으로 끌어올리든지 아니면 새로운 멘제(Menger)를 찾아야 한다는 것을 의미했다.

점심을 먹으며 이러한 멘토링(Mentoring)프로그램의 진행 과정에 대해서 자발적인 토의를 했다. 멘토(Mentor)와 멘제(Menger) 모두 엄격한 게임의 법칙을 지켜야 했다. 성과를 최우선으로 하는 GE의 문화에서는 각자가 더 높은 수준의 결과물을 도출해야 하며, 그에 의해 자신의 평가를 받을 것이라는 사실을 멘토(Mentor)와 멘제(Menger)들 양쪽 모두 잘 알고 있었다.

상급자는 그를 통해 자신의 리더십을 평가받았던 것이다. 이 멘토링(Mentoring)프로그램은 제대로 효과를 나타냈다. 1999년 진급자 중 80% 이상이 멘토의 도움을 받은 것이다.

사례 2 - 임원개발 역멘토링(Reverse Mentoring)

1999년 Jack Welch회장이 최고위간부 600명이 도움받는 멘제(연령: 30~60대)가 되고 젊은 부하직원(연령: 20~30대)이 도움 주는 멘토가 되어 인터넷, 전자상거래 등에 관하여 멘토링을 실시했다. 64세의 Welch 회장도 37세의 Pam Wickham 부장(GE의 플라스틱 사업부서에서 웹사이트 담당)을 멘토로 하여 인터넷에 관하여 배웠다.

사례 3 - 후계자 핵심인재개발 멘토링

GE: 현명한 조언자 멘토 CEO 잭 웰치 - 후계자 CEO 제프리 이멜트

잭 웰치 CEO와 후임자 CEO 제프리 이멜트와의 관계에서 우리는 후계자 멘토링을 주의 깊게 살피지 않으므로 잃는 것이 너무 많다. 위의 전임 CEO(현명한 조언자 멘토 역할)와 후임 CEO 사이에 오래전부터 공식, 비공식적으로 끈끈한 멘토링 관계가 지속되어 왔음을 기록을 통해 알 수 있다. 끈끈한 멘토링 관계란? 단순한 업무(Task)에만 국한한 것이 아니고 인간관계, 리더십, 의사소통, 경험담 등 삶 전체로 두 사람의 관계가 1년 넘게 일대일로 멘토링이 이루어졌다는 것을 알 수 있다. 그러니까 성공 확률이 높은 것이다.

사례 4 - 임원개발 멘토링 사례

샤린 베글리(40세) 현 플라스틱 부문 CEO(06년 4월 6일 한국방문) - GE 최고 여성 임원, 장차 그룹 회장 물망, 39세에 CEO

- 단기간 내 여러 업종에 멘토링을 하면서 "임원 멘토링을 통하여 혹독한 수련 기간을 거쳐 20년 배울 것 6년에 끝냈죠." 그녀는 토요일과 일요일은 가정에 매달리고 "일할 때는 300% 매달리고 특히 일을 하면서 배우는 것에 만족한다."

3. GE 멘토링 현장

- 이채욱 기자: 서울경제신문 2003 - 07 - 06

GE 의료기기 아시아 태평양 사장으로 재직할 때 도쿄에 근무하는 직원의 '멘토'를 맡았었다. 그 일본인 사원은 각종 프레젠테이션 준비는 물론, 경력관리나 자기 상사와 의논할 수없는 다른 회사의 스카우트 제의와 개인적인 고민까지도 내 의견을 묻곤 했다. 지금은 물류담당 중견 매니저로 일하고 있는데 장차 훌륭한 간부로 크게 성장할 재목임에 틀림없다.

멘토는 그리스의 선지자 멘토(오디세우스가 자기 아들이 지혜롭고 현명한 왕자가 되도록 교육을 부탁했던 인물)에서 유래된 것으로 지혜와 신뢰, 존경으로 한 사람의 인생을 이끌어 주는 지도자라는 의미를 갖는다.

GE의 멘토링 제도(Mentoring System)도 업무 연관성이 없는 선후배끼리 일대일 관계를 맺고 후배가 차세대 리더가 되도록 선배가 앞장서 도와주는 활동이다. 멘토는 멘제의 성장 발전, 경력개발 계획 등에 대한 지원이나 조언을 해주고, 멘제는 비즈니스에 대한 이해, 문화나 조직의 운용 등에 대해 배울 수 있다.

멘토링 제도는 멘토와 멘제 모두에게 도움이 될 뿐만 아니라 우수 인력의 양성·유지 등 회사에도 큰 도움이 될 수 있다. 그러나 이 제도가 성공적으로 정착되려면 몇 가지 요건이 필요하다.

첫째, 멘토와 멘제 모두의 적극적인 태도, 상호간 신뢰와 존경, 서로에 대한 철저한 비밀유지가 이뤄져야 한다. 둘째, 상호간 합의에 의해 기대치와 책임감 등을 잘 관리해야 한다. 셋째, 멘토, 멘제 관계가 끝났을 때 서로 어떤 비방도 하지 말아야 한다.

쉬운 일이 아니지만 내 경우 멘토 역할의 장점은 상상 이상이었다. 첫째는 젊은 세대의 진솔한 이야기를 들으면서 생각을 공유할 수 있는 기회가 됐다. 둘째로 질문에 대한 답변을 하는 동안 많은 생각을 할 수 있었다. 업무상 관계에서 벗어나 있는 새 분야에 대한 정신적인 자극을 꾸준히 받을 수 있는 계기가 됐던 것이다. 셋째로 상호 토론하면서 새로운 방법을 발견했을 뿐만 아니라 내가 이해하지 못하던 부분도 알 수 있었다.

GE 코리아에서는 최근 여직원을 위한 멘토링 제도를 도입했다. 멘토링 제도는 상호 솔직한 대화로 건강한 조직을 구성하고 조직 내 젊은 세대와 기성세대와의 간극을 좁혀 줄 수 있다. 어디서든 한 번쯤 과감하게 도입해 보면 좋을 성싶다.

NO2 더글라스항공 멘토링(Douglas Aircraft)

더글라스항공의 멘토링 프로그램은 조직문화를 유지하는 핵심수단으로 자리 잡고 있다. 이 회사의 경영진은 장래 사업을 이끌어 갈 리더를 육성하고, 구성원들에게 회사의 지식을 학습·이전하기 위해 이러한 프로그램을 활용하고 있다.

이를 위해 이 회사는 우선 멘토와 멘제의 선발기준을 명확히 설정했다. 일단 멘제는 내부 규정에 의하여 성장가능성이 높은 인재를 중심으로 선정한다. 한편 멘토는 임원급에서 지원을 받고 있는데 멘토 후보자는 멘제로 선정된 사람들을 대상으로 자신이 멘토링을 통해 기여할 수 있는 지식이나 인재육성 계획 등을 발표해야 한다. 각각의 멘제는 이들 중에서 3명의 후보를 지목할 수 있으며 멘토의 상사, 멘토링 프로그램 운영자, 인사부서 사람으로 구성된 위원회에서 최종적으로 1명을 선정하게 된다.

이때 심사기준에는 멘제의 선호도, 스타일, 역량 수준과 멘토의 육성계획 등이 종합적으로 반영된다. 멘토와 멘제는 각각 일대일로 연결되며, 기본적으로 같은 부시의 사람끼리는 연결시키지 않는다.

이러한 과정이 끝나면 위원회에서는 이들을 대상으로 멘토링에 대한 오리엔테이션을 실시하여, 멘토링의 과정과 목적, 각자의 역할 및 기대 사항 등을 소개한다.

멘토링의 기간은 1년이며, 이 기간 동안 멘토는 멘제의 강·약점을 평가·분석하여 이들의 역량을 강화하는 활동을 수행하게 된다.

더글라스항공에서는 멘토의 역할을 커뮤니케이터, 카운슬러, 코치, 브로커 등 크게 7가지로 규정하고 있다. 한편, 위원회에서는 멘토와 멘제의 직속상사로 하여금 중간과 마무리 시점에 이들의 활동에 대한 평가를 하게 함으로써 멘토링이 제대로 이루어지고 있는지 여부를 분석하고 있다.

참고로 이 회사의 멘토링 프로그램에 참여한 멘토나 멘제는 모두 80% 이상의 만족도를 표시했다고 한다.

NO3 듀폰코리아 멘토링(Dupont Korea)

"사장님·부장님이 나의 멘토"

근무 20년을 맞은 김숙경 듀폰코리아 부장은 두 달에 한 번씩 다른 부서의 5년차 여직원과 점심을 같이 한다. 이 둘은 개인적으로 친분이 있던 관계는 아니다. 이들은 듀폰코리아가 지난해 7월부터 본격적으로 펼치는 '멘토링(Mentoring) 시스템'으로 맺어진 인연이다.

멘토는 오디세우스가 트로이 원정을 떠나며 자신의 아들인 텔레마코스를 보살펴 달라고 맡겼던 그리스 신화의 인물이다. 이제는 '후견인(멘토)'이라는 의미로 널리 쓰인다.

성공적인 사회생활을 위한 지침서나 처세서에서는 '당신의 멘토를 만들라'는 주문이 거의 빠지지 않는다. 하지만 막상 직장 내에서 건전한 '멘토와 멘제(멘토링을 받는 사람)'의 관계를 만드는 것은 쉬운 일이 아니다.

듀폰코리아는 지난해 직원들이 자발적으로 '멘토위원회'를 조직

했다. 지난해 5월 본인이 멘토가 되고 싶거나 멘토를 필요로 하는 직원들의 신청을 받아 현재 25개 팀이 자율적으로 활동하고 있다. 나이젤 버든 듀폰코리아 사장도 4명의 직원에게 멘토링을 해 줄 정도로 회사의 기대와 관심이 크다.

김 부장이 자신의 멘제로부터 받는 가장 많은 질문들은 경력 관리이다. 아직 미혼인 김 부장의 멘제는 여성으로서 직장에서 어떻게 경력을 쌓아 가고 어떤 능력들을 개발해야 하는지에 관심이 많다. 또 상사와의 관계에 대해서도 자주 조언을 구한다.

김 부장은 "나의 경험을 바탕으로 실질적인 도움을 주려고 노력한다."며 "나 역시 멘제를 통해 20대의 사고방식과 관심사를 배우고 상사로서 어떻게 행동해야 하는지를 살펴보는 기회를 갖는다."고 말했다.

김 부장은 두 달에 한 번씩 만나고 있지만 매주 만나거나 필요할 때마다 수시로 만나는 팀들도 있다. 이들은 오는 7월까지 1년간 '멘토 - 멘제'관계를 지속한 뒤 1년 후 또 새로운 팀을 구성해 1년간의 멘토십을 맺는다. 물론 예전의 멘토와 인연을 계속할 수도 있다.

좋은 취지로 마련됐지만 멘토십은 자칫 사내 파벌로 번질 수 있는 가능성이 있다. 이 때문에 듀폰은 워크숍을 통해 건전한 멘토 관계를 논의하고 지속적으로 직원들의 반응을 살피고 있다.

멘토십에서 절대 금지되는 것은 개인적인 험담과 불평이다. 멘토가 조직이나 인사문제에 개입하는 것도 금기다. 또 멘토와 멘제의 관계는 비밀이 보장된다.

회사 측은 멘토들에게 자신의 멘제를 위해 모든 문제를 해결할 수 있다는 생각은 금물이라고 강조한다. 오히려 서로의 경험을 나누며 양쪽이 업무 능력을 키우는 것이 멘토링 시스템의 장점이다. 멘토는 후배를 만나면서 리더십을 키우고 젊은 세대의 가치관을 배운다. 멘제는 자신의 미래를 탄탄하게 준비하면서 회사의 문화와 업무를 더 빨리 배울 수 있다.

듀폰은 오는 7월 1차 멘토링 시스템을 평가한 뒤 새로운 팀을 구성하게 된다. 또 외부 강사를 초빙해 프로그램이 더욱 활성화될 수 있도록 적극적으로 지원할 방침이다. <출처: 서울경제>

NO4 풀러 컴퍼니 멘토링(Fuller Company)

미국 펜실베이니아에 있는 풀러 컴퍼니는 건설 및 화학산업에서 이용하는 장비나 기계를 판매하는 엔지니어링 전문회사이다.

1990년 초 이 회사는 중간 관리자와 고급 엔지니어들의 대거 이직으로 인해 최대의 위기에 직면하게 되었다. 회사의 특성상 우수 엔지니어의 확보·유지가 무엇보다 중요했기 때문에 당시 20%에 육박했던 연간 이직률은 매우 심각한 상황임을 의미했다.

결국, 이 회사의 최고경영자인 제이콥슨(Jscobsen)은 1995년 전문 컨설팅업계의 도움을 받아 후계자 양성 제도인 'TEDP(Targeted Employee Development Program)'을 도입하게 되었다.

이 제도의 목적은 핵심인력을 대상으로 팀 중심의 멘토링 프로그램을 제공하여 리더십 능력과 기술적 전문지식을 배양하는 데 있었다. 프로그램 시행 후 이 회사는 연간 이직률을 2%까지 감소시킬 수 있었다고 한다. 풀러의 멘토링 프로그램에 대해 좀 더 자세히 살펴보자.

1. 주요 특징

1) 팀 중심의 운영

각 부서장, 인사부서 전문가, 외부 컨설턴트, 경영진으로 구성된 약 30개의 멘토팀을 중심으로 프로그램을 운영하였다.

2) 전 구성원의 참여를 유도

프로그램의 목적 및 운영방식을 공지하여 전 구성원의 참여를 유도하였다.

3) 프로그램의 이원화

멘토링 프로그램을 '리더십'과 '전문기술' 등으로 이원화하여 운영하였다.

4) 경영진의 참여와 지원

분기마다 경영진이 프로그램의 진척도를 점검했으며, 도전적 과제 부여나 직무순환 등을 직접 주관함으로써 핵심인재들이 다양한 경험을 쌓을 수 있도록 하였다. 또한 핵심인재들의 인적 사항·역량개발 정도나 상사와의 상호작용 정도를 주기적으로 점검하였다.

5) 미래 역량개발이 목적

과거 성과평가 방식에서 벗어나 프로그램의 목적을 향후 무엇을 개발할 것인가에 맞추었다.

2. 각 부분의 역할

1) 각 부서장

- TEDP 후보자를 추천하고 운영·활동에 대한 점검 및 모니터링을 해야 한다.
- 정기적으로 멘제들의 성과를 평가하고 매일 핵심인재들과 면담을 실시해야 한다.

2) 인사부서

- 개별 육성목적과 회사목적과의 정합성을 평가해야 한다.
- 적절한 육성활동을 제공해야 한다.
- 프로그램을 전반적으로 운영·관리해야 한다.

3) 외부 컨설턴트

- TEDP 후보자에 대한 객관적 평가(강·약점 등)를 시행해야 한다.

3. TEDP의 진행과정

1) 각 부서장이 프로그램에 참여할 후보자를 선정한다.
2) 외부 컨설턴트를 통해 객관적 평가(1일 테스트, 인터뷰 실시)
   를 시행하고 평가결과를 각 후보자에게 피드백한다.
3) 외부 컨설턴트가 프로그램 참가자를 만나서 육성할 부문이나
   향후 계획을 논의한다.
4) 부서장 입회하에 구체적인 육성계획을 수립한다.
5) 인사부서 담당자와 부서장이 정기적으로 만나서 사후평가를
   실시하고 평가결과에 대해 논의한다.
6) 경영진이 분기별로 멘토링 결과를 점검하고 TEDP의 전체적
   인 진척도를 평가한다.

NO5 몬트리올은행 멘토링(Bank of Montreal)

몬트리올은행에서는 핵심인재를 육성하기 위해 'Executive Advisor Program'이라는 멘토링 프로그램을 운영하고 있다. 이 프로그램의 기본 목적은 핵심부문을 담당할 차세대 리더를 육성하는 것이다.

1. 도입 배경

이 은행에서는 본격적인 프로그램 운영에 앞서 외부 컨설턴트를

활용한 파일럿 테스트를 실시했다. 우선, '조언자Advisor'라 불리는 10명의 멘토를 선발하여 이들에게 각각 2명의 멘제를 전담하도록 요구했다. 멘토와 멘제는 모두 자발적인 참여자로 구성했으며, 이들은 약 10~12개월간 3~4주에 한 번씩 만나면서 멘토링 활동을 전개했다.

파일럿 테스트가 성공적으로 끝나자 몬트리올은행은 곧 구체적인 멘토링 프로그램 실행에 들어갔다. 이 은행이 멘토링 프로그램을 통해 추구하는 목적은 조직문화의 근본적인 개성과 구성원들의 잠재력 성장을 가로막은 현실적인 장벽을 제거함으로써 경력개발을 촉진하는 데 있었다. 보다 구체적인 목적은 다음과 같다.

- 구성원 간 인적 네트워크 및 커뮤니케이션의 증대
- 구성원과 경영진 간의 접촉 증대를 통한 상호 이해의 강화
- 전문가적 능력개발의 기회를 제공
- 관리자들의 리더십(인재육성 능력) 강화
- 구성원 간 지식공유의 활성화

2. 운영방식

1) 커뮤니케이션

몬티리올은행에서는 경영자가 직접 모든 임원들에게 자발적으로 멘토링에 참여해 달라는 서신을 발송하고 있다. 특히 임원급으로 승진할 가능성이 높은 핵심인재에게 프로그램 참여를 적극적으로 권고하고 있다.

▷ **Executive Advisor Program**의 개요

프로그램 개념도

변화주제선정 – 프로그램 커뮤니케이션
⇩
행동변화 – 프로그램 평가
⇩
조직문화 변혁 – 성과분석
⇩
인적역량 강화관련 이슈도출 – 프로그램 모델수립

주요활동 프로세스

멘토링 프로그램 커뮤니케이션
↓
멘토·멘제 지원자 모집
↓
멘토와 멘제 연결
↓
프로그램 참가자에 대한 오리엔테이션
↓
멘토링 활동 전개
↓
개인·조직 차원에서 멘토링 성과 평가
↓
멘토링 프로그램 평가·개신

2) 매칭 프로세스

멘제와 멘토에 대한 매칭 프로세스는 멘제의 니즈와 멘토의 강점·역할에 기초하여 결정한다. 이때 기본적으로 멘토가 멘제에게 직접적인 명령권을 갖지 않도록 서로 같은 부서 사람끼리는 연결

하지 않는 것을 원칙으로 한다. 또한 멘토는 멘제보다 최소한 두 직급 높은 사람으로 선발한다.

3) 멘제의 상사 참여

멘제의 직속상사를 직접 프로그램에 참여시킴으로써, 이들이 소외감을 느끼지 않도록 배려하고 있다. 이들은 멘토에게 멘제의 업무기술이나 방식에 대한 사전 정보를 제공하고, 멘제의 주된 관심사나 육성방안에 대해 설명해 주는 역할을 수행한다.

4) 오리엔테이션

본격적으로 프로그램에 들어가기 전에 멘제, 멘토 그리고 멘제의 상사를 대상으로 다음과 같이 각각 별도의 오리엔테이션을 운영하고 있다.

(1) 멘제 오리엔테이션(1일)
- 프로그램의 목적과 구조 설명
- 사전 분석결과의 피드백 및 육성계획의 수립
- 멘토와 새로운 관계를 준비

(2) 멘토 오리엔테이션(1 ～ 2일)
- 프로그램의 목적과 구조 설명
- 다른 멘토와 경험을 공유
- 멘토, 멘제, 상사의 역할에 대해 논의
- 멘토링 스킬에 대해 논의

(3) 상사 오리엔테이션(브리핑방식)

- 프로그램에 대한 전폭적인 지원을 요청
- 상사의 역할에 대해 논의

5) 멘토링 프로세스

외부 컨설턴트가 6~8주 주기로 멘토와 멘제를 각각 만나서 진행상황을 점검하며, 멘토-멘제 그룹들이 서로 만나서 아이디어 및 육성방법 등을 공유한다.

NO6 푸르덴셜보험 멘토링(Prudential)

수전 쿠아(30)는 영국 프루덴셜 금융 그룹의 아시아 지역 10만 명 직원(보험설계사 포함) 가운데 뽑힌 핵심인재다. 회사는 그를 미래의 최고경영진으로 키우기 위해 '특별 과외교육'을 시키고 있다. '과외 선생님'은 마크 터커 아시아 총괄 회장.

터커 회장은 쿠아가 다양한 경험을 쌓을 수 있도록 수개월 단위로 가종 프로젝트팀에 파견을 보내고 있다. 2001년 10월부디 지난해 6월까지 홍콩에 있는 아시아본부 내 방카슈랑스팀에 근무시겼다. 이어 남아시아팀으로 옮겨 3개월간 현지에 진출한 계열사들의 영업현황을 챙기게 했다.

지난해 10월엔 말레이시아 법인으로 보내서, 보험 영업과 설계사 관리 등의 업무를 하도록 했다. 쿠아의 활동은 빠짐없이 터커 회장에게 보고된다. 선생님이 학생의 숙제를 검사하듯 쿠아의 활동을 점검하고 있는 것이다. 터커 회장은 수시로 쿠아를 불러 개별 면담을 하며, 능력개발에 필요한 모든 사항을 꼼꼼하게 챙겨 준다. 푸르덴셜에는 이런 식으로 특별 관리하는 '핵심 중 핵심'인재가 11명 있다. 이들은 아직 현장 경험을 쌓는 데 주력하고 있지만, 장차 그룹을 짊어지고 나갈 일꾼이 될 것으로 기대된다.

◇ 일대일로 붙어서 키운다="핵심인력은 하루아침에 만들어지지 않는다."라는 것이 푸르덴셜의 인재관이다. 그래서 핵심인재를 조기 선발해 장기간에 걸쳐 글로벌 리더로 양성하고 있다. 푸르멘토(PRUMentor, 푸르덴셜의 멘토제도)라는 교육프로그램이 만들어진 것은 이 때문이다.

선발된 핵심인재들은 그룹의 최고경영진으로부터 일대일 교육을 받는다. '멘토'란 말 그대로 상사가 부하를 일대일로 관리하는 제도다. 최고경영진이 직접 핵심인재를 일대일로 관리하는 것이다. 아무리 바빠도 핵심인재를 직접 만나고, 그들을 양성하는 데 시간과 정열을 아끼지 않는다. 과제를 주고, 개별적으로 만나 잘잘못을 가르쳐 준다. '이렇게 해보라'는 조언도 아끼지 않는다. 최고경영진의 가장 중요한 업무 중 하나다.

제인 키비 인사담당 이사는 "최고경영진은 각자 맡은 인재들과 개별면담을 해야 하고, 평가는 최고경영진들이 모이는 이사회에서 한다."고 설명했다. 이사회에선 핵심인재들에 대한 진솔한 얘기가 오간다고 덧붙였다.

이 프로그램에 따라 핵심인재들은 3년간 세계 곳곳에 진출해 있는 영업조직을 순회하면서 현장을 파악한다. 본사의 주요 프로젝트에 참여할 기회도 갖는다. 또 마케팅·재무·영업 등 전통적인 업무뿐 아니라 e-비즈니스 등 첨단산업에 대한 미래지향적인 교육도 받는다. 그렇다고 지원자격이 엄격히 제한돼 있는 것은 아니다. 푸르덴셜의 직원 누구에게나 문호가 활짝 열려 있다.

경영학석사(MBA) 과정을 마쳤고, 영어 외에 제2외국어를 유창하게 구사할 수 있으면 된다. 그러나 심사는 까다롭기 때문에 소수의 인원만 푸르멘토를 받는다.

한국계 직원인 서니 김(한국명 김승수) 씨도 이런 과정을 거쳐 푸르멘토 프로그램에 선발됐다.

金 씨는 푸르덴셜이 영풍생명을 인수해 한국에 진출하는 프로젝트에서 핵심 역할을 맡았으며, 지금은 일본 현지법인의 사업기획팀에서 전략개발 업무를 맡고 있다. 터커 아시아 총괄회장도 일찍이 핵심인재로 지목돼 푸르멘토와 비슷한 방식으로 양성됐다. 1986년 입사한 이래 홍콩 등 전 세계를 돌며 경영자 수업을 받다가 94년 아시아 총괄회장이 됐다. 세계적인 인사컨설팅 회사인 왓슨 와이어트 코리아 송덕호 대표는 "핵심인재는 돈을 많이 준다고 해서 제대로 관리되는 것은 아니다."라면서 "멘토제도를 통해 최고경영자로부터 직접 코치를 받는 등 인정받고 있다는 느낌을 주는 것이 매우 중요하다."고 말했다.

◇ 사람이 재산＝푸르덴셜은 "항상 듣고 이해한다"는 사훈 아래 '사람'을 중시하는 기업 문화를 갖고 있다. 키비 이사는 "금융회사는 사람이 재산"이라며 "눈에 보이지 않고 만기도 수십 년이나 되는 보험상품을 팔려면 사람에 대한 신뢰가 절대적"이라고 밀했다.

이런 기업 문화는 핵심인력을 선발·양성할 때 가급적 전 직원에게 기회를 주려고 노력하는 것으로 나타난다. 푸르멘토 프로그램이 그렇다. 또 핵심 포스트가 비면 우선 사내에서 사람을 찾는다. 누구에게나 가능성이 있으므로 자기 개발에 더욱 분발하라는 메시지를 주기 위해서다.

일반 직원을 대상으로 한 교육프로그램도 매우 다양하다. 대표적인 것이 사이버 대학인 푸르유니버시티(PRU-University)다. 직원들은 인터넷을 통해 세계의 석학들에게서 강의를 들을 수 있다. 학비는 회사가 부담하며, 교육과정을 이수하면 가상 학위와 수료증을 준다. 인사관리 때 중요한 참고자료가 되는 것은 물론이다.

핵심인재들에겐 금전적 보상도 하지만, 돈으로 이탈을 막을 수 있다고 생각하지 않는다. 키비 이사는 "돈으로 인재를 회유하는 것은 뇌물을 주는 것이나 마찬가지"라며 "조직 내에서 인정받고 성장하는 것 자체가 충분한 동기부여가 된다는 것이 우리의 인재관리 철학"이라고 설명했다.

◇ 영국 푸르덴셜 = 생명보험을 중심으로 연금·뮤추얼펀드·투자관리 등 종합 금융 서비스를 제공하는 초대형 금융그룹이다. 2001년 매출은 2백15억 파운드(41조 3천억 원)로 포천지 조사에서 세계 생명보험사 중 5위로 꼽혔다.

2001년 10월 영풍생명을 인수하면서 한국에 진출했으며, 지난해 10월에는 굿모닝투신운용을 인수하는 등 한국에서도 적극 투자하고 있다.

미국의 푸르덴셜 생명(세계 8위)과 영문 이름은 같지만, 전혀 다

른 회사다. 미 푸르덴셜보다 한국 진출이 늦어 국내에선 PCA(푸르
덴셜 코퍼레이션 아시아)라는 사명을 쓰고 있다.

조직관리·리더십 중시 가능하면 내부서 발탁

제인 키비는 20여 년간 유럽의 주요 기업에서 인사관리 업무를
해 온 베테랑이다. 1996년 영국 푸르덴셜의 인사담당 이사로 영입
된 이후 그룹의 인력개발·관리 업무를 총지휘하고 있다.

– 핵심인재가 중요한 이유는?

"경쟁이 갈수록 치열해지기 때문이다. 금융업은 제조업과 달리
새로운 상품·기술 등이 나오더라도 경쟁자들이 금방 베껴서 따라
오는 특성이 있다. 따라서 진정한 경쟁력은 어느 회사가 우수인재
를 많이 확보하고 제대로 관리하느냐에 있다."

– 푸르덴셜이 핵심인재에게 가장 요구하는 능력은 무엇인가?

"조직관리 능력과 리더십이 최우선이다. 조직원들에게 비전을 제
시하고, 긍지와 정열을 가지고 일하도록 만들 수 있어야 한다. 고
객만족 역시 빼놓을 수 없다. 업무에 관한 기술적인 능력은 그다음
문제다."

– 인재 채용 시 어떤 점을 우선적으로 고려하는가?

"능력이 뛰어나야 한다. 또 회사의 가치관과 개인의 생각이 맞아

야 한다. 회사가 추구하는 기본 가치는 'RESPECT'다. 즉 인간존중 (Respect)·격려(Encourage)·봉사(Support)·실천(Practice)·즐거움 (Enjoy)·경청(Commit to listening)·신뢰(Trust)를 뜻한다."

─ 외부 인재 스카우트에는 어느 정도 비중을 두고 있나?

"인재의 발굴·양성은 가급적 회사 내부에서 하고 외부 채용은 신중을 기하는 편이다. 스카우트 대상자가 정해지면 바로 데려오는 것이 아니라, 일정 기간 비공식적으로 다른 임직원들과 어울릴 기회를 준다. 회사의 문화와 가치관을 정확히 알고 들어오라는 취지다. 이런 방식은 당사자들이 전직 결정을 내리는 데 도움이 될 뿐 아니라, 회사로서도 가치관이 다른 사람이 들어오는 것을 막는 효과가 있다."

─ 교육은 어떻게 시키나?

"사람마다 배경·지식·경험 등이 제각각이기 때문에 개인별 발전계획을 수립해 실행하고 있다. 이 계획에 따라 부서나 프로젝트를 순환 근무하도록 한다. 세계 각국을 돌아다니도록 하는 경우도 있다. 개인적으로 공부가 필요한 부분은 사이버 대학인 푸르유니버시티를 통해 스스로 알아서 한다."

NO7 세계은행 멘토링(World Bank)

멘토링 활동이 시작된 이후에도 회사 차원에서의 지속적인 관리가 필요하다. 무작정 모든 책임을 멘토나 멘제에게 일임해서는 곤란하며, 최종적인 멘토링 성과에 대한 평가뿐만 아니라 활동과정 중에 문제가 발생할 경우 회사가 과감히 개입할 필요가 있다.

노포크서던에서는 멘토링 활동이 시작된 지 3개월이 지나면 설문조사를 통해 멘토와 멘제가 제대로 연결되었는지에 대한 중간평가를 시행한다. 또한 이 회사에서는 멘토링 활동이 각각 6개월이 지난 시점과 10∼11개월이 지난 시점에 2회에 걸쳐 멘토링 진행상황에 대한 평가와 피드백을 제공한다고 한다. 이러한 중간평가 과정을 통해 이 회사는 멘토링의 성공적인 운영을 촉진하고 있다.

또한 세계은행에서는 앞의 도표와 같이 일정 시점을 주기로 멘토와 멘제를 대상으로 각각 4단계에 걸친 설문조사를 실시하고 있다. 이때 주요 평가내용으로는 만나는 횟수, 멘토의 역할수행 정도, 역량개발 정도, 멘토링 제도에 대한 만족도나 향후 개선되어야 할 보완점 등이 있다.

또한 멘토링이 종료되는 시점에는 외부 컨설팅 회사에 의뢰하여 멘토링 효과에 대한 보다 심층적인 평가를 실시하여 향후 멘토링 프로그램의 개선활동에 반영하고 있다고 한다.

◀ 세계은행의 멘토링 효과성 평가 프로세스

<table>
<tr><td>제
1
단
계</td><td>• 정기적 만남의 정도
• 친척 상황에 대한 개활적 현상 조사
• 멘토링 시작 2개월후에 실시
• 멘토와 멘제 모두에게 질문</td></tr>
<tr><td>제
2
단
계</td><td>• 멘토링 주요활동에 대한 서면평가
• 주요 평가 항목
　－전문지식 이전
　－경력개발 계획
　－조직문화 주입
　－대인관계 기술</td></tr>
<tr><td>제
3
단
계</td><td>• 육성·개발 목표 달성도 평가</td></tr>
<tr><td>제
4
단
계</td><td>• 최종적으로 멘토링을 통해 무엇을
　얻었는지에 대한 평가
• 외부 컨설팅 기관 활용
• 멘토와 멘제 모두 평가</td></tr>
</table>

Part **4**

멘토링 경영전략
Mentoring Strategy

멘토링 경영 성공전략은 오늘날 조직에서 생산성 향상을 목표로 체계적인 프로그램인 제도적 멘토링을 활용한 인간존중 및 만족 경영 프로그램이다. 관리자나 상급자가 멘토를 자청하고 나서면 조직의 생산성이 크게 높아질 뿐 아니라 조직원들의 소속감도 강화되고 이직률이 낮아지며 숨은 인재를 찾아낼 확률이 높아진다.

멘토링을 받은 직원들은 조직에 대한 소속감과 충성심을 갖게 된다. 이처럼 훌륭한 멘토링은 당사자인 멘토와 멘제는 물론 그들이 속한 조직에까지 크게 생산성 효과를 가져다준다. 아래 순차적으로 적용할 5대 전략(Strategy)을 소개한다.

전략 1. 인간존중 경영
전략 2. 인재개발 경영
전략 3. 사원만족 경영
전략 4. 고객만족 경영
전략 5. 성과개발 경영

* 경영에서 인재개발 투자순위

경영현장에서 아래와 같은 투자에 대한 기대효과의 통설이 있다.

1. 자금부문에 투자하면 1개월 안에 효과가 난다

2. 마케팅부문에 투자하면 1년 안에 효과가 난다.

3. 생산설비에 투자하면 2~3년 안에 효과가 난다

4. 인재개발에 투자하면 5년 후에 효과가 난다.

위에 1~4항을 검토해 볼 때 현재 경영현장에서 말만 인재우선이지 실제 인재개발에 투자는 제대로 이루어지지 않고 있는 실정이다 그러나 멘토링은 일대일 인재개발 기법으로 최단 시일 내(Highspeed 최단 12개월부터) 최대의 효과(Highperformance)를 얻을 수 있는 것으로 인재 조기 전력화가 가능한 것이다.

Episode◀칭찬과 책망

어느 마을에 친구 사이인 금동이와 은동이가 살았다. 금동이는 90% 장점을 가진 여자와 결혼했고 반대로 은동이는 10% 장점을 가진 여자와 결혼했다. 금동이는 나머지 10% 단점을 고치기 위해서 계속 문제점만 지적했고 반대로 은동이는 10% 잘한 점을 계속 칭찬했다. 얼마 세월이 흐른 후 금동이는 이혼했고 은동이는 행복한 삶을 살았다.

전략 1. 인간존중 경영

어떤 조직이든 그 조직을 경영하는 방법도 중요하지만 그 조직이나 방법을 살리는 것은 역시 사람이다. 아무리 완비된 조직을 만들고 새로운 기법을 도입한다고 해도 그것을 활용할 사람이 똑바르지 못하면 성과도 오르지 않고 따라서 조직의 사명을 다할 수 없게 된다. 조직이 사회에 공헌하면서 스스로 융성, 발전할 수 있느냐의 여부는 사람에게 달려 있다. 그러므로 조직 운영에 있어서도 먼저 무엇보다도 사람을 구하고 사람을 길러야만 한다. 그렇다면 어떻게 하면 훌륭한 사람을 육성할 수 있을 것인가인데 여기에는 구체적으로 여러 가지 방법이 있을 것이다.

기업의 인적 자원은 다른 자원과 달리 그의 관리에 있어서 경제적인 측면의 효율성(생산성 = Productivity)과 인간적인 측면(인간성 = Humanity) 만족성의 두 가지 목적이 동시에 달성 되도록 특히 유의하여야 한다.

즉 경영의 성과를 도출시킬 수 있는 합리성과 구성원의 욕구를 충족시킬 수 있는 만족성이 동시에 추구되지 않으면 안 된다. 현실적으로 조직 합리성의 추구는 구성원의 만족성을 저해하는 경우가 자주 발생하고 그 반대로 구성원의 만족성 추구는 조직의 합리성 추구를 무시하는 경우를 종종 볼 수 있다. 아래 5가지는 CEO가 갖추어야 할 구성원 인간존중경영 5가지이다.

1. 인간존중 경영방법

어떤 조직(기업, 학교, 교회, 군대, 공공기관 등)이든 그 조직을 경영하는 방법도 중요하지만 그 조직이나 방법을 살리는 것은 역시 사람이다. 아무리 완비된 조직을 만들고 새로운 기법을 도입한다고 해도 그것을 활용할 사람이 똑바르지 못하면 성과도 오르지 않고 따라서 조직의 사명을 다할 수 없게 된다. 조직이 사회에 공헌하면서 스스로 융성, 발전할 수 있느냐의 여부는 사람에게 달려 있다. 그러므로 조직 운영에 있어서도 먼저 무엇보다도 사람을 구하고 사람을 길러야만 한다. 그렇다면 어떻게 하면 훌륭한 사람을 육성할 수 있을 것인가인데 여기에는 구체적으로 여러 가지 방법이 있을 것이다.

경영이념이란 단순히 종이에 쓰인 문장에 불과한 것이라면 아무런 쓸모가 없고 그것이 임직원 한 사람 한 사람에 체화(體化)가 되어야만 비로소 살려 나갈 수 있는 것이다.

그러므로 모든 기회에 거듭 되풀이해서 호소해야 하고 공감을 얻어야 한다. 또 그것은 단순히 이념만을 설득시킬 것이 아니라 실제로 일상 업무에 있어서 경영자는 할 말을 다하고 고쳐야 할 점은 올바르게 잡아 줘야 한다. 아래 5가지 주제는 인간존중경영을 위한 경영자가 갖추어야 사항이다.

1) 인간성(Humanity) 경영인가?

먼저 이에 대면하는 단어로 Productivity(생산성)를 들 수 있다. 이 말은 지금까지 우리의 산업현장에서 생산성을 위주로 한 경영방침에서 조직의 구성원들이 생산 수단의 역할을 해 왔다는 의미이다.

그러나 21세기 오늘의 상황에서 이러한 물적 위주의 경영은 경영 내(內)외(外)적 환경에서 심한 도전을 받게 됨으로 부득이 방향전환을 하지 않을 수 없는 상황에 직면했다.

이러한 시점에서 가장 비중 있게 애용할 수 있는 단어로 저자는 Humanity(인간성) 경영을 멘토링 인재개발 전략의 방향으로 선정한 것이다.

먼저 한 사람 한 사람이 인간성이라는 분모(分母)에 ― 경영자도, 기술자도, 정치가도, 교육자도, 군인도, 목회자도 ― 기능적인 부문을 분자(分子)로 올려놓자는 것이다. 좀 더 구체적으로 거론하자면 멘토링의 인재개발 프로그램은 각 조직에서 Humanity(인간성) 70%, Productivity(생산성) 30%로 적용할 수 있도록 멘토링 프로그램을 체계화했다는 것을 의미한다. 독자의 이해를 돕기 위하여 현재 경영현장에서 다루고 있는 인사관리 업무는 그대로 진행을 원칙으로 한 것이며 위의 수치는 멘토링 시스템이 적용되는 목표 분야에서만 국한하고 있음을 밝혀 둔다.

2) 투웨이(Twoway) 경영인가?

Oneway(일방) 경영과 대조되는 단어이다. 일방경영은 사장이나 일부 지도자들이 경영의 업무를 독점하여 일방적으로 처리하는 것을 의미한다. 이는 사원들을 신뢰하지 못하는 데서 오는 점도 있고 경영자 자신이 만능 박사라는 자기도취에서 오는 수도 있다. 아무래도 고도성장에서는 단시간 내에 다량의 물량을 생산하여야 하기 때문에 시간에 쫓기다 보면 그럴 수도 있음직하다. 그러나 어떤 경우에서든지 경영자의 일방처리는 전 사원의 중지를 모아 시너지 효과를 거둬야 할 때에 결과적으로 많은 두뇌를 잃는 우(愚)를 범하는 것이다. 반면 Twoway 경영은 일정 업무를 적절히 멘토 사원에게 위임함으로 사원들로부터 경영의 신뢰를 얻을 수 있고 사원으로서 자부심과 애사심을 쉽게 얻을 수 있다.

멘토링은 경영자의 정규업무에서 다루기 어려운 특수업무(개인 일, 가정일, 취미, 특기생활, 동호회 활동 등)를 멘토에게 위임하는 것으로 회사에서 동기부여 등 관심을 갖고 후원하면 사장과 멘토와의 큰 시너지 효과를 얻을 수 있을 것이다.

3) 고객관계관리(CRM) 경영인가?

영어로는 Customer Relation Management의 약자로 '고객관계관리'기법이다. 이는 회사(Company)의 생산 중심 경영체계를 마케팅, 즉 고객 중심의 체계로 전환하고자 하는 최근 기법으로 고객과의 관계를, 먼저 고객의 인적 사항이나 그간 거래 사항을 자료(Data Base)화한 후에 그 자료에 의하여 고객의 취향에 맞게 일대일로 마케팅을 하자는 것이다. 이 CRM은 한 회사가 한 고객이 원하는 한 상품을 서비스해 주어 고객의 만족을 얻어냄으로 재구매의 효과를 얻을 수 있는 것이다.

결국 한 고객을 챙기는 일대일 마케팅을 말한다.

멘토링에서는 바로 이 고객관리기법인 CRM을 그대로 내부 사원 고객에게 적용해 보자는 것이다. 왜냐하면 일대일 기법은 그 원조가 멘토링이기 때문에 너무나도 자연스럽게 도입이 가능한 것이다. 결국 한 사원을 챙기는 일대일 멘토링인 것이다. 사원들도 개개인의 인적 사항, 개인성격, 재능, 특기, 취미, 노하우, 기술, 자격, 학위 등 자료 등을 멘토링 활동에 적용하고 멘토(Mentor)와 멘제(Menger)를 연결하여 그 활동을 지원해 주면 만족을 얻어 내는 데는 어렵지 않을 것이다.

4) 높은 인성(HighTouch) 경영인가?

이는 High Tech라는 첨단지식(High Technology)에 대비되는 단어로 오늘날 과학 문명의 발달로 인하여 사람의 기술이나 지식은 너무 앞서 가는데 그에 비례해서 사람끼리 관계, 즉 상호 인성(Touch)도 고도로 깊어져야(High) 균형 있는 사회를 이룬다는 뜻이다. 특히 사람의 속성상 지적(知的) 부문, 즉 좌측 뇌에 교육을 집중하면 의식화(意識化)되어서 우리가 원치 않는 문제가 발생되는데 타인을 비판하고, 정죄하고, 자기중심적이 되어서 조직의 분위기를 깨는 데 일조(一助)한다는 것이다. 오늘날 우리의 정규교육 현실과 기업의 교육프로그램은 이러한 현상(現狀)을 급속도로 확산하는 주역(主役)을 담당하고 있다고 해도 과언은 아니다.

반면 멘토링 시스템은 이러한 이념이나 논리로 의식화되어 있는 상황에서 새로운 틀(New Paradigm)로서 경영의 현장에서 인간적인 배려로 업무촉진을 해보자는 것이다. 다수를 관리하고 집단 교육하는 데서 오는 문제점을 멘토링에서는 일대일로 관계를 맺어 생활 현장에서 개인적인 교제로 감정, 희로애락, 상담, 고백, 나눔 등으로 하이테크(Hightech)를 보완할 수 있는 최적의 하이터치(High Touch) 기법이다.

5) 마음 얻는 리더십(Mindship) 경영인가?

한마디로 사람의 마음(Mind)을 얻어 내는 리더십(Leadership)을 의미한다. 그러면 반대되는 용어는 무엇이 있을까? 저자는 궁리 끝에 바디십(Bodyship)을 선택했다. 좀 더 설명을 더 붙인다면 직장에 취업할 때 누구나 제일 먼저 작성하는 서류가 '근로 계약서'이다. 여기에는 중요한 사항으로 근로 시간이 있는데 일반적으로 하루에 8시간의 근로 조건을 제시하고 있다. 이 8시간의 개념은 하루에 노동력, 즉 보이는 몸(Body) 신체를 그 시간만큼 제공한다는 의미가 담겨 있다. 극단적으로 말한다면 몸으로 8시간만 채우면 되는 것이다.

바로 여기에 경영자의 지혜로운 리더십이 발휘되어야 한다. 몸만 얻는 바디십(Bodyship)의 경영자와 마음까지 얻는 마인드십(Mindship의) 경영자의 경영성과는 어떠할까? 바로 멘토링은 마인드십(Mindship)을 원하는 경영자에게 멘토(Mentor)로 하여금 그 사명을 자연스럽게 이룰 수 있는 계기가 될 것이다.

2. 회사 인간존중지수 체크리스트

(인간존중지수＝Human Respect Index＝HRI)

1) HRI의 명칭어원

인간존중지수의 어원은 조직에서 경영자의 인간존중 경영 환경을 체크하는 차원에서 인간존중지수(Human Respect Index＝HRI)를 진단도구로 활용하는 데서 유래한 것이다.

2) HRI의 목적

- 조직에서 인간존중의 환경 조성 여부를 인간존중지수(HRI)로 파악하고
- 강점과 약점을 파악하여 멘토링 목표 Projects를 설정하는 데 참고하며
- 조직의 3Win 성공전략으로 '21세기 인적 경쟁력'을 갖추는 자료로 활용한다.

3. HRI의 적용방법

제도적 멘토링에서 우선적으로 접근 대상이 어느 영역에 멘토링을 도입할 것인가이다. 그러하기 위해서는 조직현장에서 인간존중에 관한 현황 파악이 제대로 이루어져야 한다.

1) 오늘날 대부분 리더들은 '경천애인', '인재제일', '인간중심'의

경영이념을 말하고 있지만 경영현장에는 인간 존중에 관한 실행 프로그램은 찾기 힘들다.

2) 멘토링은 각 조직마다 하이테크 부작용으로 인하여 상실된 인간성을 회복하기 위한 인간존중 실행 프로그램이다. 아울러 인간성 바탕 위에 생산성 효과를 얻고자 하는 것을 목표로 삼고 있다.

3) 멘토링을 도입하기 전에 먼저 환경분석 기법으로 인간존중 지수측정을 실시할 것을 권한다. 실시 후에는 아래 3가지 효과를 거둘 수 있을 것이다.

효과 1: 멘토링을 우선적으로 도입해야 할 분야를 알게 된다.

효과 2: 경영자가 측정자료로 인간존중경영을 체계적으로 실행이 가능하다.

효과 3: 멘토, 멘제 등 참여자들이 자부심과 책임감과 회사 충성도가 높아진다.

결국은 이 지수를 업그레이드함으로 개인은 능력개발의 성과를 얻을 수 있고 조직은 인간 존중의 공동체가 구축될 수 있다.

4. HRI의 측정표

□ 조직의 인간존중지수란?

구성원의 만족감과 한 사원이 조직 내에서 경쟁력 있는 인재로 성장할 수 있는 환경 조성이 얼마만큼 되었는가를 5가지로 측정하는 것이다.

ㅁ 이는 자사 절대평가이기 때문에 설문에는 어느 것이 맞고, 틀리다고 할 필요는 없다. 측정자가 자사의 지금까지 인재 경영의 흐름을 사실대로 측정하면 된다.

탁월	우수	보통	미흡	부족
2.0	1.5	1.0	0.5	0.0

ㅁ 이 측정표 작성자는 조직의 전체를 알 수 있는 관리, 인사, 교육, 기획 등의 부서 관리자급 이상이면 더욱 좋고 특히 선배직원 멘토가 작성할 수도 있다.

ㅁ 다음의 각 설문을 읽고 2점 만점에 실 점수를 아래 공란에 기록하라.

주 제	NO	진단설문도구	점 수
인간성경영 Humanity	1	우리 조직은 구성원을 위한 포용력이 넓다.	
	2	한 사람의 가치를 업무보다 더 중시한다.	
	3	먼저 적성에 맞게 보직 배치를 한다.	
	4	구성원들이 회사의 비전이나 목표를 뚜렷이 알고 있다.	
신뢰경영 Twoway	5	구성원들을 신뢰하여 위임전결이 확대되어 있다.	
	6	부서 간 업무/상하 간 대화가 잘 이뤄지고 있다.	
	7	경영층의 언행일치로 구성원들에게 신뢰도가 높다.	
	8	새 방침 시행 전에 직원에 알려 공감대가 이뤄진다.	
만족경영 CRM	9	우리 조직의 제품이나 서비스 품질은 우수하다.	
	10	구성원들의 전문성을 위하여 적극 투자한다.	
	11	구성원 개인별 자료 파일(Data Base)로 인사 관리한다.	
	12	경영자가 사원들에게 약속한 내용은 틀림없이 지킨다.	
감성경영 Hightouch	13	구성원들이 특별히 독서를 많이 하는 편이다.	
	14	구성원들의 성격유형과 취미나 특기개발 되어 있다.	
	15	가족적인 분위기와 팀워크가 중요시되어 있다.	
	16	업무 이외의 인간적인 배려와 개인생활도 지원해 준다.	
마음경영 Mindship	17	고충 처리 등 슬럼프에 빠진 구성원을 바로 챙겨 준다.	
	18	공로상, 모범상, 우수상 등 표창을 받은 구성원이 많다.	
	19	구성원들이 일한 만큼 대우를 받아 만족도가 높다.	
	20	우리 조직은 책망보다 칭찬을 훨씬 많이 한다.	
합계		간부급 평균(　　　) 멘토그룹 평균(　　　　)	

5. 인간존중지수(HRI) 시각화(視覺化) 작성 요령

HRI 측정표에서 5가지 주제별로 각 지수(점수)를 먼저 확인하고서 다음 단계로 들어간다. 아래 별을 보면 각 꼭지별로 5칸씩 나눠 있음을 발견할 것이다. 그러면 각 지수별의 만점은 한 꼭지당 20점이므로 한 칸에 4점씩 배점하여 실득 점수를 가지고 큰 원 속에서 오각형(실제 득점 지수)을 그리면 소속 회사의 인간존중 지수 시각화(視覺化)가 된다.

[참고사례]

차병원 49.9   한전남동발전 66.2   삼성세크론 46.2   농림부 48.1
우정사업본부 47.1   * 노동부 36.3～54(노동부는 8개월 후에 54
로 향상)

탁월 81～100	우수 61～80	보통 41～60	보완 21～40	미달 0～20

* 작성자
* 작성자
* 작성일자

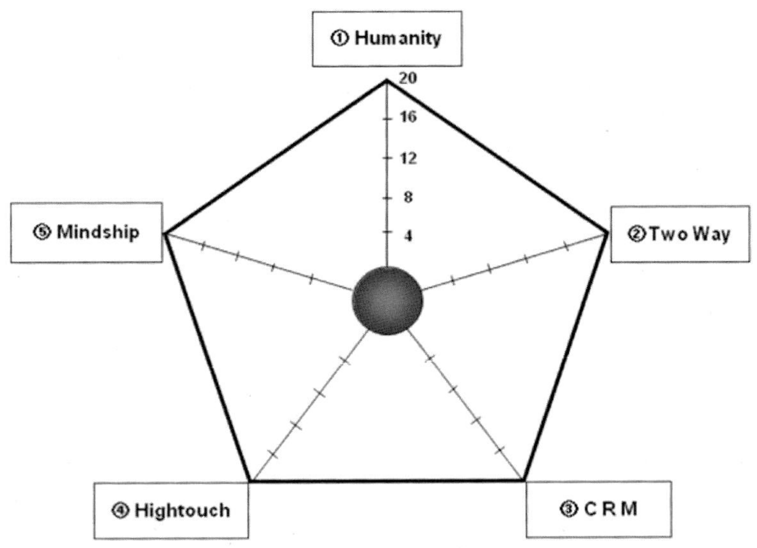

6. 인간존중 지수테스트 후 나의 대안책

직장명:		부서:		직위:		성명:

영역	Humanity	Twoway	CRM	Hightouch	Mindship	합계
점수						

우리 조직의 좋은 점은 무엇인가?

1

2

3

4

5

우리 조직의 문제점은 무엇인가?

1

2

3

4

5

우리 조직이 더 좋은 조직으로 되기 위한 대안책은?

1

2

3

4

5

전략 2. 인재개발 경영

멘토링 프로그램은 왕자 교육이라는 고품질의 인재개발에서부터 출발한다. 한 왕자를 위하여 멘토는 20여 년간 인격을 상징한 수학(知), 철학(情), 논리학(意)을 교재로 사용하여 전인적인 삶이라는 주제로 지혜롭고 현명한 왕으로 성장시켰다. 오늘날 멘토링 인재개발 목적은 차세대 인격적인 리더를 세우는 것이며, 가시적인 목표는 멘토가 멘제를 자기와 같은 멘토로 재생산(Reproducting)함을 의미한다. 교회에서 평신도를 멘토로 개발하는 4단계(Step) 10가지 기술(Skill)을 아래 내용으로 소개한다.

Step 1. Modeling

Step 2. Motivating

Step 3. Mentoring

Step 4. Reproducting

Step 1. 역할단계 Modeling

사람들은 눈으로 보는 것의 영향을 먼저 받는다. 아이를 기르는 엄마라면 이 점을 느꼈을 것이다. 엄마가 아이에게 아무리 말을 해도 정작 아이가 받아들이는 것은 엄마의 말이 아니라 행동이다. 누군가에게 믿고 존경할 만한 자질이 있다고 생각되면 대부분의 사람들은 자신의 삶에 영향을 미칠 사람으로 그를 찾는다. 그리고 그를 알면 알수록 그에 대해 더 많은 신뢰감을 가지고 그의 영향을 더 많이 받는다. 단, 눈에 보이는 그의 행동이 맘에 들면 말이다.

모르는 사람을 만나면 처음에는 전혀 영향력을 발휘할 수 없다. 그러나 그가 믿는 누군가가 다리를 놓아 주면 잠시 그 사람의 영향력 일부를 '빌릴' 수 있다. 그러면 그는 여러분을 제대로 알기 전까지 여러분을 믿을 만한 사람으로 가정한다. 하지만 시간이 흐를수록 여러분이 어떠한 행동을 보이는지에 따라 그 영향력을 높일 수도 잃을 수도 있다.

흥미롭게도 유명인사의 경우는 그렇지 않을 수도 있다. 많은 사람이 텔레비전이나 영화 등 대중매체에서만 보았을 뿐 직접 보지 못한 유명인사에게서 큰 영향을 받는다. 그러한 경우 주로 그 유명인사의 실제 삶이 아니라 대중매체를 통한 이미지에 영향을 받는데 그 이미지는 배우나 정치인, 스포츠스타, 연예인의 실제 삶과 다를 수 있다. 그럼에도 많은 사람이 유명인사를 존경한다. 그리고 대중매체 속에서 비춰지는 그들의 행동과 태도를 그대로 믿고 그 영향을 받는다.

여러분은 역할 모델이 될 수 있지만 더 높은 수준의 영향력으로 나아가기 위해서는 각 사람과 협력해야 한다.

Skill 1. 멘제를 위한 진실하기 Integriting for Menger

진실성은 사업 성공뿐 아니라 영향력이 있는 사람이 되기 위해서도 중요하다. 진실성은 존경, 위엄, 신뢰를 비롯한 여러 덕목의 기초가 된다. 진실성이라는 기초가 약하거나 근본부터 잘못되었다면 영향력이 있는 사람이 되는 일은 한낱 꿈에 지나지 않는다. 사람의 한 면을 믿을 수 없다면 어떤 면도 진정으로 믿을 수 없다. 이것이 현실이다. 심지어 진실성을 갖지 못한 자신의 모습을 얼마 동안 감출 수 있는 사람도 언젠가는 실패를 맛본다. 다시 말해 일시적으로 얻은 영향력은 결국 사라지게 마련이다.

진실성은 집의 기초와도 같다. 기초가 튼튼한 집은 비바람이 몰아쳐도 무너지지 않는다. 반면 기초에 금이 간 상태에서 폭풍우가 몰아치면 그 금이 더욱 깊어져 기초, 그리고 나중에는 집 전체가 무너지고 만다. 이것이 멘토가 진실성을 잃지 않으려면 작은 잘못부터 고쳐야 하는 이유이다. 진실성은 멘토를 받쳐 주는 가장 필요한 덕목이다.

Step 2. 동기부여 Motivating

좋은 방향으로든 나쁜 방향으로든 역할 모델이 되기만 해도 강력한 영향력을 발휘할 수 있다. 또 멀리 떨어진 사람에게도 영향을 미칠 수 있다. 하지만 멘제의 삶에 진정한 영향을 미치고 싶다면 가까이 다가가야 한다. 바로 두 번째 단계인 동기 부여로 나아가는 것이다. 감정에 호소할 때 동기를 부여할 수 있다. 이 과정은 다음 두 가지 결과를 낳는다.

1) 서로 간에 다리가 놓인다.

2) 서로 간에 신뢰가 쌓이고 자신감이 생긴다.

멘제와 함께 있는 동안 자신과 멘제에 대해 좋은 감정을 가질 때 멘제의 영향력도 매우 커진다.

Skill 2. 멘제를 위한 양육하기 Nurturing for Menger

‘양육’이라 하면 머리에 가장 먼저 무엇이 떠오르는가? 아마도 대개는 아기를 달래는 엄마를 떠올릴 것이다. 엄마는 아기를 돌보고 보호하며 젖을 준다. 또 격려하고 필요를 채워 순다. 시간이 남거나 편리할 때만 관심을 기울이는 것이 아니다. 이기를 진심으로 사랑하고 잘 자라기를 바란다. 마찬가지로 멘제를 돕고 영향력을 발휘하려면 사랑과 관심을 가져야 한다. 멘제에게 좋은 영향을 미치고 싶은 멘토는 그를 미워하거나 얕보아서는 안 된다. 오히려 사랑하고 존경한다는 표현을 해야 한다.

양육이란 부모와 자식 사이에만 존재하는 것이라고 생각할 수도 있다. 직원이나 동료, 친구는 각자 집에서 충분히 양육을 받았을 것이라 생각할 수 있다. 그러나 의외로 격려와 양육에 목말라 하는 사람이 많다. 물론 혼자서도 잘 하는 사람이 있기는 하다. 그러나 그런 사람조차도 양육해야 한다. 왜냐하면 자신감을 심어 줌으로써 좋은 영향을 미치고 더 뛰어난 사람으로 만들 수 있기 때문이다. 뛰어난 양육자 멘토가 되면 멘제에게 막대한 영향을 미칠 수 있다.

멘토 여러분은 멘제의 성장과 독립이 되어야 한다. 멘제를 양육하되 여러분에게 의지하도록 만들면 도움보다 오히려 해가 된다. 자신의 이익을 추구하거나 자신의 과거 상처를 치유하려는 목적이 개입되는 것도 멘토의 삶에 적극적인 영향을 미칠 수 없다. 멘제를 통해 대리 만족을 얻으려는 시도도 마찬가지다.

Skill 3. 멘제를 위한 믿어 주기 Believing for Menger

멘제에 대한 신뢰는 멘제와 협력할 때 영향력 있는 멘토에게 꼭 필요한 자질이다. 그러나 오늘날에는 그러한 자질을 가진 사람이 매우 드물다. 신뢰에 관한 다음 4가지 사실에 관하여 생각해 보자.

1) 대부분의 사람들은 자신을 신뢰하지 않는다.

오늘날 많은 사람들이 자신을 믿지 못한다. 그리고 실패할까 두려워한다. 심지어 터널 끝에 빛이 보여도 그것을 자신에게 달려오는 기차로 생각하고 절망하고 만다. 항상 부정적인 측면만 보는 것이다. 하지만 사실은 어려움 때문에 실패하는 것이 아이다. 오히려 자신을 신뢰하지 못해 실패하는 경우가 많다. 조금만 자신감을 가져도 놀라운 일을 해낼 수 있지만 그렇지 않으면 정말 곤란한 상황에 빠지고 만다.

2) 대부분의 사람들은 신뢰받지 못한다.

오늘날 우리 사회에서는 많은 사람들이 소외감을 느끼고 있다. 미국의 수감자의 90%가 어렸을 적 부모로부터 "너는 감옥에 가게 될 거야."라는 말을 들었다. 이처럼 아이에게 자신감을 가지라고 가르치는 대신 희망을 빼앗아 버리는 부모가 있다. 심지어 가장 가까운 사람에게서조차 신뢰를 받지 못하는 사람도 많다. 자신의 편이 아무도 없는 것이다. 그러나 하찮은 말 한마디가 천 냥 빚을 갚는다는 격언을 기억해야 한다.

3) 대부분의 사람들은 상대방이 자신을 믿는지 안 믿는지 금세 알아챈다.

사람들은 상대방이 자신을 믿는지 안 믿는지 금세 알아챈다. 그리고 그 믿음이 진실인지 거짓인지도 알아챈다. 진실한 신뢰야말로 남의 삶을 변화시킬 수 있다. 영향력 있는 사람이 되려면 남이 자신을 높이 평가하게 만들라. 그러려면 먼저 남을 신뢰하라. 그러면 그는 신뢰를 받은 만큼 자신감을 행동으로 보일 것이다.

4) 대부분의 사람들은 자신에 대한 신뢰에 보답하기 위해
   무슨 일이라도 한다.

사람들은 자신에 대한 기대 수준에 맞게 행동한다. 곧 의심과 불신에 대해서는 평범한 행동으로 반응한다. 그러나 신뢰와 높은 기대에 대해서는 최선을 다해 보답한다. 그리고 그 과정에서 서로가 유익을 얻는다.

지금까지 멘제를 믿어 주지 않았다면 당장 사고방식을 바꾸고 멘제를 믿기 시작하라. 그러면 자신의 삶이 훨씬 풍요로워질 것이다. 멘제를 믿어 주면 놀라운 선물을 주는 것이나 다름없다. 돈을 주면 금세 써 버린다. 물건을 주면 제대로 사용하지 못할 수 있다. 그렇다고 도움을 줘 봤자 그때뿐이기 일쑤다. 하지만 자신감을 심어 주면 열정과 독립심이 생긴다. 그리고 나서 돈과 물건, 도움을 주어야 그것을 잘 활용해 멘제의 더 나은 미래를 만들 수 있다.

Skill 4. 멘제를 위한 들어 주기 Listening for Menger

뛰어난 리더들이 영향력을 발휘하고 성공하기 위해 꼭 필요한 요소로 꼽는 기술이 있다. 과연 무엇인지 알겠는가? 바로 듣는 기술 경청이다. 그런데 듣는 기술의 중요성을 알고 있는 사람은 그리 많지 않다. 그러나 경청하는 태도는 영향력 있는 멘토가 되기 위해 꼭 필요한 요소다. 다음의 내용에 귀 기울여 보자.

남의 말에 진심으로 귀 기울이지 않고 자기 차례가 돌아올 때까지 기다리지 못하는 사람이 많다. 이와 달리 영향력이 있는 사람은 남의 말에 귀를 기울여야 하는 이유를 잘 알고 있다.

1) 존중심을 보일 수 있다.

사람들이 대화할 때 자주 범하는 실수는 남의 관심을 끌기 위해 필요 이상으로 노력한다는 것이다. 똑똑하고 재치가 넘치며 유머가 넘치는 사람으로 보이고 싶어 하는 것이다. 그러나 생산적인 대화를 나누려면 남의 말에 관심을 기울일 수 있어야 한다. 관심을 끌려 하지 말고 관심을 기울여라. 크게 생각하는 사람은 듣기를 독점하고 작게 생각하는 사람은 말하기를 독점한다. 그러므로 멘제의 말을 잘 경청하는 멘토는 그와 더 깊고 강한 관계를 맺을 수 있는 것이다.

2) 관계가 형성된다.

멘제의 말을 잘 경청하는 멘토는 그와 더 깊고 강한 관계를 맺을 수 있다. 그런 사람과는 대화할 맛이 나기 때문이다.

3) 지식을 넓힌다.

사실 지위가 높아질수록 올바른 정보를 얻기 위해 남에게 더욱 의존해야 한다. 일찍부터 뛰어난 경청기술을 개발하고 계속해서 사용해야 한다. 그래야 성공에 필요한 정보를 얻을 수 있다.

4) 아이디어가 나온다.

남의 말에 귀를 기울이면 아이디어가 없어 고민하는 일은 절대 없다. 또 멘제들은 자기 말에 경청하는 멘토에게 모든 헌신을 아끼지 않는다. 이처럼 사람들에게 자신의 생각을 말할 기회를 주고 열린 마음으로 경청하면 새로운 아이디어가 끊임없이 나온다.

5) 충성심을 얻을 수 있다.

남의 말을 잘 들어 주면 사람이 모여든다. 또 사람들의 말을 존중하고 경청하는 사람은 그들의 강한 충성심을 얻을 수 있다.

6) 자신과 남에게 큰 도움이 된다.

언뜻 보면 남의 말을 경청하면 남에게만 유익하다는 말처럼 들린다. 그러나 전혀 그렇지 않다. 남의 말을 경청하면 분명 멘토 자신에게도 유익하다. 그러므로 좋은 관계를 맺고 필요한 정보를 찾아라. 그리고 자신과 남에 대해 더 많이 알려고 애써라.

Skill 5. 멘제를 이해하기 Understanding for Menger

사람을 이해하고 협력할 수 없을 때 어떤 성공도 거둘 수 없다. 더 나아가 영향력 있는 멘토가 될 수도 없다.

멘제를 이해하면 그만큼 좋은 대화를 나눌 수 있다. 멘제를 설득할 때 가장 큰 실수는 자신의 생각과 감정을 무리하게 표현하려고만 애쓰는 것이다. 멘제가 정말 원하는 것은 그의 인격을 존중하고 현재 상황을 이해하며 자신의 말을 귀담아 들어 주는 것이다. 멘토가 멘제를 이해해 주는 순간 그도 멘토의 관점을 이해하려고 노력하게 된다. 멘제의 생각과 감정, 동기, 주어진 상황에서 행동과 반응을 이해할 수 있을 때 비로소 그에게 좋은 영향을 미칠 수 있는 법이다.

Step 3. 일대일 멘토링 단계 Mentoring

상대방에게 동기를 부여하는 단계에 이르면 그 삶에 좋은 영향력을 줄 수 있다. 그러나 더 강력하고 오래 가는 영향력을 원한다면 다음 단계인 멘토링으로 나아가야 한다.

멘토링이란 멘토가 상대방 멘제의 적성(Aptitude)을 찾아 역량(Competency)을 발휘할 수 있도록 자신의 삶을 쏟아 돕는 것이다. 이 멘토링의 힘은 매우 강력해서 눈앞에서 멘제의 삶이 변하는 것을 볼 수 있다.

멘토는 정열을 쏟아 멘제의 삶의 장애물을 극복하도록 돕고 인간성(Humanity)과 생산성(Productivity) 현장에서 성장하고 발전할 수 있는 방법을 제시하면 결국 삶을 바꾸어 놓을 수 있다.

Skill 6. 멘제를 성장시키기 Enlarging for Menger

삶의 가치는 얼마나 오래 사느냐에 있지 않고 어떻게 사느냐에 달려 있다. 오래 살지만 가치 있는 삶을 조금밖에 살지 못하는 사람도 있다. 멘토링으로 성장시킨다는 말은 멘토를 통해 멘제가 주어진 시간을 최대한 잘 활용하고 삶의 질을 높이도록 돕는 것을 의미한다.

제품을 만드는 일과 교회를 세우는 일은 서로 다르다. 왜냐하면

교회는 곧 사람이고 교회에서 나오는 어떤 것도 사람보다 귀하지 않기 때문이다. 사실 우리가 자동차와 비행기, 냉장고, 라디오, 구두끈 등을 만드는 것은 아니다. 우리는 사람을 만든다. 그러면 그 사람이 제품을 만드는 것이다. 곧 멘토링은 사람, 즉 멘제를 성장시키고자 하는 구체적인 투자기법이다.

1) 멘제의 삶의 수준을 높여라.

멘제의 재능을 개발하고 새로운 기술을 습득하며 문제해결 능력을 높여 주면 삶의 질과 만족감의 수준이 크게 높아진다. 멘제가 성장하면 반드시 삶의 방식이 바뀌는 법이다. 멘제를 성장시키는 일은 곧 기회를 잡는 것이다. 멘제의 잠재력 개발을 도울 수 있는 기회를 말이다.

2) 멘제의 성공가능성을 높여라.

어떤 직업에도 미래는 없다. 미래는 바로 그 직업을 가지고 있는 멘제에게 있다. 그러므로 성장하는 멘제의 미래는 밝다. 더 넓은 시야, 더 나은 태도, 더 뛰어난 기술, 새로운 사고방식 등을 통한 성장은 더 좋은 성과와 더 나은 삶으로 이어진다. 그리고 궁극적으로 멘제의 성공가능성이 높아진다.

3) 멘제의 성장 능력을 높여라.

멘제의 성장을 돕는다는 말은 일시적으로 도움이 되는 무기나

도구를 제공한다는 말이 아니다. 장기적인 유익을 끼치는 것이다. 좋은 장비를 제공할 뿐 아니라 배우고 성장할 수 있는 능력을 높여주는 것이다. 일단 성장한 멘제는 어떤 자원이나 기회가 생기든 그것을 최대한 활용할 수 있게 된다. 그리고 더 나아가 그러한 성장이 증식하기 시작한다.

4) 조직의 가능성을 높여라.

성장시키고자 하는 멘제가 교회나 학교, 교회, 스포츠 팀, 클럽 등 그룹의 구성원이라면 그룹 전체가 그 구성원인 멘제의 성장으로부터 유익을 얻을 수 있다. 예를 들어 조직구성원들 대부분이 약간만 성장해도 전체 조직의 수준이 높아진다. 구성원 몇 명이 크게 성장하면 그들의 향상된 리더십의 영향으로 조직의 성장 및 성공 가능성이 높아진다. 이 두 종류의 성장이 동시에 이루어지면 그 조직은 곧 커다란 성공을 거두게 된다.

Skill 7. 멘제와 항해하기 Navigating for Menger

멘제의 성장과 잠재력 발휘를 도우면 전혀 새로운 수준의 삶으로 안내할 수 있다. 하지만 아무리 많이 배우고 성장해도 여전히 장애물이 있다. 실수도 하고 개인적, 직업적 삶에서 문제에 봉착하게 된다. 누군가의 도움 없이는 헤쳐 나갈 수 없는 상황에 빠질 수 있다.

지치고 짜증나는 사람들로 가득 찬 비행기 여행에서 많은 사람들을 배려하고 불쾌한 상황을 반전시키는 데 주도적인 역할을 하는 사람은 기장을 비롯한 승무원들의 노력 덕분이다.

우리는 이러한 노력을 '항해(Navigating)'라고 부른다. 대부분의 사람들은 삶의 고난을 헤쳐 나가기 위해 도움을 필요로 한다. 이러한 상황에서 과정, 과정에서 좋은 태도를 가진 한 사람 멘토 덕분에 우리는 불편함을 잊을 수 있다. 특히 인생의 복잡한 문제가 닥쳐와 어찌할 바를 모를 때 멘토의 도움이 필수적이다.

멘토링은 남이 삶의 목표를 설정하고 혼자 힘으로 나아갈 수 있을 때까지 계속해서 돕는 리더십이 필요하다. 그런 의미에서 사람은 임시방편으로 건널 수 있는 틈이 아니라 목적지까지 항해해야 하는 바다와 같다. 여러분은 남이 항로를 찾고 빙산을 발견하면서 험난한 바다를 헤쳐 나갈 수 있도록 도와야 한다. 최소한 멘제가 올바른 코스를 찾고 스스로 항해할 수 있을 때까지 멘토와 함께 여행을 해야 한다.

Skill 8. 멘제와 관계 맺기 Connecting for Menger

멘토링에서 관계 형성은 절대 빠져서는 안 되는 핵심요소이다. 즉 멘제에게 좋은 영향을 미치려는 멘토에게 반드시 필요하다. 남을 위한 항해란 잠시 함께 여행을 해 주면서 삶의 장애물을 극복할 수 있도록 돕는 것이다. 하지만 관계 형성이란 상호 유익을 위해 멘제를 자신의 여행에 끌어들이는 것이다.

멘제를 여러분의 여행으로 끌어들이기 전에도 이와 비슷한 일이 벌어진다. 즉 목적지를 확인하고 멘제에게 다가가서 관계를 맺는 것이다. 이 일을 성공적으로 마무리하면 서로의 관계가 더욱 깊어진다. 아울러 멘제를 한 단계 더 발전시킬 수 있다. 기억하라. 한 단계 발전하는 길은 항상 오르막길이므로 멘제에게는 멘토의 도움이 꼭 필요하다.

Skill 9. 멘제에게 능력(권한)부여 Empowering for Menger

멘토가 멘제에게 능력을 부여하면 상호간 향상된 능력으로 일할 수 있게 된다. 하지만 능력을 부여한 사람에게만 유익이 있는 것은 아니다. 능력을 부여받은 사람도 개인 및 직업상 발전에서 최고의 수준에 이를 수 있다. 간단히 말해 능력 부여란 개인 및 조직의 성장을 위해 자신의 영향력을 나누어 주는 것이다. 남의 삶에 투자해 최상의 노력을 이끌어 내려는 목적으로 자신의 영향력과 지위, 권력, 기회 등을 나누어 주는 것이다. 또 남의 잠재력을 보고 자신의 자원을 나누어 주며 전적으로 믿어 주는 것이다.

능력 부여는 삶을 변화시키고 멘토인 자신과 멘제 모두에게 유익을 끼친다. 능력을 부여하는 일은 자동차와 같은 물건을 멘제에게 주는 일과 다르다. 차를 주면 내가 걷거나 대중교통을 이용하는 불편을 겪어야 한다. 그러나 능력을 주는 일은 정보를 나누는 일과 비슷하다. 즉 선혀 손해를 보지 않고도 멘제의 능력을 높여 줄 수 있는 것이다.

Step 4. 재생산 단계 Reproducting

상대방 멘제의 삶에 미칠 수 있는 가장 높은 단계의 영향력은 재생산이다. 재생산이란 멘토가 또 다른 사람 멘제의 삶에 좋은 영향을 미치고, 배운 것에 스스로 터득한 것을 보태 전달할 수 있도록 돕는 것이다. 이 4단계에 이르는 멘토들은 인내가 필요하지만 누구나 가능성이 있다. 이기심에서 이타심으로 관용을 가져야 하며 시간과 노력이 필요하다.

또 사람에 대한 영향력을 높이려면 개인적인 관심과 애정을 가져야 한다. 여러 사람에게 모범을 보이는 단계를 넘어 더 높은 단계의 영향력으로 나아가기 위해서는 각 멘제들과 일일이 협력해야 하는 것이다.

Skill 10. 멘제를 재생산하기 Reproducting for Menger

멘토링이란 멘토와 멘제가 일정 기간 동안 달리는 항해라고 볼 수 있다. 이 과정의 마지막 단계에서 멘토는 멘제와 함께 달리는 법을 배운 셈이다. 멘토는 진실성의 모범을 보이는 일이 얼마나 중요한지 알고 있다. 그리고 양육, 남에 대한 신뢰, 귀를 기울이고 이해하는 자세를 통해 동기를 부여할 수 있게 되었다.

또 멘토링을 통해서만 멘제가 진정으로 성장할 수 있다는 점을 알고 있다. 즉 성장시키고 함께 인생의 어려움을 극복하면서 항해하고 관계를 맺고 능력을 부여해야 한다. 이제 멘토는 뛰어난 주자가 되었다. 아울러 멘제를 멘토링했으면 또 한 명의 뛰어난 주자가 탄생한 것이다. 이제 배턴을 넘길 때이다.

하지만 멘토인 당신도 또 다른 주자에게 배턴을 넘기지 않으면 경기는 끝나고 만다. 즉 재생산의 기회를 놓치고 만다는 것이다. 배턴을 받지 못한 그 주자는 뛸 이유를 상실하고 그와 함께 운동력도 사라진다. 그것이 영향력 있는 사람이 되기 위해서 재생산 단계가 매우 중요한 이유이다.

멘토링에서 인재 재생산의 의미는 멘제를 멘토로 세우는 일이다. 아래 도표(William Gray 교수, 加 브리티시대)를 통해 멘토와 멘제의 관계 발전에서 멘토링 활동의 순환적인 재생산을 이해할 수 있다. (* M - 멘토 P - 프로테제 멘제)

M		Mp		MP		mP		P(= M)
정보제공형 멘토링 과정		안내형 멘토링 과정		상호협력형 멘토링 과정		확인형 멘토링 과정		재생산 달성 멘토링 멘토로 성공 과정
양육해 주는 단계				능력을 부여하는 단계				인재재생산 단계

오늘날의 멘제는 성공을 거두기 위하여 멘토로부터 양육을 받고 (Nurturing), 능력을 부여받는 것(Empowerring) 두 가지가 필요하다. 멘토들은 유연성 있는 방식인 '4가지 멘토링 유형'을 사용하는 것을 배움으로써 두 종류의 도움을 줄 수 있다.

인류역사를 통한 전통적인 멘토링 패러다임은 "멘제에게 지혜를 전수해 주고, 조언을 하고, 안내자였던 사람"으로 멘토를 정의한다. 이러한 사전적 정의는 '멘토가 주인'이라는 사고에서 비롯되었으며, 어떤 분야에 있어서 대부분의 사람들에 대한 지식의 원천일 때만 성립된다. 멘토의 역할은, 멘토가 알고 있는 지식으로 멘제를 세우는 것이었다. 그래서 멘제도 그 지식을 잘 알게 되는 것이다. 이러한 것은 종종 멘토의 복제품인 멘제를 만드는 결과가 되기도 하였다.

오늘날 제도적 멘토링(Systematic Mentoring)에서의 멘제는 과거의 멘제보다 훨씬 교육도 잘 받고, 좀 더 다양한 삶을 살아왔으며, 직업적 경험도 많다. 그럼에도 불구하고, 그들은 여전히 멘토의 경험으로부터 얻은 실무적 노하우와 지혜로 세움 받기를 필요로 한다. 왜냐하면 이러한 것들은 혼자서나 연수과정을 통해선 적절하게 학습될 수 없기 때문이다.

오늘날의 멘제는 또한 그들의 꿈과 열정을 추구할 다양성, 창의성, 아이디어 및 독창력을 발휘할 능력을 받을 필요가 있다. 이것은 조직(교회 등)이 멘토링 프로그램을 후원하여 멘제들이 혁신적으로 조직에 공헌하도록 함으로써 가능하다. 이와 같은 멘토링 인재개발 기법으로 조직은 급변하는 경쟁세계 속에서 정체되거나 진부화되지 않고 인재 재생산을 통하여 인재경쟁력 확보를 할 수 있다.

전략 3. 사원만족 경영

1. 먼저 관심을 보여라

왜냐하면…….

누군가가 진지하게 자신에게 관심을 가지고 있다고 생각될 때 사람들은 호의적으로 반응한다. 관심을 갖는다는 것이 그렇다고 상대방이 원하는 것을 다 들어준다는 말은 아니다. 그것은 개인적으로 알아주고, 걱정해 주고 존중하는 마음을 표현하는 것을 의미한다.

사회는 기계의 집합이 아니고 사람들이 호흡을 함께 하는 곳이다. 감정이 흐르는 곳이다. 누군가가 자신을 좋아하고, 이해하고, 존경하기를 바라는 것은 인지상정이다. 기계처럼 취급하면, 기계처럼 반응하고, 왕처럼 대우하면 왕처럼 반응이 온다.

기계처럼 취급하더라도 뭔가는 얻어 낼 수 있다고 당신은 생각할지 모른다. 그러나 좀처럼 창조력이나 극적인 개선책을 얻어 내지는 못할 것이다. 겉으로 일을 방해하고, 발전을 저해하게 된다.

건성으로가 아니고 진실로 관심을 보이는 것이 중요하다. 겉으로만 관심을 표시하는 '척'하는 것은 금방 들통이 난다. 그것은 오히려 나쁜 결과를 낳는다. 부하 직원들은 당신의 일거수일투족을 읽고 있고, 전신으로 당신을 감시하고 있다.

2. 헌신을 기대하지 말라

왜냐하면……

직원들도 당신과 똑같이 일에 헌신해 주기를 기대하지 말라. 당신은 관리자이기 때문에 직원들과 다른 시각에서 사물을 보아야 한다. 그렇기 때문에 월급도 더 받고, 명예도 갖게 되는 것이다. 그러나 부하들이 당신만큼 해 주기를 바라는 것은 무리이다. 물론 개중에는 당신만큼 혹은 당신보다 더 헌신적으로 일하는 부하들이 있다. 그러나 그것은 어디까지나 예외일 뿐이다.

사장이 하는 것과 같이 밤늦게까지 남아서 일하고, 일을 밤에 집으로 가져가고, 가정이나 개인생활을 희생해 주기를 바라는 데서 트러블이 생긴다.

경영자와 리더가 솔선수범해야 한다. 그러나 모범을 보이는 것과 부당하게 무리한 요구를 하는 것과는 구별이 되어야 하는 것이다.

사람들은 즐겁게 일하고, 뭔가를 기여하고 그리고 인간적으로나 금전적으로 인정을 받고 싶어 한다. 그런 다음에는 업무를 떠나 가족이나 친구들과 함께 즐거운 시간을 갖고 싶어 한다. 하루 24시간 육체적으로나 정신적으로 '근무 중'인 것을 원치 않는다.

이러한 사실을 무시하면 이직률이 높아지고, 음으로 양으로 불만이 표출되고, 태업과 파업이 발생하는 것이다.

3. 차이를 존중하라

왜냐하면……

어느 직장이든 남녀노소, 정상인과 장애인, 초보자와 베테랑, 그리고 여러 종족 및 인종의 소집단으로 구성되어 있다. 또 소집단 내에서도 사람들은 개성이 다르고, 성장배경이 다르고, 경험이 다르고, 무수한 차이를 가지고 있게 마련이다.

사람들 간의 차이점을 인정하고 존중해 준 다음에, 공통성을 찾아야 한다. 마치 카펫을 짤 때, 각양각색의 색상이 어울려 호화스럽고 멋있는 작품이 되어 나가듯이 말이다. 색채와 디자인이 제각기 다르지만, 전체적인 아름다움이 거기에서 생긴다. 우리 모두가 똑같지 않기 때문에 각자는 직장에 기여하는 것이다. 그런데 불행히도 어떤 경영자들은 사람들이 각기 다르기 때문에 기여가 아니라 문제를 만든다고 생각한다. 반 정도 차 있는 유리컵을 보고 어떤 사람은 "반이 차 있다."고 말하는데 어떤 사람은 "반이 비어 있다."고 말하는 것과 마찬가지다.

우리는 개성을 가지고 있기 때문에 사물을 각자 고유한 시각에서 보고, 일하는 방식에 대해 다른 의견을 제시할 수 있는 것이다. 경영자들은 이런 것을 무시하고 하나의 방법으로만 밀고 나가려는 경향이 있다. 당신은 각기 다른 사람들을 달리 다뤄야 한다. A 군의 사기를 올린 방법이 B 군에게도 똑같이 통할 것이라고 생각해서는 안 된다.

차이를 발견해 낼 줄도 알아야 하고, 다양성에 가치를 부여하고 각기 다른 재능을 활용할 수 있어야 한다. 처음에는 어려울지 몰라도 자꾸 이해하려 하면 당신도 곧 달라질 것이다.

4. 감사의 뜻을 표시하라

왜냐하면……

우리는 누군가가 우리가 한 일이나 우리 자신을 인정해 주기를 기대한다. 사무실을 둘러보면 종종 사장으로부터 받은 감사장, 고객에게서 받은 감사의 메모, 오래된 인정서 같은 것이 직원들 앞에 놓여 있는 것을 볼 수 있다. 그들이 인정받고 싶은 욕구를 충족시켜야 한다.

당신의 조직구성원들에게 감사하라. 그들의 성공과 업적에 찬사를 보내라. 조직원들이 잘 해내고 있다고 말하라. 때로는 일대일로, 때로는 대중들 앞에서, 때로는 구두로, 때로는 글로, 때로는 평범한 방법으로, 그리고 때로는 기발한 방법으로 칭찬을 표시하라. 사람들은 어떤 일에 찬사를 받게 되면 훨씬 그 일을 더 잘하는 경향이 있다. 감사를 표시하는 것이야말로 당신이 무엇을 원하고 있으며, 무엇이 중요하다고 생각하는지를 알려 주는 것이다. 당신으로부터 이런 피드백(feedback)이 없으면, 부하들은 무엇이 중요하고 무엇을 받아들여야 할지를 명확히 알 수가 없다.

사람들이 인정(認定)에 목말라 하고 있다는 것이 여러 연구에서
밝혀지고 있다. 사람들은 잘된 것에 대하여 진정한 칭찬을 받을 때,
내적으로 보상감을 느끼고 성취감을 얻게 된다. 또 이것은 되돌아
와서 당신에 대한 존경을 증가시켜 준다. 그래서 칭찬이 만족을 낳
고, 만족은 성과를 낳고, 성과는 칭찬을 낳고, 칭찬은 존경을 낳고,
존경은 성취를 낳는 사이클이 반복된다. 사람들은 칭찬받을 만하다
싶으면 일에 뛰어들게 되고, 열심히 하는 분위기가 만들어진다.

5. 무엇을 원하는지 물어보라

왜냐하면……

조직의 효율성을 높이려면 결국 직원들 개인의 능력을 높여야
한다. 부하 직원들이 제대로 능력을 발휘하지 못한다면, 당신도 역
량을 제대로 발휘할 수 없다. 그것의 비용이 많이 들 것이라고 단
정하지 말라. 부하들이 일을 방해하는 것은 대체로 아주 사소한 것
이다.

그 일을 담당하고 있는 사람 이외에는 어느 누구도 그 일을 더
효율적으로 하는 방법을 아는 사람은 없다. 따라서 당신은 부하들
에게 필요한 것이 무엇인지를 물어보아야 한다. 사무실의 간단한
비품, 정보의 빠른 전달, 경영층에 제기한 질문에 대한 빠른 회신, 신
속한 결재, 특수한 요구를 충족시키기 위한 자유근무시간제, 수행
중인 업무에 대한 피드백 등. 그들은 대개 이런 것을 말할 것이다.

물론, 좀 더 복잡한 문제를 제기하기도 할 것이다. 구매부서는

공급자 선정과 관련하여 더 많은 재량권을 요구할 수도 있고, 비서는 경영진만이 접근할 수 있는 서류나 문서를 개방해 달라고 말하기도 할 것이다. 이런 경우에는 과연 그들의 요구를 들어 줄 때 그만큼의 개선효과가 있을지 좀 시간을 들여 연구를 하면 된다.

물어보는 것이 중요하다. 직원들이 스스로 알려 주지 않기 때문에 당신이 먼저 나서서 물어보아야 한다. 이렇게 물어보는 것이 가장 값싸게 생산성을 올리는 방법이다.

6. 먼저 충성심을 보여라

왜냐하면……

사람들은 대접받는 만큼 다른 사람을 대접한다. 존중받으면 존중하고, 거만함을 받으면 거만함을 표시하고, 충성을 받으면 충성으로 보답한다.

충성심이란 누군가에게 잘되도록 해주고, 좋을 때나 나쁠 때나 모두 충실히 지켜 주는 것을 의미한다. 장기적인 관계를 말하며, 선을 추구하는 것이고, 어려울 때는 고통을 최소화시키는 것을 의미한다. 사람을 회유하거나 문제를 피하는 것이 아니며, 자신이나 동료를 희생시키는 것도 아니다. 일을 못하는 사람에게 핀잔을 주고 더욱 어렵게 만드는 것은 더더욱 아니다.

고용관계는 결혼과 같다. 신혼여행의 단꿈은 순간이고, 오랫동안에 걸쳐 서로 실망하고 싸우고, 그러면서도 이해하고 양보하고 위해 주어야 하는 것이다. 서로서로를 만족시켜 가면서 발전하는 것이다. 불편하고 부적합한 것도 많지만 서로 이해하고 사랑하는 데서 위안과 평온을 즐길 수 있는 것이다. 서로를 걱정하기 때문에 뭔가를 이룰 수 있는 것이다.

7. 잘못했을 때는 즉시 시인하라

왜냐하면……

당신이 실수를 저지르고 이를 솔직히 시인하지 않는다면 문제는 심각하다. 인간은 실수하게 마련인데 왜 그 실수를 인정하려 하지 않는 것일까?

잘못했을 때는 솔직히 인정하라. 당신이 잘못을 알아차린 순간 즉시 시인하는 게 중요하다. 그렇게 해야 사람들의 마음을 움직일 수 있다. 신속하게 실수를 인정하지 않으면 당신은 책임을 피하려는 비겁자가 되고 만다. 당사자들에게 신속히 밝히고, 잘못을 시정하기 위해 당신이 할 수 있는 바를 해야 한다. 잘못을 회복시킬 수 없을 경우는 용서를 비는 수밖에 다른 도리가 없다.

실수는 좀처럼 그냥 넘어가지 않는다. 잘못을 숨기려고 한다면 사실은 더 많은 에너지가 필요하고, 결과적으로 더 많은 시간과 불편을 야기한다. 당신이 실수를 시인하면, 사람들은 당신의 성실성과 정직성을 높이 살 것이고 당신을 더욱 신뢰하게 될 것이다.

8. 권한을 주고 일을 시켜라

왜냐하면……

직무에 상응하는 권한을 부여하지 않고 일을 시킨다면 실패를 준비시키는 것이나 다름없다.

이렇게 말한다고 생각해 보자. "패드 씨, 6월 15일까지 이 프로젝트 끝내도록 하지. 아마 당신을 도와주는 사람은 없을 거야. 돈도 더 쓸 수가 없구. 창의력을 이용해 봐. 어느 누구도 당황하게 해서는 안 돼. 만약에 인원과 자금을 추가로 요구한다면 당신을 무능한 사람으로 볼 수밖에 없어."

웃긴다고 할지 모르지만 이러한 일은 우리 주변에서 비일비재하게 일어나고 있다. 경영자들은 부하들에게 과제를 부여해 주고 책임을 맡긴다. 허나 여러 이유를 달아 그 일에 필요한 권한은 숨겨놓는다. 부하들이 마치 자신의 권한을 빼앗기라도 하는 듯 말이다.

이러면 사기가 높아질 턱이 없다. 사원들은 자신들이 뻔히 희생자가 된다고 내다보고 있다. 성공하는 경우라고 하더라도 회사에서는 단지 운이 좋아서 그런 것이라고 자신들의 공을 인정해 주지 않을 것이기 때문이다.

전략 4. 고객만족 경영

1. 고객 유지도를 높여 주는 멘토링

예전의 고도 성장기는 물건을 만들기만 하면 팔리는 생산자 지향의 시대라고 하여 어느 회사나 매출 지상주의 아래 강매 세일즈도 빈번했던 시대이다.

그러나 1990년대 들어 경기가 장기 불황에 빠져 있는 상황에서는 소비자나 생활자(生活者: 사람다운 생활을 적극적으로 영위하는 사람)를 지향하는 경향이 강해지고 소비자나 생활자의 다양한 욕구를 개별적으로 내응하면서 솔루션(Solution: 고객들의 불만, 욕구 해소) 비즈니스를 전개하는 움시임이 늘어났다.

특히 오늘날 마케팅 전략에서 매출을 중시하는 쪽에서 이익을 중시하는 쪽으로 전환하는 경향이 뚜렷하여 무턱대고 시장 확대나 신규 고객 확보에 대량 투자를 하기보다는 기존의 단골고객을 유지하거나 보호하는 정책을 추진하여 이익률의 개선을 도모하는 고객평등(Customer Equity) 전략을 도입하는 기업이 증가하고 있다.

이것은 "전체 고객의 20%를 차지하는 주요 고객이 회사 이익의 80%를 창출한다."는 <80 대 20 법칙>이 주목을 받고 기존의 단골고객을 중심으로 한 투자를 우선시하는 고객 유지에 힘을 쓴 결과이다.

게다가 이탈고객을 묶어 두는 비용은 신규고객 확보에 필요한 비용의 5분의 1밖에 되지 않는다는 것이 미국에서의 정설로서 고객 이탈을 5% 감소시키면(다시 말해서 20%의 고객 이탈을 15%로 줄이면> 이익을 두 배로 늘릴 수 있다고 한다. 이러한 결과는 업계에 따라 각각 다르지만 한 크레디트 회사에서는 75%에서 125%로 이익이 증가했다는 보고도 있고 은행에서도 약 85% 매출이 증가했으며, 그 밖에 증가율이 낮은 곳에서도 25~30%의 이익이 증가한 것으로 나타나고 있다. 이러한 결과가 주목을 받아 회사마다 고객의 생산 가치에 관한 연구가 진행된 것이다.

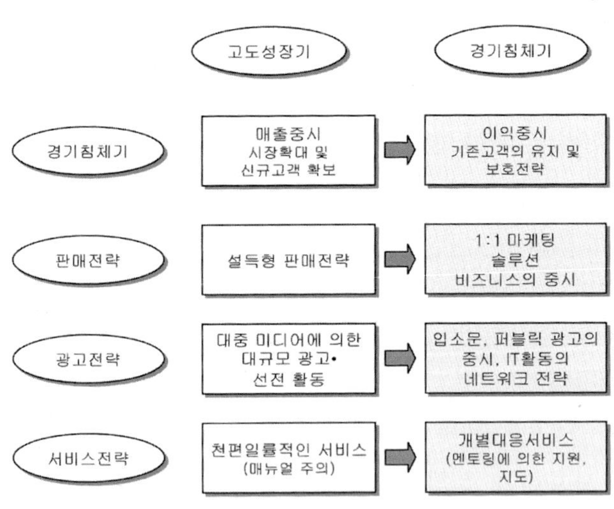

특히 우량 호텔의 레스토랑에서 일어날 수 있는 대화를 가정하여 멘토링 사례를 작성했다. 그중에서 주목해야 할 것은 레스토랑에 일단 예약이 들어오면 과거의 내점(來店) 데이터를 참고하여 지난번의 주문 내용과 취향, 음료수의 종류를 파악하며, TPO[(Time, Place, Occasion): 시간, 장소, 상황에 따라 복장이나 행동, 말을 구별할 필요가 있다는 사고방식]에 맞추어 고객에게 추천을 하는 것이다.

고객의 취향과 레스토랑의 추천 요리가 맞아떨어지도록 어느 정도 세심한 배려를 할 수 있느냐가 중요하다. 이러한 것을 당연하다는 듯이 행하는 긍지를 각 웨이터들에게 어떻게 심어 줄 것인지가 기본 과제이다. 따라서 멘토링 활동은 어떻게 하면 고객에게 기분 좋은 배려를 해 줌으로써 고객 자신이 훌륭한 서비스를 받고 있다는 느낌이 들 수 있도록 대화를 나눌 수 있을까 하는 데 있다.

■ 서비스의 개요

- 고객의 이름을 불러 친밀감을 보여 주며 일대일 대응으로 맞이한다.
- 전화는 반드시 벨이 3번 울리기 전에 받고 자기 이름을 밝힌다.
- 객실이나 레스토랑도 고객의 취향을 잘 기억하고 있다가 그 손님이 다시 찾았을 때는 그 데이터를 활용하여 수준 높은 서비스를 제공한다.

■ 사례:

다시 찾는 고객에게 달라진 점을 느끼게 해 주는 리츠칼튼호텔의 서비스

리츠칼튼호텔 서비스의 기본 방침은 단골고객이 이 호텔을 다시 찾고 싶은 마음이 들도록 하는 서비스이기 때문에 이용횟수가 적은 손님들에게는 그 내용의 진실감이 별로 느껴지지 않을 것이다.

의견 -

중요한 점은 동일한 시선으로 친근감 있고 신뢰가 가는 대화를 할 수 있는가 하는 것이다. 따라서 과거의 데이터를 충분히 활용함으로써 오늘의 내점 목적에 맞춰 고객의 입장에서 선택하고 제안하는 것이 기본이다. 이처럼 신뢰가 가는 대화와 TPO를 명심하자.

■ 의견제시

웨이터: 김사장님 내외분, 어서 오십시오.
김사장: 오늘은 결혼 20주년 기념일이어서 아내와 함께 들렀네.
웨이터: 정말 축하드립니다. 그러면 오늘은 특별 메뉴를 서비스
　　　　 요금으로 모시고 싶은데, 늘 드시던 양식으로 괜찮으시
　　　　 겠습니까?
김사장: 그러지 뭐. 이 집 스테이크는 일품이니까. 당신은 뭘로
　　　　 할 거지?

앞에서와 같이 고객 감소율을 조금만 줄여도 기업 전체의 이익

을 크게 높여 준다고 하는 사고방식이 화제를 불러일으켜 그 구조를 분석한 연구 결과가 'Customer Equity'라는 제목으로 발표되었다.

그 내용 중에는 고객 가치를 최대화하는 3대 요소로서 가치평등(Value Equity)과 상표평등(Brand Equity), 고객유지평등(Retention Equity) 3가지를 들고 있다. 그중 고객유지평등(Retention Equity)은 제품이나 서비스 내용의 객관적, 주관적 평가와는 상관없이 고집하는 경향을 보이며 이러한 추세에 크게 영향을 미치는 것이 고객과의 관계성으로 고객 밀착도라고 할 수 있다.

이 고객 유지도를 높여 주는 데는 다음과 같은 5가지 프로그램이 있다.

① 포인트 제도로 대표되는 고객 충성도 프로그램

② 백화점의 VIP 카드로 대표되는 특별 할인 서비스

③ 친근감 있는 이벤트나 프로그램과 연계한 화합(Affinity) 프로그램

④ 할리데이비슨으로 대표되는 소비자그룹을 형성하는 공동체 프로그램

⑤ 아마존닷컴에서 볼 수 있는 고객의 기호 특성을 반영한 서비스를 제공하는 지식 축직(Knowledge Building) 프로그램

그러나 이러한 각종 특별 할인이나 세일보다 더 효과적인 것이 비금전적 이익으로 다음과 같은 것들이 있다.

① 고객으로서 자기 이름이 불리는 것

② 판매원에게 정중하게 대접받는 것

③ 고객 불만에 대해 신속하게 대응해 주는 것

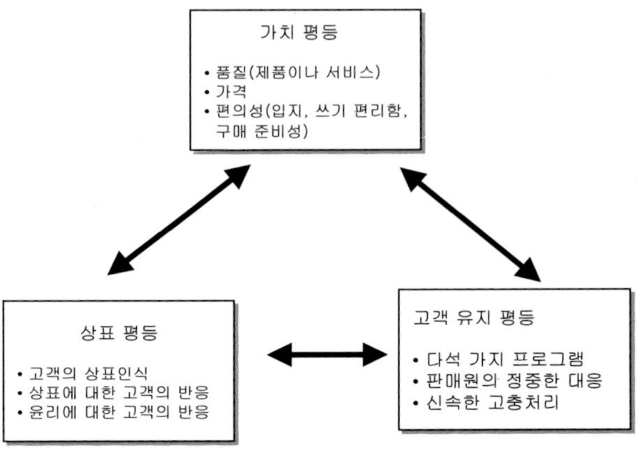

고객만족으로 이익률 증대를 이룬 전형적인 성공 사례가 사우스웨스트항공이다. 그런데 사우스웨스트항공이 성공할 수 있었던 최대의 요인은 사람에 대한 투자였다. 신뢰할 수 있는 서비스를 창조해 내기 위해 현장의 관리직이 직원들을 격려하고 지도하면서 철저하게 이야기를 해 주며 회사가 직원들의 성장을 도와준 것이다.

수많은 항공회사가 관리직 수를 줄이고 있는 데 반해 사우스웨스트항공에서는 관리직 전원이 플레잉 매니저(Playing Manager)로서 다른 직원들과 함께 일을 하면서 지원 활동을 하고 있다.

이 회사는 인재의 채용과 훈련에 다른 어느 항공회사보다 많은 투자를 하고 있다. 말하자면 사람을 중시하는 기업 풍토가 고객에 대한 우정 어린 서비스를 가능하게 한다는 것이다. 따라서 멘토링은 사람을 중시하는 기업 풍토의 조성에 크게 공헌한다. 사우스웨스트항공을 비롯하여 성공한 기업들의 기업 발전 사이클을 나타내 보면 다음과 같다.

① 채용과 선택

② 직원 만족

③ 고객만족과 고객 충성도 향상

④ 이익 증대와 매출 증대

⑤ 주가상승과 주주만족

⑥ 증자와 기업의 성장

기업풍토상 관리직이 직원에게 경의를 표하는 습관이 있으면 직원은 자연히 고객에게나 후배에게도 이와 같은 태도로 대하게 된다.

하루 비행시간이 업계 평균인 8.6시간을 훨씬 초과한 11.5시간이고 사원 일인당 대응 고객수가 업계 최고인 2,400명(2위가 1,200명)이나 되는데도 불구하고 이직률은 연간 7%에 지나지 않는다. 노동조건이 가혹한데도 안정성이 업계 1위이며 이익률 또한 단연 톱을 자랑하고 있다.

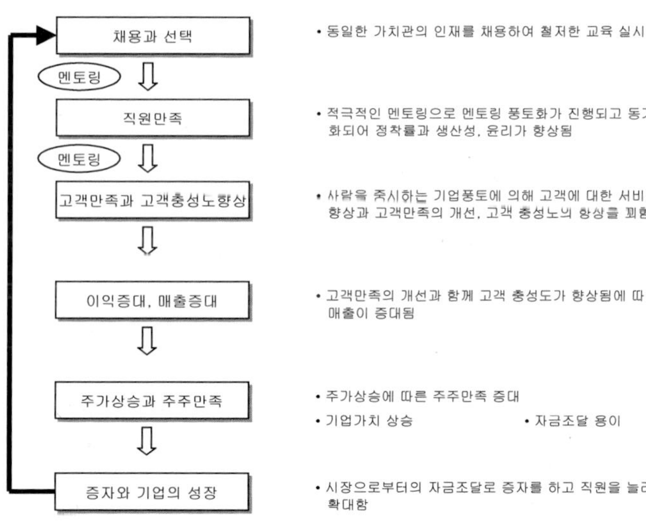

2. 효과적인 세일즈 멘토링

한때 강매형태의 판매 경쟁이 과열됐던 적도 있지만 소비자들의 판단능력 향상과 정보의 범람으로 인해 이러한 판매에 대해 취사선택을 할 수 있는 능력이 향상된 요즘은 고객의 욕구를 정확히 파악한 다음 솔루션 비즈니스에 착수해야 한다.

따라서 고객만족을 실현시키기 위해서는 자사 표준상품을 떠안기거나 재고품을 강매하는 것에서 탈피하여 고객의 다양한 욕구를 이해한 다음 문제해결에 대한 대응을 시험해 볼 필요가 있다.

또 매출 증대를 목표로 하기 위해서는 고객만족을 추구하는 동시에 고객에 대한 세일즈 멘토링이 기본인데, 이러한 세일즈 멘토링의 기본 과정은 다음과 같다.

① 신뢰 관계 수립
② 방향성 명확화
③ 선택 방법 제시
④ 불안감 해소
⑤ 상담 정리
⑥ 단골고객 유지

세일즈 멘토링은 경청하는 자세로 고객의 욕구를 이끌어 내는 것으로부터 시작한다. 아울러 세일즈 멘토링은 경영 기술이 아니라 세일즈가 잘 진행되도록 하기 위한 지원 활동이며 지속적인 고객만족을 약속받는 시스템 구축이라고 할 수 있다. 무조건 강매할 것이 아니라 구입 후의 성과에 대한 이미지를 충분히 부여함으로써 현실과의 갭(Gap)을 줄여 나가는 것이다.

중요한 점은 단 한 번의 주문이 아니라 지속적인 단골고객으로 삼는 것으로 그렇게 하기 위해서는 고객의 불안감을 해소해 주면서 어떻게 하면 고객의 신뢰감을 얻을 수 있을까에 대해 최우선 과제로 연구해 나갈 필요가 있다.

상황 1. 효과가 낮은 멘토링　　사례: 한 가전제품 매장에서

점원: 손님 뭘 찾으십니까?

손님: 지금 있는 비디오 상태가 좋지 않아서 바꿔 볼까 해서요.

점원: 메이커는 지정하고 계십니까?

손님: 특별히 그런 건 없어요.

점원: 싼 걸 찾으신다면 이 비디오는 세일 중이라서 싸게 살 수 있습니다.

손님: 가격은 상당히 싼데 물건은 괜찮나요? S사의 것은 고장이 많아서 전에 고생을 했거든요.

점원: 요즘은 전부 잘 만드니까 걱정하실 필요 없어요.

손님: 집에 디지털 캠코더가 있는데 편집을 할 수 있었으면 좋겠는데.

점원: 이 더블비디오는 어떻습니까? 두 대가 한 대로 만들어져 간단히 편집할 수 있죠.

손님: 하지만 이 비디오로 편집하면 화질이 떨어지지 않아요?

점원: 원래 디지털 캠코더로 찍은 거라 상관없어요, 손님.

손님: 이 더블비디오 얼마나 하죠?

점원: 이건 세일 제품이 아니라서 120만 원입니다.

손님: 그냥 비디오는 5~60만 원 정도인데 120만 원이나 해요?

점원: 제품이 몇 대 나오지 않아서 어쩔 수 없네요.

손님: 그럼, 다음에 살게요.

세일즈 대화는 고객에게 어떻게 신뢰감을 심어 줄 것인가가 중요하다. 위의 대화에서 점원의 태도에 신뢰감을 느낄 수 있겠는가? 위와 같이 될 대로 되라는 식의 인상을 주는 고객 대응으로는 고객에게 신뢰감을 주기가 어려울 것이다. 중요한 점은 점원이 과연 고객의 입장에서 질문을 하고 대답을 하는가 하는 것이다.

이 선택이 잘 되었는지에 대해 고객의 입장에서 생각해 주는 것이 필요하다. 그럼 다음 사례를 참고하시기 바란다. 이와 같이 점포의 형편을 주장하기만 하느냐, 고객의 입장에 서서 대화를 하느냐에 따라 세일즈의 결과는 크게 달라진다.

상황 2. 효과적인 멘토링 사례

점원: 손님, 뭘 찾으십니까?

손님: 지금 있는 비디오 상태가 좋지 않아서 바꿔 볼까 해서요.

점원: 주로 어느 용도로 쓰시죠?

손님: 집을 비울 때 녹화를 하거나 편집을 하기도 하고 그 밖에도 여러 가지로 쓰죠.

점원: 손님께서는 캠코더를 가지고 계시나요?

손님: 디지털 캠코더가 있는데요.

점원: 그러시면 여기 더블비디오가 있습니다. 이걸로 간단하게 편집할 수 있지요.

손님: 그거 좋은데요. 장소도 차지하지 않고. 하지만 원래 디지털로 찍은 건데, 비디오로 만들기는 아까운데.

점원: 가지고 계신 디지털 캠코더 편집도 가능하니까, 디지털 그대로 화면을 유지할 수 있어요. 그리고 손님께서는 장기 출장이 많지는 않으세요? 최대 26시간 녹화가 가능한 제품이 최근 나왔는데 하드디스크를 증설하면 53시간까지 녹화가 가능하죠.

손님: 대단하네요. 53시간이라니! 하긴 난 해외 출장이 잦아서 테이프 하나로는 불편하더라고요.

점원: 그럼 딱 좋은 제품이 있는데, 바로 최근에 발매된 하드 디스크 레코더입니다. 이 한 대로 디지털로 녹화한 영상에서 필요한 부분만 발췌하여 테이프에 편집할 수도 있고요. 게다가 되감기를 할 필요가 없어 편리하죠.

손님: 되감기를 할 필요가 없다는 게 마음에 드네요. 그러면 테이프 마모도 없겠죠. 하드 디스크니까요.

점원: 과연, 말씀대로입니다. 손님.

손님: 그럼, 얼마까지 해주실 수 있죠?

점원: 오늘은 특별 서비스로 100만 원에 드리겠습니다. 어떠세요?

손님: 그럼 이길로 살게요.

3. 세일즈 멘토링은 개별 대응이 원칙

세일즈 멘토링의 원칙은 고객의 업계나 사용 예정자, 사용 목적,

구매 결정자, 그리고 그 행동 스타일에 따라 개별 대응을 함으로써
효과적인 수주 활동으로 이어진다. 세일즈 멘토링의 개별 대응 포
인트를 정리해 보면 다음과 같다.

① 업계별 대응고객의 업계와 서비스 내용마다 요구사항도 달라
   지므로 그러한 특수사항을 가능한 한 검토 항목에 넣어 대응
   을 한다.
② 사용 예정자
   상품이나 서비스의 사용 예정자를 명확히 해서 그 사용 목적
   을 검토 항목에 넣는다.
③ 사용 목적
   특히 업무용으로 사용될 경우에는 내구성과 정밀도, 서비스
   방법을 감안한다.
④ 발주 결정자
   발주 시점에서의 결정자는 누구이며 어느 부문에 관해 권한
   이 있는지 고려한다.
⑤ 상대방의 행동 스타일
   교섭자 창구의 행동 스타일을 고려하면서 효과적으로 대응해
   가는 것도 유효한 방법이다. 이 경우에는 성격 대응 기법인
   린치핀게임(도서 -『인간경영게임』 참고)을 활용하면 효과적
   이다.

참고로 세일즈 시점에서 행동 스타일별 개별 대응사례를 소개한다.

D 타입 고객 (주도형)	F 타입 고객 (우호형)	C 타입 고객 (관리형)	A 타입 고객 (분석형)
사교적인 인사는 짧게 줄이고 바로 용건으로 들어가 현재 안고 있는 문제점과 개선 희망 사항을 물어보고, 이번에 관심 있는 상품과 서비스의 도입목적과 사용 예정자를 확인하면서 그 욕구에 적합한 상품이나 서비스의 예를 문제 해결책으로 제시하여 그 상품이나 서비스를 사용함으로써 생기는 성과나 효과를 중심으로 요령 있게 설명한다.	가능한 한 친밀한 어조로 현재 일어난 문제의 해결책으로 어느 상품이나 서비스가 적합한지를 설명한다. 특히 제품이 어느 부문에서 필요로 하며 다른 부문에서는 어떤지를 얘기해 줄 필요가 있다. 이 상품과 서비스를 구입함으로써 어떤 사회적, 사내적 영향이 생기며 그 영향력이 얼마나 높아질까에 대해 설명한다.	여망 사항을 사전에 확인하며 그 해결책으로 적당한 품질의 서비스를 제공할 수 있다는 걸 나타내 주고 그 납입 실적을 자료로 제출한다. 또 상대방이 자료를 잘 살펴보면 감탄할 만큼 세심한 대응에 힘쓴다. 합리적이고 논리적인 대화에 힘쓰며 업계에서의 신뢰성과 높은 생산성을 강조한다.	성실한 이미지를 강하게 내비치며 온화한 분위기로 대한다. 현재 난처해하는 점을 물어 그 어려운 상황에 공감하면서 대응책으로 적절한 해결책을 제시한다. 일은 항상 착실하게 처리하여 많은 고객에게 신뢰받고 있다는 점을 강조함으로써 상대방에게 안도감을 준다.

D 타입 고객 (주도형)	F 타입 고객 (우호형)	C 타입 고객 (관리형)	A 타입 고객 (분석형)
또 업계에서의 높은 평가를 덧붙여 주면 설득력이 높아지며, 선택안을 반드시 제시해 주면서 상대방에게 고르도록 해주는 것이 효과적이다. 그 판단이 적절하다는 코멘트를 덧붙여 주면 더욱 자신감을 갖게 되어 주문에 한 발짝 더 다가서게 될 것이다.	그 상품과 서비스는 다른 부문이나 유력 회사에서도 사용하고 있으며 만족해한다는 점을 강조한다. 또한 상대방의 기분을 이해한다는 듯한 표현을 많이 사용하면서 번거롭지 않으면서 보기에도 좋고 좋은 평가를 받을 게 틀림없다고 안심시켜 준다. 아울러 빠른 말투로 도움을 주고 싶다는 뜻을 전하면서 계속적으로 연락을 취하겠다고 약속한다.	한편 서비스상의 주고받는 내용은 문서로 남겨서 신뢰성을 보여 주고 한번 약속한 것은 반드시 이행하여 실적을 만든다. 또한 앞으로 계속해서 기대할 수 있다는 느낌을 주면서 각종 정보제공에 협력하고 지속적인 거래가 유리하다는 인상을 준다.	또한 상대방의 개인적인 배려에도 귀를 기울여 적극 협조하는 자세를 보여 준다. 발주를 할 경우에는 성의를 가지고 협력하겠다는 점을 얘기해 준다.

4. 고객 유지를 실현시키는 멘토링

이미 소개한 대로 재구입률을 높이기 위해서는 고객불만 발생시 신속한 대응이 중요하다. 고객의 불만에 신속하고 정확하게 대응한다면 82% 이상 재구입이 기대된다. 다시 말해 이렇게 함으로써 비약적인 이익률 향상이 기대되는 것이다.

예를 들어 홈 데포에서는 각 그룹이 자기 성장의 적극적인 이유로 다음과 같은 것을 예로 든다.

① 채용 기준은 종래의 교육이나 지식, 경험보다는 자세가 전향적이고 성격이 밝거나 기업이 지향하는 가치관과 일치함.

② 애사정신(愛社精神)을 중시하고 사업가 정신과 당사자 의식을 배양함.

③ 실적 향상을 최우선시하고 철저한 권한을 부여함.

④ 실적이 오른 직원에게는 부문에 관계없이 항상 새로운 도전을 요구함.

⑤ 경영자 스스로 멘토로서 직원을 지원하고 지도하는 것을 사명으로 생각하며 충실한 훈련 교육을 실시함.

앞서 소개한 사우스웨스트항공이나 리츠칼튼 호텔에서도 이와 마찬가지의 대응을 이행하여 우수한 서비스의 실현과 함께 직원들의 의식을 높여 주고 우수한 인재를 유지하는 데 효과를 발휘하고 있다.

우수한 서비스를 계속 진행하기 위해서는 이러한 기업의 사례를 연구하면 많은 힌트를 얻을 수 있다.

사우스웨스트항공이나 홈 데포와 같이 이익률과 성장률에서 뛰어난 성적을 거두고 있는 미국 서비스산업에서 공통된 특징을 분석해 보면 다음 도표의 5가지를 들 수 있다.

판단의 관점	영향을 미치는 환경요인과 그 대책	실시 기업
① 사명 기업 가치관 긍지 부여	멘토링 지적 풍토(知的風土)	• 리츠칼튼호텔 • 사우스웨스트항공 • 홈 데포 • 노드스트롬
② 성과와 평가	인센티브 계획	• 노드스트롬
③ 사업가 정신	스톡옵션	• 홈 데포 • 사우스웨스트항공 • UPS
④ 경력 확대	멘토링 지적 풍토	• 홈 데포
⑤ 인지와 긍지 부여	멘토링 지적 풍토	• 리츠칼튼호텔 • 사우스웨스트항공 • 노드스트롬

전략 5. 성과개발 경영

어려운 경제 환경에서 참된 기업 경쟁력이란 무엇일까? 고도 성장기에는 매출 지상주의 기업이 주류를 이루었으나 지금의 경제 정체기에는 이익률 중시 기업이 늘고 있다. 이익률 향상을 위해서는 기존의 고객을 유지하고, 이탈을 방지하는 것이 최선의 과제이다. 이것을 실현하기 위해서는 종래와 같이 제품 품질만으로는 차별화가 어렵다. 최근의 경영의 핵심은 어떻게 경쟁력 있는 인재를 확보하여 서비스의 질을 높이고 고객 이탈을 막아 이익률을 높일까 하는 것이다. 멘토링 경영의 효과는 이와 같은 생산성 향상을 실현하는 데 큰 기여를 할 것이다.

1. 성과지향 멘토링 경영

종래의 리더십(Leadership) 이론은 강한 리더십 아래 상의하달(上意下達) 식으로 행해지는 환경에서 가능했다. 그러나 융통성이 없는데다 인간성을 무시한 측면이 있고, 또한 이것을 유지하는 데 관리비가 많이 들어 경쟁력이 떨어졌다. 이런 점을 해결하면서 업적을 높이기 위해서는 리더의 역할도 조직의 진화와 함께 변화할 필요가 있다.

고성과형 팀으로 전환하는 데는 다음과 같은 4가지 단계가 있으며 그 과정에서 멘토링은 그 역할을 하게 된다.

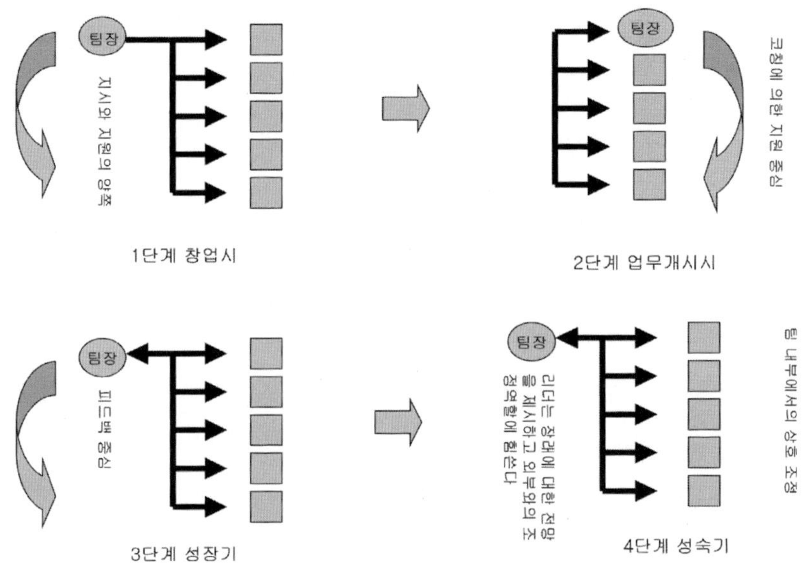

1) 1단계: 팀장이 해이 되어 각 구성원을 이끌고 지도할 필요가 있다. 프로젝트가 궤도에 오르고 각자가 자립하여 자율적 활동을 하게 되면, 지원이 리더의 주 업무가 된다. 성숙한 팀에서는 이것이 더욱 진척되며 팀원 스스로가 판단하면서 개별적 대응이 가능해진다.

2) 2단계: 이 단계부터는 각 구성원이 독립적 행동 형태를 취하

게 되고, 리더는 관리자에서 조정자로 이행하게 된다. 리더십을 발휘하는 방법도 종래의 톱다운 방식의 리더십에서 지원형 멘토링을 중심으로 한 리더십으로 바뀐다. 각 구성원이 스스로 생각하고 판단하는 형태로 전환하면 활력과 기동성은 비약적으로 상승한다.

3) 3단계: 의사 결정은 완전히 팀 구성원들의 책임 아래 이루어지며, 팀의 리더는 그 업적에 대한 피드백을 하게 된다.

4) 4단계: 이것이 더욱 진화되면 팀 구성원이 독립하여 내부에서 스케줄을 짜면서 팀에게 역할과 책임을 분담시킨다.

2. 경영성과 멘토링 경영

전통적인 기업경영에서는 일찍이 치열한 경쟁사회에 돌입하여 품질의 개선뿐만 아니라 고객만족 특히 서비스의 질적 개선에 특별한 대응을 할 수밖에 없었다.

"전체 고객의 20%를 차지하는 고소비층이 회사의 80% 이익을 낳게 한다." 이와 같은 80 대 20의 법칙에서 이익률 향상을 위해 가장 효과를 기대할 수 있는 것은 단골손님과 재구매자의 확보라고 한다. 또한 고객 이탈을 50% 감소시키면 이익이 배가 된다고 한다. 어느 크레디트 회사는 5%의 고객 이탈을 감소시킴으로써 125%의 이익 증가를 기록한 예도 있다. 이때 들어간 비용은 신규 고객을 유치하는 비용의 불과 5분의 1이었다고 한다.

고객 이탈의 가장 큰 원인은 고객에 대한 무관심이다. 특히 고객

이 불만을 느꼈을 때의 대응이 중요하다.

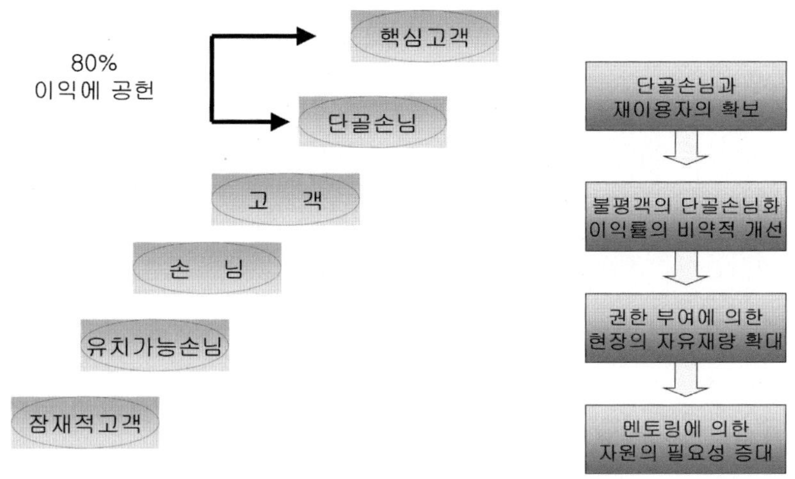

"불만을 가진 고객 중 불만을 제기하여 그 해결에 만족한 고객의 해당 상품 서비스의 재구입 결정 비율은 불만이 있으면서도 표시하는 않는 고객보다 높다."

굿맨(Goodman)의 법칙에서는 이렇게 주장한다. 또 불만을 가진 비호의적인 고객의 입소문의 영향력은 통상 2배 이상의 영향력이 있다고 한다. 따라서 불평을 말하는 손님은 태도를 바꿀 가능성이 낚아 있기 때문에 신속히 내응함으로써 재구입률을 비약적으로 높일 수 있다

이것을 실현하기 위해서는 직원 만족도 개선, 사람 중심의 경영의식 전환, 권한 부여에 의한 자유재량의 확대, 직원의 선별과 철저한 교육 등을 우선적으로 실천해야 한다. 그렇게 해야만 서비스의 비약적인 질적 향상을 기대할 수 있다. 그중에서도 많은 주목을 받는 것이 멘토링의 역할이다.

3. 성과개발 멘토링 활동 12 목표

멘토링을 조직에서 성과개발 차원에서 적용할 경우 우선적으로 활동 목표 설정이다. 이 목표가 제대로 설정되어야 목표에 의한 멘토/멘제의 책임과 자발적인 활동 그리고 개인 역량평가와 조직이 기대하는 생산성 평가도 정량과 정성으로 할 수 있다. 멘토링코리아에서는 각 조직에서 자유롭게 선택할 수 있도록 아래 활동 목표 12가지를 모델로 소개한다.

[기업 멘토링 활동목표]

1. 신입단계(Getting Mentoring)

신입단계 멘토링은 신입사원, 전입사원, 스카우트 사원을 대상으로 회사에 조속히 정착하는 것과 회사 생활의 기초를 닦는 것을 목적으로 시행하는 단계다.

목표 1. 신입사원 정착 멘토링 프로그램

2. 성장단계(Growing Mentoring)

성장단계는 신입단계에서 조직구성원으로서 무장하고 담당업무에 임하기 전에 앞으로 맡을 업무에 대하여 선배전문가에게 수습받는 단계다.

목표 2. OJT 업무숙달 멘토링 프로그램

3. 전문단계(Keeping Mentoring)

전문단계 멘토링은 조직에서 가장 중요한 단계다. 신입단계에서 입사한 사원들에 대한 유지 관리하는 단계인데 각 조직마다 앞문이 열려 있고 뒷문도 열려 있다는, 즉 인사관리에 취약한 상태를 말한다. 신입단계에서 교육이다 멘토링이다 많은 비용을 투자하는데 막상 제대로 유지관리를 하지 못하기 때문에 좋은 인재를 놓치는 경우가 허다하다. 최근에는 좋은 인재는 놓치고 문제 사원만 남는다는 심각한 상황까지 이르고 있다. 그래서 멘토링에서는 아예 유지 관리라는 소극적인 자세에서 '업무 전문가'로 양성하는 멘토링 시스템을 적용하는 단계다. 특히 바람직스러운 것은 이 단계에서 일반전문가와 조직이 원하는 핵심업무 전문가를 구분하여 멘토링 프로그램을 적용한다면 더욱 효과적일 것으로 생각된다.

목표 3. 경력개발 멘토링 프로그램

목표 4. 제품 품질향상 멘토링 프로그램

목표 5. 영업사원 스킬향상 멘토링 프로그램

목표 6. 서비스사원 스킬향상 멘토링 프로그램

목표 7. 독서 인재개발 멘토링 프로그램

목표 8. 여성인재개발 멘토링 프로그램

목표 9. 지식 기술력 향상 멘토링 프로그램

목표 10. 노사화합 촉진 멘토링 프로그램

4. 리더단계(Leadering Mentoring)

리더단계 멘토링은 야구의 홈인 선수를 생각하면 된다. 첫째는 소수 인원이라는 것과 두 번째는 라운딩할 때 전 시스템이 잘 해 주어야 성공할 수 있다는 것이다. 한 사람만 잘해서는 성공 확률이 극히 낮다는 것이다. 국내 조직의 문제는 바로 리더단계인 핵심인 재를 양성하는 시스템이 미약하다는 것이다. 그 이유는 상위직으로 갈수록 오너 경영체제에서 비공개적으로 리더격 인재가 선발되기 때문으로 볼 수 있다. 해외에서는 전문경영인 체제가 제대로 되어 있기 때문에 공정하고 경쟁적인 시스템에 의해서 우수한 인재가 선발되어 조직이 CEO나 주요 임원이 바뀌더라도 큰 문제 없이 운 영되고 있다. 바로 GE나 월마트 등 핵심인재개발 시스템은 정규교 육 시스템과 멘토링이라는 특수개발시스템이 조화를 이루어 성공 적으로 리더 개발을 하고 있는 것이다.

목표 11. 핵심인재 개발 멘토링 프로그램
목표 12. 협력업체 경영지원 멘토링 프로그램

[학교 멘토링 활동목표]

1. 신입단계 멘토링(Getting Mentoring)
신입단계 멘토링은 신입생, 전입생, 편입을 대상으로 학교에 조 속히 정착하는 것과 학교생활의 기초를 닦는 것을 목적으로 시행 하는 단계다.

목표 1. 신입생 적응력 향상 멘토링 프로그램
목표 2. 신입 교사 적응력 향상 멘토링프로그램

2. 성장단계 멘토링(Growing Mentoring)

성장단계는 신입단계에서 학교 구성원으로서 무장하고 학습에 임하면서 앞으로 학교생활과 학습능력 향상에 선배학생이나 멘토 교사에게 수습받는 단계다.

목표 3. 교사 교직업무숙달 멘토링
목표 4. 학생 학습능력 신장 멘토링

3. 유지단계 멘토링(Keeping Mentoring)

유지단계 멘토링은 학교에서 가장 중요한 단계다. 신입단계에서 입학한 학생들에 대해 유지 관리하는 단계인데 각 초·중·고교에서 매년 학교생활에 적응하지 못하고 떠나는 학생이 해마다 55,000명이라는 통계가 있다. 앞문이 열려 있고 뒷문도 열려 있다는 학생 관리에 취약한 상태를 말한다. 신입단계에서 교육이다 멘토링이다 많은 비용을 투자하는데 막상 제대로 유지관리를 하지 못하기 때문에 많은 학생들을 놓치는 경우가 허다하다. 그래서 멘토링에서는 아예 유지관리라는 소극적인 자세에서 '학습능력 및 특기개발자'로 양성하는 멘토링 시스템을 석용하는 단계다. 특히 바람직스러운 것은 이 단계에서 학교에서 원하는 교사와 바람직한 학생상의 인재 개발을 목표로 멘토링 프로그램을 시행한다면 더욱 효과적일 것으로 생각된다.

목표 5. 왕따 방지 연결 멘토링
목표 6. 특기 재능 개발 멘토링

목표 7. 취미 오락지도 멘토링

목표 8. 슬럼프 학생 치유 멘토링

목표 9. 영재, 천재개발 멘토링

4. 리더단계 멘토링(Leadering Mentoring)

리더단계 멘토링은 야구의 홈인선수를 생각하면 된다. 첫째는 소수 인원이라는 것과 두 번째는 라운딩할 때 전 시스템이 잘 해 주어야 성공할 수 있다는 것이다. 한 사람만 잘해 가지고는 성공 확률이 극히 낮다는 것이다. 국내 학교의 문제는 바로 리더단계에서 수준별 Tutorial Mentoring 학습을 통하여 적성개발과 진로 지도에 멘토링 프로그램을 적용한다면 큰 효과를 얻을 수 있을 것이다.

목표 10. 학생생활지도 멘토링

목표 11. 학생진로지도 멘토링

목표 12. 교사자기개발 멘토

[교회 멘토링 활동목표]

- 교회 조직개발 현상

일반적으로 목회를 하면서 보편적으로 범하기 쉬운 오류는 기존 교인 관리보다는 새신자 전도에만 열중하여 양적 성장을 이루어 눈에 보이는 성과를 높이려는 데에 있다. 새신자를 전도하기 위하여 교회는 적극적인 전도활동을 수행하지만, 그것이 그리 쉽지 않다는 사실을 곧 인식하게 된다. 왜냐하면 새신자를 전도하기 위해서는 상당한 예산과 노력이 들 뿐 아니라 최악의 경우에는 총동원 이벤트를 한 후에도 별로 정착하지 못하는 경우가 허다하기 때문이다.

반면 기존의 교인(평신도)을 관리 유지하는 것은 상대적으로 비용이 적게 들 뿐만 아니라 기존의 교인들에게 좋은 인상을 심어 줌으로써 새 신자를 자연스럽게 전도할 수 있는 장점도 있다. 결국 새 신자를 힘들여 전도하는 것도 중요하겠지만 그 이전에 허술하게 짜인 기존교인 관리 프로그램을 보강하는 것이 우선되어야 한다는 것이다. 이렇게 기존교인 관계를 유지, 강화하는 기법으로 북미 선진 교회에서 활용되고 있는 일대일 멘토십을 소개한다.

1) 왜! 교인이 떠나는가?

2) 문제는 무엇인가?

3) 어떻게 그 문제를 해결할 수 있는가?

멘토링 활동에서는 이러한 점들이 일대일 관계에서 도출됨으로 교회 목회 전략으로 충분한 대응이 가능하다.

- 교회 조직개발 멘토십 전략

먼저 교회 조직개발 멘토링에서 아래와 같이 모델로 12가지 도입목표(Project)를 설정한 것이다. 막연히 돕는다, 안내한다, 상담한다, 코치한다, 조언한다, 해결해 준다 식의 멘토링은 소식의 효과성에는 거리가 먼 것으로 결론짓게 된다. 교회에 직용할 분명한 녹표를 설정하고 프로젝트 식으로 멘토링 사역을 추진한다면 반드시 목회성과에 놀랍게 기여할 것이다.

멘토링을 교회에 적용함에 있어 먼저 특정 사역부문을 선정하여 목표를 정하는 것이 무엇보다도 중요하다. 대부분 교회에서 외부의 간단한 사례나 특강수강 정도의 상식으로 막연하게 도입을 시도하려는 것은 실패 확률이 높다고 볼 수 있다.

멘토링코리아에서는 아래와 같은 멘토링 프로그램 목표를 교회 조직에 도입할 때는 교회마다 멘토링에 관한 전문 지식을 갖춘 자가 쉬운 목표별로 프로그램(Program)을 추진하되 교회 실행팀(TFTeam)을 구성하여 추진할 것을 권한다.

1. 신입단계 멘토링(Getting Mentoring)

신입단계 멘토링은 새신자, 전입교인을 대상으로 교회에 조속히 정착하는 것과 교회생활기초를 닦는 것을 목적으로 시행하는 단계다. 교회 등록 전 구역 멘토링에서 역할을 해야 한다.

목표 1. 새신자 정착 멘토링 프로그램

2. 성장단계 멘토링(Growing Mentoring)

성장단계는 신입단계에서 등록교인으로서 적응하고 각 부서와 조직에서 활동하면서 학습과 정, 세례과정을 거처 정식교인이 되기 위한 멘토링 단계다.

목표 2. 학습지원 멘토링 프로그램
목표 3. 세례지원 메토링 프로그램
목표 4. 양적 성장 출석률 향상 멘토링 프로그램
목표 5. 청소년개발 멘토링 프로그램

3. 사역단계 멘토링(Keeping Mentoring)

사역단계 멘토링은 교회에서 가장 중요한 단계다. 신입단계에서 등록한 교인들에 대한 유지 관리하는 단계인데 각 교회마다 앞문이 열려 있고 뒷문도 열려 있다는, 즉 교인관리에 취약한 상태를 말한다. 신입단계에서 전도 폭발이다 교육이다 많은 비용을 투자하는데 막상 제대로 유지관리를 하지 못하기 때문에 좋은 교인을 줄줄이 놓치는 경우가 허다하다. 최근에는 좋은 교인은 놓치고 문제 교인만 남는다는 심각한 상황까지 이르고 있다. 그래서 멘토링에서는 아예 교인 유지, 관리라는 소극적인 자세에서 '사역전문가'로 양성하는 멘토링 시스템을 적용하는 단계다. 특히 바람직스러운 것은 이 단계에서 일반교인과 목회자가 원하는 핵심사역 전문가를 선정하여 멘토링 프로그램을 적용한다면 더욱 질적 성장이 효과적일 것으로 생각된다.

목표 6. 질적 성장 사역자개발 멘토링 프로그램
목표 7. Slump교인회복 멘토링 프로그램
목표 8. 제자훈련성경공부 멘토링 프로그램
목표 9. 여성인재개발 멘도링 프로그램
목표 10. 중보기도연결 멘토링 프로그램

4. 리더단계 멘토링(Leadering Mentoring)

리더단계 멘토링은 야구의 홈인선수를 생각하면 된다. 첫째는 소수 인원이라는 것과 두 번째는 라운딩할 때 전 시스템이 잘 해 주어야 성공할 수 있다는 것이다. 한 사람만 잘해 가지고는 성공 확률이 극히 낮다는 것이다. 한국 교회의 문제는 바로 리더단계인 교회 핵심인재 및 후계자를 양성하는 시스템이 미약하다는 것이다. 그 이유는 상위직으로 갈수록 목회자 독단운영체제에서 비공개적으로 리더격 인재가 선발되기 때문으로 볼 수 있다. 그로 인하여 목회 세습이다. 자기 사람만 키운다는 불화요인이 교회마다 문젯거리로 대두되고 있는 실정이다. 해외에서는 리더 개발 체제가 제대로 되어 있기 때문에 공정하고 경쟁적인 시스템에 의해서 우수한 인재가 선발되어 교회가 CEO나 주요 직분자가 바뀌더라도 큰 문제 없이 운영되고 있다. 국내에서도 최근 사랑의 교회(옥한흠~오정현 목사)에서 교회 CEO 멘토링에 좋은 모델을 보여 주어 벤치마킹자료로 활용될 수 있기를 기대한다.

목표 11. 핵심직분자 및 후계자 개발 멘토링 프로그램
목표 12. 목회자, 선교사 개발 멘토링 프로그램

[공공기관 멘토링 활동목표]

조직에 적용하는 제도적 멘토링이란 조직이 멘토링 관계의 설정, 프로세스 모니터링, 프로그램 결과에 대한 책임 활용 등 멘토링에 관련된 모든 제반 활동을 주도적으로 이끌어 가는 방식을 말한다. 공식적 멘토링을 통해 조직이 얻고자 하는 주요 목표는 다음과 같다.

목표 1. 업무능력의 향상
목표 2. 대민 서비스 스킬 향상

목표 3. 신규직원 적응력 향상

목표 4. 조직문화의 개선

목표 5. 부서 간 업무 공유

목표 6. 상하 간 커뮤니케이션의 활성화

목표 7. 중간 관리층의 리더십 강화

멘토링 현장 운영관리
Mentoring Management

멘토링 프로젝트를 구체적으로 추진하기 위하여 4 - Process인 추진과정, 교육과정, 활동과정, 평가과정에서 운영 프로그램을 작성하는 단계다.

추진 및 활동 조직구축, 인력확보, 프로그램개발, 교육계획 멘토/멘제 활동계획 그리고 최종 평가 프로그램을 다룬다. 프로그램을 먼저 작성 후 필요 예산 편성을 하여 활동을 지원하고 인간성 바탕 위에 생산성 확보를 목적으로 활동을 추진한다.

특히 저자는 12년간 경영에 참여한 자로 인간성 바탕 위에 생산성 효과라는 균형 경영은 아래 5가지로 세분해서 설명할 수 있다.

[멘토링 균형 경영의 5가지 Tip]

1. 인간성과 생산성 경영의 균형
2. 사람 남김과 돈 남김의 균형
3. 개인만족과 조직 효율성의 균형
4. 노동자와 사용자의 욕구 균형
5. Hightouch & Hightech 경영의 균형

대부분 사람들이 잘못된 선입견으로 멘토링을 일회성 단기적인 교육프로그램으로 인식하고 있다. 이 테마에서는 멘토링 활동의 과정(Process), 즉 중·장기적인 기간의 필요성과 특히 조직에서 최단기적으로 적용하는 12개월의 타당성과 구체적인 일정 그리고 예산 편성을 다루었다.

Episode◀Do You Want a Mentor?

1999년 어느 가을 멘토링 특강차 기독경영연구회 초청을 받았다. 강의를 마치고 토론 시간에 교수 한 분이 미국 유학 시 멘토링 경험담을 털어놓았다. 내용은 대학원 담당 교수가 "Do You Want a Mentor?"라고 말하자 그때까지 MENTOR라는 말을 듣지 못했기 때문에 "No."라고 했는데 그 담당교수는 빙긋이 웃으면서 교수 한 분을 멘토로 정해 주었다는 것이다. 이 멘토 교수는 자녀 학교선택, 저렴하게 아파트임대, 자신의 논문지도, 서툰 영어 도움 등으로 너무나 큰 도움을 받고 감격했다는 이야기였다.

1장 Process별 관리
Process 1. 추진과정 관리
Process 2. 교육과정 관리
Process 3. 활동과정 관리
Process 4. 평가과정 관리

2장 12개월 운영방법
1. 12개월 프로그램 개요
2. 12 과정별 일정표
3. 12개월 월별 일정표
4. 12개월 예산편성표

1장 Process별 관리

멘토링 프로젝트를 구체적으로 추진하기 위하여 4 – Process인 추진과정, 교육과정, 활동과정, 평가과정에서 운영 프로그램을 작성하는 단계다.

추진 및 활동 조직 구축, 인력확보, 프로그램개발, 교육계획 멘토/멘제 활동계획 그리고 최종 평가 프로그램을 다룬다.

프로그램을 먼저 작성 후 필요 예산 편성을 하여 활동을 지원하고 인간성 바탕 위에 생산성 확보를 목적으로 추진한다.

Process 1. 추진과정 관리

Step 1. 프로젝트 운영안 개발

멘토링 활동을 체계적으로 추진하기 위한 12개월 운영 지침서로

제안서를 대신하고 실행 계획서로 활용하며 50page 분량으로 운영
안을 필요 수량 제작한다.

1. 운영안 개요

1. 활동목적: 예시 – 관계활성화로 업무능력 향상
O 멘토와 멘제를 연결하여 직장생활에서 다양한 정보와 지식을
   제공함으로써 성장 잠재력을 개발하고 자기계발의 기회 제공
O 멘제들이 겪는 심리적, 사회적, 정서적 문제에 대한 멘토의
   조언과 함께 고민을 풀 수 있는 자리 마련
O 멘토와 멘제를 연결, 교류기회를 확대하여 동료의식을 고취하
   고 신속한 적응을 유도하여 직장 적응률 향상
2. 활동기간: 12개월
3. 활동시종: 2009. 11. 01.~2010. 10. 31.
4. 멘제그룹: 후배직원 50명
5. 멘토그룹: 선배직원 50명

2. 운영안 내용

1장 멘토링의 기본이해
1. 멘토링 원리와 유래
2. 멘토링의 필요성

2장 Process별 관리
Process 1. 추진과정 관리

Process 2. 교육과정 관리

Process 3. 활동과정 관리

Process 4. 평가과정 관리

3장 12개월 운영방법

1. 12개월 의미

2. 12과정별 일전표

3. 12개월 월별 일정표

4. 12개월 예산편성표

4장 12개월 행정양식

1. 결연식 및 종무식 양식

2. 설문진단 도구

3. 평가양식

Step 2. 관리프로그램 매뉴얼 개발

멘토링 4개 과정 활동을 지원하고 촉진하기 하기 위하여 멘토링 관리자, 모니터, 멘토용으로 200Page 분량의 매뉴얼을 필요 수량대로 제작한다.

[관리프로그램 매뉴얼 내용]

1. 멘토링 운영안 – 50p

2. 멘토링 Skill Manual – 30p

3. 멘토링 6 – Step Manual – 30p

4. 멘토링 Game Manual – 30p

5. 멘토링 Tool Manual – 30p

6. 멘토링 Strategy Maunal – 30p

Step 3. On Line 전산시스템 개발

멘토링 프로그램을 관리하는 데 시간적, 장소적, 관리적 제한을 극복하기 위하여 멘토링 전용 온라인 Website를 구축하여 멘토, 멘제, 모니터의 활동을 지원한다.

온라인 Website(멘토링 홈페이지)에서 다룰 업무는 시행 조직의 Website에 e – mentoring Communication을 개설하여 보고서 수집 및 활동 사항 그리고 학습을 지원한다.

[형식]

[내용]

메뉴판	게시판
1. 운영실	3개월 12주 운영안 저장
2. 활동실	모임연락 활동수기기고
3. 보고실	멘토활동보고서 멘제의 영향력보고/ 모니터 설문의 보고서 저장
4. 자유게시판	공적, 사적 알림, 느낌, 감동, 활동소감, 수기, 격려, 칭찬 등 저장
5. 학습 지원실	1. 학습자료 – 12Tip자료수시저장 2. 특선자료 – 12Tip자료수시저장 3. 명상시간 – 12Tip자료수시저장 4. 활동기술 – 12Tip자료수시저장 5. 현장사례 – 12Tip자료수시저장

Step 4. 영상 Story Telling 자료 개발

멘토/멘제의 활동 촉진과 멘토링에 관한 마인드 유지를 목적으로 영상 학습 및 명상 자료를 제공한다.

애니메이션 등장인물로 아래 세 사람을 내세워 드라마 식으로 서로 간 문답내용, 학습 내용, 토의 내용을 논리적으로 재미있게 감동적으로 현실적용 사례 등을 포함하여 개발한다.

[형식]

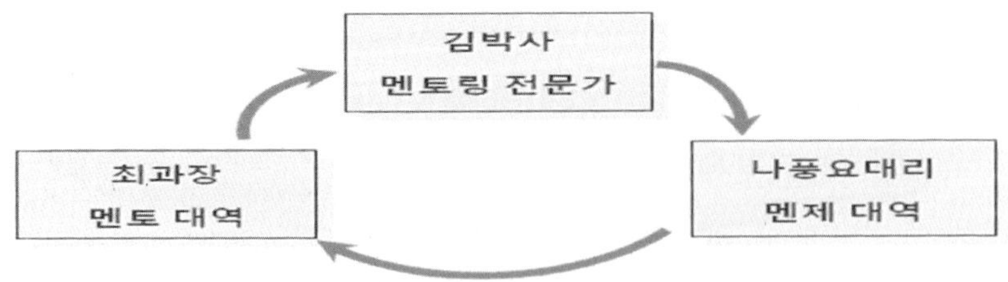

[내용]

영상 Story Telling내용 – 각 Tip 2분 정도
1) 도입사례 – 15Tip 제공
2) 활동지침 – 15Tip 제공
3) 명사명언 – 15Tip 제공
4) 예화사례 – 15Tip 제공
5) 명상시간 – 15Tip 제공

Process 2. 교육과정 관리

Step 1. 간부급 리더십 특강 프로그램

멘토링이 조직에서 성공하기 위해서는 조직 내 분위기 조성과 멘토/멘제 활동을 지원하기 위하여 간부급, 부서장급 특강이 필수적으로 필요로 한다.
  - 교육과정: 리더십 특강 과정(2시간)
  - 교육참석: 임원 및 부서장 간부급

Contents	특강과정
1. Story(원리)	10m
2. Skill(기술)	20m
3. Leadership(리더십)	30m
7. Humanity(인간성)	20m
8. Productivity(생산성)	30m
10. Case Study(사례)	10m
합　계	2H

[교육과정 효과]

효과 1. 멘토링 분위기 조성이 확산된다.

효과 2. 멘토 / 멘제의 활동이 활발해진다.

효과 3. 상하 간, 부서 간 인간관계가 촉진된다.

효과 4. 업무의 전략적인 네트워크가 형성된다.

효과 5. 인성 중심의 조직문화가 형성된다.

Step 2. 전문가 양성 교육프로그램

멘토링 활동을 체계적으로 도입하기 위하여 프로그램 전문 관리
자를 양성하여 3개월 동안 준비과정부터 마무리까지 프로그램을
관리하도록 한다.

- 교육과정: 멘토링 전문가 양성과정(3일간 20시간 과정)
- 전문가 양성과정
- 강사 자격 과정
- 컨설턴트 자격 과정

Mudule Theme	전문가 기본과정	전문가 심화과정	지도사 자격 강사과정	지도사 자격 컨설턴트
1. Story(원리)	2	6	8	8
2. Skill(기술)	2	8	12	12
3. Leadership(리더십)	2	4	6	6
4. Game(게임)	6	10	14	14
5. Tool(도구)	2	4	8	14
6. Strategy(전략)	2	2	2	6
7. Humanity(인간성)			2	4
8. Productivity(생산성)			2	6
9. Manual(매뉴얼)	2	4	4	6
10. Case Study(사례)	2	2	2	4
합 계	20H	40H	60H	80H

[교육과정 효과]

효과 1. 도입, 활동, 평가 프로그램을 체계 있게 관리할 때 저비용 고효율의 효과

효과 2. 분명한 멘토링 목표가 있기 때문에 실패율을 줄이고 성공률을 높임

효과 3. 멘토링 프로그램을 전문적으로 관리하게 됨으로 장기간 지속이 가능

효과 4. 활동과성마나 적질힌 프로그램으로 멘투/멘제들이 책임감과 안정감을 가심

효과 5. 활동 종료 시는 목표율 평가에 의하여 생산성 여부를 점검가능함

Step 3. 멘토 / 멘제 Workshop 교육프로그램

멘토 / 멘제 활동 개시에 시행하는 교육으로 이론정립, 상견례, 관계기술, 대화기술, 소통기술 등을 학습하여 성공률을 높이고자 함이다.

- 교육과정: 멘토 / 멘제 Workshop 교육과정(4, 8, 20시간 과정)
- 교육참석: 멘토 / 멘제 대상자 40명

Mudule Theme	특강 4H 과정	기본과정 8H 과정	정규과정 20H 과정
1. Story(원리)	0.5	1	2
2. Skill(기술)	1.5	2	6
3. Leadership(리더십)	0.5	1	2
4. Game(게임)	1.0	2	6
5. Tool(도구)			2
6. Strategy(전략)			
7. Humanity(인간성)			
8. Productivity(생산성)			
9. Manual(매뉴얼)			
10. Case Study(사례)	0.5	1	2
합　계	4	8	20

[교육과정 효과]

효과 1. 멘토링 원리와 현장 프로그램에 대한 올바른 이해를 갖는다.

효과 2. 멘토 / 멘제 상호간 관계 촉진 커뮤니케이션이 원활해진다.

효과 3. 멘토 / 멘제가 미팅 활동 시 소재개발에 아이디어를 갖게 된다.

효과 4. 멘토십이 개발되어 멘제를 양육하는 데 노하우를 갖게 된다.

효과 5. 멘토는 리더십이 개발되어 회사의 핵심인재로 인정받게 된다.

Step 4. 멘토 / 멘제 보수교육프로그램

멘토링 현장 활동에서 멘토링에 관한 긍정적인 마인드를 유지할 수 있도록 보수교육이 필요하다. 아울러 계간 그룹 활동이나 계간 평가도 실시한다.

- 교육과정: 멘토 / 멘제 보수교육 과정(1회 2시간)
- 교육참석: 멘토 / 멘제
- 교육경법: 계간 1회 실시하면서 중간평가 겸한다.

Mudule Theme	보수교육과정 2시간
1. Story(원리)	
2. Skill(기술)	30m
3. Leadership(리더십)	
4. Game(게임)	60m
5. Tool(도구)	
6. Strategy(전략)	
7. Humanity(인간성)	
8. Productivity(생산성)	
9. Manual(매뉴얼)	
10. Case Study(사례)	30m
합 계	2H

[교육과정 효과]

효과 1. 멘토링에 관한 긍정적인 마인드가 조성된다.

효과 2. 멘토 / 멘제 전체가 모여 그룹 친목행사가 이뤄진다.

효과 3. 구성원 친목으로 선후배 간의 대화 기회가 생긴다.

효과 4. 타 부서 직원들도 만나게 되어 상호 협조의 기회가 생긴다.

효과 5. 멘토링 그룹 전체가 모여 친목함으로 조직에 대한 충성
도가 향상된다.

Step 5. 멘토 / 멘제 결연식 프로그램

멘토링 활동에서 멘토가 멘제를 개인적으로는 자부심을 갖고 한
편으로 조직적으로는 책임과 목표의식을 갖고 인재개발을 하기 위
함이다.
 - 교육과정: 멘토 / 멘제 결연식 과정(1일간 1시간 과정)
 - 결연참석: 멘토 / 멘제 대상자

1. 결연식 프로그램 유의사항

본 결연식은 멘토링도입 Workshop 기본교육을 마치고 별도의 시
간으로 단위 조직의 주관으로 진행한다. 쉽게 생각하면 남, 여 결
혼식을 염두에 두고 격식을 갖춰 진행한다고 생각하면 된다. 가능
한 한 CEO가 참석해야 하나 그렇지 못할 경우 반드시 임원 정도
에서 격려사를 하는 순서를 진행하도록 한다.

당일에 하지 않고 별도 일정을 잡아 할 수도 있다. 아래 프로그램은 멘토링코리아에서 제공하는 샘플이므로 단위 기업에 맞는 형식으로 조정할 수 있다.

- 업체상호:
- 결연일자:
- 결연장소:

[결연식 순서]

1	개회사	사회자
2	멘토 / 멘제 선서	사회자 CEO
3	격려사	CEO
4	사진촬영(CEO와 함께)	사회자 CEO
5	만찬	사회자

Process 3. 활동과정 관리

Step 1. 개인활동 - 주간 미팅 Day 프로그램

멘토 / 멘제의 개인적인 주간 미팅으로 친교 및 업무 능력 향상 활동을 촉진하는 프로그램으로 조직에서는 멘토링 Day로 정하여 활성화해 주어야 한다.

- 활동명칭: 멘토 / 멘제 개인 주간 활동
- 활동참석: 멘토 / 멘제 개인쌍별로 참석

1. 주간 개인 미팅 활동 프로그램 소개

활동주제	세부 내용
1. 개인 역량 개발을 위한 활동	- 도서관 탐방, 서점 탐방 - 영화, 동화 함께 읽기 - 멘토 / 멘제의 과거 생활에 대한 정보를 교환하고, 습득하도록 도움 - 인터넷상에서 정보 찾기 - 역량개발을 위한 전문과목 등을 개인지도 - 컴퓨터 사용방법을 가르침 - 박물관 방문 및 방문에 대한 보고서나 스피치 준비
2. 개인적 친목 관계 진전을 위한 활동	- 멘제가 좋아하는 음식으로 식사 - 멘제가 가 보고 싶어 하는 곳 - 대학로 / 한강 / 산 / 바다 등을 방문 - 멘토의 가정에 초대 - 영화, 연극, 음악회 - 야구장, 축구장, 농구장 - 시장이나 백화점을 함께 다님 - 함께 장애인 시설이나 병원에 봉사 활동
3. 업무능력 향상을 위한 미래 준비 활동	- 멘토의 전공이야기나 지식 기술에 관한 조언 - 관심분야에 대한 자료제공, 관심분야에 종사하는 선배와 만남 주선 - 전문분야 학술발표에 참석 - 장래 개발에 대한 것들에 대해 토론

Step 2. 그룹활동 - 월간 미팅 Day 프로그램

멘토링 추진팀에서 주관하여 전체 쌍이나 팀별로 계간 미팅하는 것으로 주로 관계 촉진을 위한 친교 격려 중심의 모임 활동을 갖는다.

- 활동명칭: 멘토 / 멘제 그룹 계간 활동(주간 모임 하루를 대체한다)
- 활동참석: 멘토 / 멘제 전체나 팀으로 참석, 조직의 간부나 CEO급 참석
- 활동경비: 그룹특별 모임으로 조직에서 전체 행사비 지원

1. 계간 그룹 미팅 활동 프로그램 소개

NO	행사 종류 예시	일정선택	장소선택	시간선택
계간 1차 – 월	친목 촉진행사			
	월간평가			
계간 2차 – 월	문화 체험행사			
	월간평가			
계간 3차 – 월	신체 단련행사			
	월간평가			

1차 친목 촉진행사

– 맛집찾기, 특식먹기, 향토 및 토속 음식먹기, 별미찾기 등 선택

2차 문화 체험행사

– 영화감상, 서점방문, 미술관, 음악콘서트, 경기관람, 고적답사 등
  선택

3차 신체 단련행사

– 등산, 조깅, 마라톤참가, 래프팅, 테니스, 수영 등 운동 선택

Step 3. 멘토 보고서 – 월간 활동보고 프로그램

멘토링 활동은 조직의 시간, 인력, 자금 지원 아래 수행함으로 반드시 경영층에 결과 보고가 원칙이다. 멘토의 월간보고는 가장 기본 보고다.

보고서 명칭: 멘토 월간보고서 – 멘제와 활동 사항을 보고양식에
  보고한다.

보고서 작성: 멘토가 주관하고 멘제는 협조한다.

보고서 제출: 멘토링 전문가 모니터 최종 멘토링 위원장에게 제출한다.

1. 멘토의 월간 활동 보고서 양식

미팅 월수	월일 장소		소재 내용	비 고
9월 미팅	월일 1차 2차 3차 4차	장소	1 2 3 * 다음 소재:	
10월 미팅	월일	장소	1 2 3 * 다음 소재:	
11월 미팅	월일	장소	1 2 3 * 다음 소재:	

* 멘토 / 멘제 관계보고　　　좋음－－－－－5　　　4　　　3　　　2　　　1－－－－－안 좋음
* 발생된 문제점은?
* 기타 보고 사항
* 행사비 정산
 －총사용 금액(　　　　　　　　　　) －증빙서 보완금액(　　　　　　　　　　) －증빙서 불비금
 액(　　　　　　　　)

Step 4. 멘제 보고서 - 월간 영향력보고 프로그램

멘토링 활동은 멘토의 역량을 최대한 발휘하여 멘제 역량개발에 성과가 나타나야 한다. 멘제는 자신에 미치는 멘토의 긍정적인 영향력을 평가한다.

보고서 명칭: 멘제 월간보고서 – 멘토의 영향력을 긍정적인 차원
에서 평가한다.

보고서 작성: 멘제

보고서 제출: 멘토링 전문가 모니터 최종 멘토링 위원장에게 제
출한다.

1. 멘제의 계간 영향력 보고서 양식

		평가 진단도구	5	4	3	2	1
전문분야	지식기술	지식과 기술이전이 잘 되고 있다.					
	업무지원	업무지원이 잘 되어 업무가 숙달되고 있다.					
	노하우	노하우를 제대로 얻을 수 있는 계기다.					
	정보공유	가치 있는 정보공유가 잘 되고 있다.					
	경력개발	경력개발에 큰 도움이 되고 있다.					
정서분야	정서향상	친목미팅 등 정서 활동에 도움이 되고 있다.					
	타인배려	어려운 일 처리에 많은 도움받고 있다.					
	건강향상	정신 및 신체 건강 증진에 도움 된다.					
	관계촉진	상호간 미팅을 더욱 자주 하고 싶다.					
	심리차원	상담과 대화를 통해 감사의 마음이 생긴다.					
의지분야	의지결단	리더로 성장하고 싶은 의욕이 강하다.					
	윤리의식	선과 악의 구분을 분명하게 할 수 있다.					
	절제관리	혈기 등 본능적인 면에서 절제가 잘 된다.					
	목표의식	생애목표 및 업무 목표설정에 도움이 된다.					
	리더역할	현 멘토를 모델로 차후 나도 멘토가 되고 싶다.					
합계		합계 / 득점표시 횟수 = 평균점					

Step 5. 월간 현장출장 컨설팅 프로그램

소직의 멘토링 활동은 인간성 바탕 위에 생산성 효과를 얻는 데

목적을 두고 개인의 만족감과 조직의 효율성을 멘토링 전문가를 통해 점검받게 된다.

업무 명칭: 전문 컨설턴트의 격월간 현장 컨설팅

업무 참가: 컨설턴트 주관하여 전문가, 모니터, 멘토

업무 내용: 시스템 정상 가동 여부, 프로그램 정상 적용 여부

멘토 / 멘제의 계간보고서 모니터의 상담내용

1. 전문 컨설턴트 현장 체크리스트

제1단계: 조직점검	조직계층의 협조 여부
제2단계: 리더십	팀장이나 모니터의 관리 리더십
제3단계: 상담	모니터의 상담내용과 처리결과
제4단계: 멘토보고	멘토 월간보고서 적정 여부
제5단계: 멘제보고	멘제 영향력보고서 적정 여부
제6단계: 정기활동	주 / 월간 정기 활동의 적정 여부

Process 4. 평가과정 관리

Step 1. 정성평가 – 개인 만족도 평가 프로그램

멘토링 활동은 멘토 / 멘제의 개인 활동이 우선하고 참여자의 개인 만족도 여하에 따라 조직 만족도가 좌우됨으로 개인 인간성 평가가 우선된다.

1. 정성평가 개인 만족도 진단도구

구분	번호	진단도구	5	4	3	2	1
업무	1	현재 담당업무에 만족도 여부					
	2	상급자와 업무처리 협조 여부					
	3	담당업무 처리절차를 알고 있는 정도					
	4	타 부서와 업무협조 여부					
	5	금번 멘토링을 통해 업무 숙달 정도					
활동	1	활동기간 만족도 여부					
	2	멘토 / 멘제 서로 활동 만족도 여부					
	3	미팅 활동이 유익 여부					
	4	얼마나 개인 성장 여부					
	5	멘토링 활동에 다시 참가 여부					
관계	1	멘토 / 멘제 서로 관계 만족도 여부					
	2	조직의 상급자와 관계 만족도 여부					
	3	조직의 동료와 관계 만족도 여부					
	4	가정식구들과 관계 만족도 여부					
	5	사회 접촉 사람과 관계 만족도 여부					
조직	1	우리 조직의 인간존중 만족도 여부					
	2	내가 신뢰받고 있는 만족도 여부					
	3	인사관리에 만족도 여부					
	4	급여체계의 만족도 여부					
	5	조직 CEO 리더십에 만족도 여부					

Step 2. 정량평가 – 조직 효율성 평가 프로그램

조직에 적용되는 제도적 멘토링은 인간성 바탕 위에 생산성 효과를 얻는 게 목적이다. 특히 정량평가 기준은 생산 효율성을 기반으로 하는 게 원칙이다.

- 평가 명칭: 정량평가 조직의 효율성 평가
- 평가 방법: 5가지 효율성 평가 지수에 의거, 금번 해당되는 항

목을 적용한다.

- 평가 주관: 멘토링 전문가와 전문 컨설턴트
- 평가 시점: 멘토링 활동 마감 즉시

1. 정량평가 효율성 평가 기준

구 분	평가방법	효율성(%)
유지율	목적: 멘토 / 멘제 쌍별로 제대로 유지되고 있는가	
	산식: 현재 쌍 / 당초 쌍 × 100	
정착률	목적: 신규직원의 정착이 제대로 되고 있는가?	
	산식: 현재 멘제 수 / 당초 멘제 수 × 100	
참여율	목적: 멘토 / 멘제가 행사나 교육 참여 잘 하는가?	
	산식: 참석인원 / 총인원 × 100	
숙달률	목적: 금번 멘토링 기간에 업무 숙달되었는가?	
	산식: 금번 숙달기간 / 정상으로 걸리는 기간 × 100	
회수율	목적: 투자자금이 수익적 회수 성과가 있는가?	
	산식: 회수자금 / 투자자금 × 100	
	회수자금 산출에 참고사항 1. 전년보다 추가 정착 신입직원 × 월 평균 보수액 2. 멘제 업무 조기 숙달 기간 × 월 평균 보수액	

Step 3. 멘토 인증서 수여 프로그램

정규 업무를 겸직한 멘토를 공훈(功勳) 차원에서 활동을 인증하는 데 의미가 있다. 멘토를 격려함으로 멘토링 성공은 물론 조직의 충성도를 높일 수 있다.

- 행사 명칭: 멘토 인증서 수여
- 인증 방법: 전문교육, 활동기간, 평가실적 등 3가지 기준 평가

- 인증 주관: 멘토링코리아에서 주관하여 작성
- 인증서 수여: 멘토링 종료식 때 시행 기관장이 수여하고 내용을 인사에 반영

1. 멘토 인증서 내용 및 행정양식

멘토 인증서
Certified Mentor

인증 NO:
성명: 생년월일:
소속: 담당멘제:

위 사람은 금번 아래 내용으로 멘토 활동을 인정하여 본 이 증서를 수여합니다.

1. 전문 교육수강 실적
2. 멘토링 활동 기간
3. 평가 활동 참여 실적

2009 12 3
멘토링코리아 대표 류재석

Step 4. 우수자 포상 및 종료식 프로그램

멘토링 활동 성공 여부는 멘토의 자생력에 좌우된다. 경영자는 멘토링 참여자에 대해 특별히 배려하고 인정하고 포상으로 격려를 해 주어야 힌다.

- 행사 명칭: 멘토링 활동 우수자 포상
- 선발 방법: 모니터의 추천으로 위원장이 선발한다.
- 포상 대상: 멘토우수자 - 1명, 우수상 - 1명, 활동 수기(手記)우
  수자 - 1명
- 포상 경비: 우수자별로 구분하여 종료식 때 현금 포상한다.

1. 멘토링 우수자 포상 및 종료식 프로그램

■ 1부 - - - - (멘토링 종료식 및 포상)

- ○ 개회사 … 추진팀장
- ○ 활동 격려 및 종료 축사 … 기관장
- ○ 멘토링 활동 실적보고(평가 포함) … 추진팀
- ○ 외부인사 축사 및 멘토 인증서 전달 … 멘토링코리아 대표

- ○ 활동 우수자 시상 … 기관장
- 활동 우수상(상금 30 - 20 - 10만 원)
- 활동 우수 멘토(상금 30 - 20 - 10만 원)
- 활동 우수 수기(상금 30 - 20 - 10만 원)
- ○ 기념품 전달 … 기관장
- ○ 폐회사 … 추진팀장

■ 2부 - - - - (친목 및 다과회)
- ○ 식당에 다과 파티

2장 12개월 운영방법

　대부분 사람들이 잘못된 선입견으로 멘토링을 일회성 단기적인 교육프로그램으로 인식하고 있다. 이 테마에서는 멘토링 활동의 과정(Process), 즉 중·장기적인 기간의 필요성과 특히 조직에서 최단기적으로 적용하는 12개월의 타당성과 구체적인 일정 그리고 예산 편성을 다루었다.

　오늘날 조직에 적용하는 멘토링의 특징은 도입을 원하는 조직에서 12개월 등 일정기간을 필요로 하는 프로젝트(Project)개념에서 활동목표에 따라 프로그램이 필요하게 된다.

　왜냐하면 조직에 적용하는 멘토링은 조직의 특성상 투자의 개념과 성과 측정 차원에서 평가가 뒤따르는 것이 필수적이기 때문에 체계적인 시스템으로 접근이 필요하기 때문이다.

　조직 개발용으로 체계적인 프로그램을 제도적 멘토링(Systematic Mentoring)이라 부르며 구체적으로 12개월 동안 준비과정, 도입과정, 활동과정, 평가과정에 적용하는 프로그램을 말한다.

12개월은 우리 인생의 삶의 기본 단위로 멘토/멘제가 12개월 활동하는 것은 아주 자연스러운 기간이다.

12개월은 회사 조직에서 업무를 정리하고 평가하는 한 회계기간으로 멘토링 활동도 조직경영의 틀 안에서 이뤄지므로 타당한 기간이다.

12개월은 기업에 지원기간으로 특히 신입사원의 이직률이 1년 내 가장 많은 것도 함께 고려한 기간이다.

12개월은 미팅 활동 최소기간으로 회사 제도적 멘토링 프로그램으로 관리하고 기간이 종료하면 그 후 자유롭게 전통적 방식의 멘토링으로 전환하여 평생까지 가능하다.

12개월 동안에 멘토가 멘제를 성숙시켜 자신과 같은 멘토로 재생산하여 다음 기회의 멘토링에서 멘토로 함께 활동하는 것이 최상의 성공 멘토링이다.

일반 사회 결혼도 사전에 철저히 준비해서 독립 가정을 이루게 하듯이 멘토 / 멘제도 12개월 기간에 학습그룹과 운영그룹에서 책임 있게 지원하여 차후 성숙된 멘토링으로 유도하도록 한다.

1. 12개월 과정별 일정표

멘토링 프로젝트 운영 기간은 12개월을 모델로 하고 사전에 추진 준비 과정 3월, 그리고 교육과정, 활동과정, 평가과정 순서로 수행한다. 기업의 요청에 따라 6개월 / 9개월 / 12개월 등으로 적용할 수 있다.

구 분	예비1	예비2	예비3	실행1	2	3	4	5	6	7	8	9	10	11	12	1
추진과정 1. 운영안 작성 2. 매뉴얼 개발 3. Semi On Line 4. 주간 email 영상개발	☐	☐	☐													
교육 과정 1. 전문가 양성과정 2. 간부급 과정 3. Workshop과정 4. 보수교육과정 5. 결연식 과정				☐☐☐☐			☐				☐			☐		
활동과정 1. 그룹 – 계간활동 2. 개인 – 주간활동 3. 멘토 월간보고 4. 멘제 월간보고 5. 월간 현장 컨설팅				☐☐☐☐	☐☐☐☐	☐☐☐☐☐	☐☐☐☐	☐☐☐☐	☐☐☐☐☐	☐☐☐☐	☐☐☐☐	☐☐☐☐☐	☐☐☐☐	☐☐☐☐	☐☐☐☐☐	
평가과정 1. 정성 / 정량평가 2. 멘토인증서 3. 우수자 포상 4. 종료식						☐			☐			☐			☐	☐☐☐☐

2. 12개월 월별 일정표

　소직 개빌용으로 적용되는 멘토링 프로그램은 4개 과정(4 – Process)에 적용되는 추진과정, 교육과정, 활동과정, 평가과정으로 구분하여 12개월별로 구체적으로 운영계획을 현장에서 실행할 수 있는 내용이다.

월 별	4개 과정(Process) 프로그램			
	추진과정 프로그램	교육과정 프로그램	활동과정 프로그램	평가과정 프로그램
준비 1월 준비 2월 준비 3월	매뉴얼 작성 환경분석 TFTeam구성 활동목표설정 동기부여설계 평가기준설계	전문가 양성 간부특강		
실행 1월 실행 2월 실행 3월	T/G 결연식 월간 프로그램	도입 Workshop	주간 이메일 주간 개인미팅 계간 그룹미팅	
실행 4월 실행 5월 실행 6월	월간 프로그램	보수교육	주간 이메일 주간 개인미팅 계간 그룹미팅	중간평가
실행 7월 실행 8월 실행 9월	월간 프로그램	보수교육	주간 이메일 주간 개인미팅 계간 그룹미팅	중간평가
실행 10월 실행 11월 실행 12월	월간 프로그램	보수교육	주간 이메일 주간 개인미팅 계간 그룹미팅	중간평가
종료 1월	종료식			최종평가 멘토인증서

3. 12개월 예산편성표

◀ 경비산정기준: 멘토링 활동 인원 20쌍 − 40명 12개월

◀ 경비산정가격: 일반산정가격: 28,900,000원(부가세 별도)

◀ 고객선택가격: 단위 1,000원

1) 기업의 주문형으로 과정별, 단가, 수량, 일정, 시간 등을 선택 한다.

2) 기업이 총예산을 제시하면 저희가 맞게 예산편성 한다.

과정	세부항목	단위	단가	일반견적가격		고객선택가격	
				수량	가격	수량	가격
추진 과정	운영안 개발	일(D)	300	6	1,800		
	매뉴얼 개발	일(D)	300	5	1,500		
	Semi On Line Cafe	세트 월(M)	3,000 500	1 12	별도		
	주간 이메일 학습	주(w)	50	52	2,600		
교육 과정	전문가 양성	시간(H)	40	20	800		
	현장 간부특강	시간(H)	300	2	600		
	현장 Workshop	시간(H)	300	16	4,800		
	현장 보수교육	시간(H)	300	6	1,800		
	멘토 / 티 결연식	일(D)	800	1	800		
	수강교재 100p	권(C)	20	40	800		
활동 과정	주간미팅 활동비	쌍 / 월(M)	50	12	자체		
	계간미팅 행사비	계간(S)	1,000	3	자체		
	월간 컨설팅 출장	월(M)	800	12	9,600		
평가 과정	평가컨설팅출장	회	2,000	1	2,000		
	우수자 포상비	건	400	3	자체		
	멘토 인증서 수여	명(P)	20	20	400		
행정 경비	강사 출장 여비	명	200	4	800		
	행정서식 개발	건	100	6	600		
	부가가치세	10%					
합계(부가세 별도)					28,900		

멘토링 CEO 명상록
Mentoring Meditation

사람을 변화시키는 것은 머리가 아니라 가슴이라고 했다. 많은 사람들이 오늘날 똑똑한 사람은 많은데 인간적인 사람, 그리고 쓸 만한 사람은 드물다고들 한다. 멘토링은 먼저 인간(Humanity)적으로 된 사람 그다음에는 적성(Aptitude)에 맞게 제대로 마음과 지식을 갖춘 든 사람 그리고 나중에 전문지식이나 첨단기술(Hightech)을 갖춘 난사람 순서로 인재가 개발되기를 기대한다. 여기에 특히 정서적인 지원을 바탕으로 12가지 주제를 선정하여 경영 모델에 촉진제로 활용할 수 있도록 명상록을 소개한다.

주제 1. 경영	주제 2. 교육	주제 3. 사랑
주제 4. 신앙	주제 5. 탈무드	주제 6. 팡세
주제 7. 명시	주제 8. 철학	주제 9. 여성
주제 10. 리더십	주제 11. CEO	주제 12. 세계명언

주제 1. 경영

－피터 드러커(Peter F. Drucker, 1909～2006, 오스트리아)

경영의 거장들은 누구의 아이디어에 귀를 기울일까? 하버드 비즈니스 리뷰(HBR)는 12월호에서 '대가들이 뽑은 대가(gurus' gurus)' 1위에 피터 드러커가 선정됐다고 보도했다.

HBR은 인터넷 검색엔진의 검색 순위, 서적, 미디어 등에서 인용된 순위 등을 계량화해서 200명의 '경영의 대가'들의 순위를 매긴 후, 이들에게 다시 '누구를 대가라고 생각하는가?'라는 설문을 통해 '대가들이 뽑은 대가'를 선정했다.

200명 중 60여 명이 응답한 가운데 피터 드러커가 8표로 1위를 차지했다. 피터 드러커는 원래 대가 순위에서 4위에 올랐다. 현대 경영학의 창시자라고 불리는 피터 드러커는 오스트리아 태생이지만 1937년 미국으로 건너가 그의 최초의 저서인 『경제인의 종말』을 출간한 이후 지금까지 『자기경영노트』, 『미래경영』 등 30여 권에 이르는 경영 전문서를 냈다. 그는 2006년 작고하기까지 자신의 이름을 딴 드러커 경영대학원(구 클레어먼트대 경영대학원)의 석좌 교수를 맡고 있었다.

Tip 1. 경영이란? (피터 드러커)

기업은 이윤 추구라는 기업 목적을 달성하기 위하여 기술적 조직을 갖게 되는데 이것을 경영이라고 한다.

기업이 경제적이라면 경영은 기술적인 것이라고 할 수 있다. 따라서 양자는 별개의 것이며 그 범위도 다르다. 소규모 기업에서는 경영의 조직 범위가 기업의 조직 범위와 일치하고 있지만 대규모 기업에서는 기업은 몇 개의 경영 단위를 포함할 수 있다.

경영은 사회적 구성체이므로 반드시 일정한 목적과 직무를 수행하게 된다. 이러한 경영체는 자본과 경영의 분리에 따라 성립된 것이다.

현대의 경제사회는 너무나도 복잡하고 다양하여 전체적으로 파악하기 어렵다. 그러므로 경영 역시 기술 면, 사회 면, 경제 면, 자본 면 등의 분야에서 각각의 경영 이념이 성립하게 된다. 경영의 개념은 크게 다음과 같이 구분할 수 있다.

Tip 2. 경영자의 미래 청사진(피터 드러커)

◀ 경영자는 항상 장래의 목표로서 사업상 의사결정을 행하는 것이다. (경영의 실제)

◀ 장래를 설계하는 데는 용기가 필요하다. 그러나 신념도 필요

한 것이다. (결실 있는 경영)

◀ 장래에 관한 구상에서 틀림없이 실패하는 것은 명확히 '확실한 것', '위험이 없는 것', '실패하는 일은 없다'는 구상이다. 미래 기업이 이룩되는 토대가 되는 구상이란 것은 불확실한 것이 될 것이다. (결실 있는 경영)

◀ 미래를 설계하는 작업의 목적으로 내일 무엇을 해야 하는가를 결정하는 것이 아니라, 미래로 가기 위해서는 오늘 무엇을 해야 하는가를 결정하는 것이다. (결실 있는 경영)

◀ 경영자는 그 기업의 장래에 대해서도 더욱 시간과 사색을 할애해야 하며 그 밖에도 많은 일에 대하여, 예를 들면, 경영자의 사회적 책임이라든가 지역사회의 책임에 대해서도 더욱 시간과 사색을 할애해야 한다. 그러한 일이 없다면 경영자도 그 기업도 함께 매운 벌을 받게 될 것이다.

◀ 경영자는 항상 현재와 먼 장래라는 두 개의 시간을 고려하지 않으면 안 된다. 눈앞의 이익만을 추구하는 것과 장기적으로 보아서 회사의 이익 내지는 그 존속조차 희생된다면 경영의 문제는 결코 해결되지 않는다. (경영의 실제)

◀ 석공이 "당신은 무엇을 하고 있습니까?"라고 질문을 받았을 때의 이야기가 있다. 첫째 남자는 이 질문에 대해 "나는 이것으로 생계를 유지하고 있습니다."라고 대답했다. 둘째 남자는 망치를 휘두르며 "나라에서 제일가는 석공 일을 하고 있습니다."라고 대답했다. 셋째 남자는 환상적인 눈초리로 먼 하늘을 바라보며 "나는 이곳에 훌륭한 사원을 세우고 있습니다."라고 대답했다. 이 비유에서 진실로 경영자라고 할 수 있는

사람은 셋째 남자이다. (경영의 실제)

1) 기술적 경영개념 – 경영을 기술론적 입장에서 접근하는 방법 으로 분업 조직체설, 경영관리설, 지배관계설 등을 말한다.

2) 경제적 경영개념 – 경영을 경제적인 면에서 접근하는 방법으 로 생산단위설, 가치관계설, 자본운동설 등이 여기에 속한다.

3) 사회적 경영개념 – 경영이라는 사회적 구성체인 인간의 접촉 관계를 접근시키는 방법으로 인간관계, 노사관계 등이 여기에 포함된다.

Tip 3. 목표 달성에 투철하라(피터 드러커)

– 이익을 올리는 책임은 절대적인 것이며 경영자는 그 책임을 회피할 수 없다.

– 경영의 질을 판단하는 것은 결국 산업체이다. 백 가지 지식보 다도 실제로 달성된 성과야 말로 중요한 기준일 뿐 아니라 우 수한 업적의 달성이 사업경영의 목적이기도 하다. 따라서 경영 이란 과학도 전문직업도 아니다.

– 경영자는 어떤 결정, 어떠한 행동의 경우도 사업의 경제적 성 과를 우선적으로 생각하지 않으면 안 된다. 결국 경영자는 자 신의 사업에서 경제적인 성과를 달성함으로써 비로소 그 존재 와 권위를 인정받을 수 있는 것이다. 사업 활동에는 종업원의 행복과 사회의 복지, 문화의 공헌이란 비경제적인 성과도 물론 있다. 그러나 사업이 경제적인 상과를 달성할 수 없으면 그것

은 경영자에게는 치명적인 것이다. 예를 들면, 소비자가 납득할 만한 가격으로 상품이나 서비스를 제공할 수 없으면 그 사업의 경영자는 낙제다. 이익을 올림으로써 기업을 유지 내지 발전시킬 수 없는 사업경영자도 마찬가지다.

- 기업체의 한 기관으로서의 경영자층은 그 기업체에 한해서 또 그 기업의 경영성과에 대해서만 책임을 지게 되는 것으로 그 이외의 모든 것에 대해서 또는 그 이외의 그 누구에게도 책임을 질 수 없는 것이다.

- 경영자의 임무는 어디까지나 경제적인 성과를 올리는 데 있으며 그 임무를 이루기 위해 필요로 하는 이외에 권한 행사는 용서받지 못한다. 이 한계를 넘어서 시민 내지 시민의 문제에 간섭을 하는 것은 경영자로서 권한 남용이다.

주제 2. 교육

Tip 1. 가장 유능한 사람은 - 괴테 -

평범한 사람은 가르쳐 줘야 배우지만 지혜로운 사람은 책을 통해서 배움의 기회를 넓혀 갑니다.

그러나 정말 대단한 사람은 모든 상황을 배움의 기회로 만듭니다.

실패하고, 좌절하고 낙심할 때 "왜 이런 상황이 왔을까?" 하고 스스로 의문을 던집니다.

남이 성공해서 보통사람들이 시기 질투할 때 "어떻게 해서 성공했을까?" 하고 연구하기 시작합니다.

도무지 풀릴 것 같지 않은 삶의 숙제를 만났을 때 보통사람 같으면 삶의 몽둥이에 주눅 들어 의기소침할 때 그럴 때도 정말 대단한 사람은 배움의 기회로 만들어 버립니다. 그것은 사색의 힘이고 지성의 능력이며 인생을 살아가는 실력입니다.

괴테는 가장 유능한 사람을 '배우는 사람'이라고 했습니다.

이 말에 주석이 필요하다면 가장 유능한 사람은 모든 상황을 배움의 기회로 만드는 사람이 아닐까요?

Tip 2. 빅토르 위고(Victor Hugo) 어린 시절 칭찬

그의 어린 시절은 부모의 비정상적인 생활로 인하여 방황의 연속이었다. 그러던 그가 13살 때 학교 백일장에서 우수상을 받았다. 그것을 계기로 그는 서사시, 희곡, 그리고 소설 등을 써 냈는데 그때마다 선생님들은 '탁월한 소년'이라며 칭찬을 아끼지 않았다. 이에 힘입어 계속 노력한 결과 그는 불후의 명작『레미제라블』을 남겼다. 선생님의 칭찬 한마디가 자신감을 갖게 하였고 명작을 탄생시키는 힘이 되었다.

Tip 3. 인간(야곱 베헤맨)

사람들은 때때로 늑대와 같습니다. 그래서 잔인하고 무자비합니다. 피에 목말라 있습니다.

사람들은 때때로 개와 같습니다. 그래서 물려고 덤버들고 뼈 하나를 가지고 으르렁대며 다툽니다.

사람들은 때로는 여우와 같습니다. 그래서 간사하고 음흉합니다.

사람들은 때로는 곰과 같습니다. 그래서 미련하고 추하기도 합니다.

사람들은 때로는 표범과도 같습니다. 그래서 잡을 수 없이 빠르고 계산적입니다.

사람들은 때로는 벌과 같습니다. 그래서 날쌔고 교활합니다.

Tip 4. 용기 있는 사람

최상의 용기는 분별력이다. (셰익스피어)

용기 있는 곳에는 희망이 있다. (타키루스)

용기는 당면한 문제를 해결하는 데 있다. (에머슨)

절제 없는 용기는 나쁜 방향으로 몰고 간다. (에머슨)

용기에 약한 자가 교황에는 강하다. (블레이크)

Tip 5. 인권교육

교사의 93.6%가 인권교육이 필요하다고 생각하는 것으로 조사됐다.

국가인권위원회는 21일 한기철 서울대교육연구소 책임연구원에 의뢰해 전국 초·중·고 77개 학교 910명의 교사를 대상으로 설문 조사를 실시한 결과 이같이 나타났다고 밝혔다.

인권교육에 대해 교사의 93.6%가 필요하다고 답한 반면 '필요 없다'는 응답은 1%에 그쳐 교사 대부분이 인권교육의 필요성에 공감했다.

우리나라 인권문제에 대해서는 14.6%는 매우 심각하다고 답했고 56.2%는 비교적 심각한 편이라고 말해 70%가 인권현실을 심각한 수준으로 파악하고 있었다.

반면 양호한 편(3.4%), 매우 양호(0.2%)는 소수에 그쳤다.

인권교육 독립교과목 편성 여부와 관련해서는 78.9%가 '필요하지 않다', 21.1%가 '필요하다'고 답했고, 인권관련 내용의 편성방법에 대해서는 64.6%가 '기존단원에 통합 편성해야 한다', 33.4%가 '독립단원으로 구성해야 한다'고 응답했다.

교사들은 또 인권교육 시작 시점으로 유치원(60.8%), 초등학교 4학년(11.5%), 초등학교 1학년(7.9%) 등을 꼽았고, 현재 실시 중인 인권관련 수업횟수는 1~5회가 64.1%, 6~10회가 19.7%로 대부분 10회 이하라고 답했다.

한편 교사들은 인권교육에서 다뤄야 할 핵심개념으로 인간으로서의 존엄과 가치, 인간다운 생활권, 차별받지 않은 권리 등을 꼽았고 인권교육을 통해 학생들이 타인존중, 공동체의식, 관용적 태도, 자기존중 등을 갖출 수 있을 것으로 기대했다.

교사들은 또 인권교육을 저해하는 요소로 지나친 입시경쟁, 과밀학급, 교직사회의 권위주의적 분위기를 지적했고 인권교육을 위한 환경으로 교사, 학생 간의 신뢰 형성, 학생들의 건전한 문화, 건전한 대중매체 활용 등을 꼽았다.

(서울＝연합뉴스) 정윤섭 기자 jamin74@yna.co.kr

주제 3. 사랑

Tip 1. 하나님의 눈물 - 노영욱의 시 ≪주님≫

제가 첫사랑의 설레는 마음으로 주님께 무릎을 꿇게 인도하소서. 상처를 그대로 드러내놓고 아픈 대로 눈물 나는 대로 울게 하옵소서. 저는 지금 끊임없이 눈물을 흘리고 있습니다. 저의 기도는 하나님의 눈물입니다. 제가 목이 메어 기도드리다가 멈추고…… 또 기도드리다가 멈출 때마다 하나님께서는 손수건을 꺼내 함께 눈물을 흘리시며 제 눈물을 닦아주시니 감사를 드립니다.

* 아내의 눈물은 헛되지 않습니다. 기도하면서 흘리는 아내의 눈물은 더욱 헛되지 않습니다. 그 눈물은 단 한 방울도 새지 않고 남편의, 아들과 딸들의 영혼의 우물에 그대로 고여, 힘들고 외롭고 아플 때마다 씻어주고 닦아주고 일으켜 세워줍니다. 기쁨의 눈물, 사랑의 눈물입니다.

Tip 2. 고향집 어머니 - 권영분의 시 ≪어머니≫(전문)에서

어머니는 언제나 하늘을 이고 긴 밭고랑 김을 매시며 기도를 한다 급행열차도 서지 않는 산골마을 토담집에서 도시로 나간 큰 자식, 둘째, 셋째, 넷째, 다섯째 여전히 어머니 안에 살고 있는 어린 아이로 금방이라도 들릴 것 같은 웃음소리에 기다림의 행복으로 살고 계신다

곡식이 익어 가는 계절의 소리 해질녘 돌아오는 작은 발소리 흙냄새 배어 있는 어머니 모습 깊은 물소리 없이 흐르듯 어머니 깊은 마음은 자연만큼 편안하다

* 어머니…… 생각만 해도 가슴이 뭉클해집니다. 제 아무리 나이가 들어도 어머니 품속에서만큼은 언제나 어린아이입니다. 고향집 어귀에 들어설 때면 언제나 맨발로 달려 나와 두꺼워진 손으로 얼굴을 쓰다듬어 주시는 내 어머니. 어머니 계신 곳이 내 고향이고, 영원한 마음의 안식처입니다.

Tip 3. 다이아몬드보다 값진 선물

세상에서 가장 값진 선물이 무엇이냐 물으면 우리들은 대개 '다이아몬드'라고 답을 합니다. 옳습니다. 무엇으로도 깰 수 없는 절대 가치와 무엇과도 비교할 수 없는 아름다움이 있기에 다이아몬드는 지상 최고의 선물입니다. 그렇기에, 연인들은 평생 간직할 사랑의

정표로 다이아몬드 반지나 목걸이를 원하고, 많은 신혼부부들이 그런 선물을 주고받습니다. 그러나 그 아름다운 선물은 오래도록 사랑받지 못합니다. 언제나 꺼내두고 보기도 어렵고, 몸에 지니고 다니기도 쉽지 않습니다. 아름답고 귀한 만큼 부담스럽기 때문입니다. 자랑스럽지만 잃을까 두렵기 때문입니다. "한번 선물하면, 받은 사람이 영원히 지니고 다닐 그런 선물을 해본 적이 있습니까?" 미국적십자가 '헌혈'을 권하는 광고입니다. 아, 선물 받은 사람이 평생을 몸에 간직하고 다닐 선물! 세상에! 우리 몸속에 그렇게 귀한 선물이 있다니! 그렇습니다. 다이아몬드보다 위대한 선물. 자, 그런 선물 한번 해보고 싶지 않으십니까?

Tip 4. 오 헨리 단편 중 -「크리스마스 선물」

"1달러 87센트 그것이 전부였다." 저 유명한 오 헨리의 명작 단편 「크리스마스 선물」의 첫 문장이다. 여주인공 델러가 남편 짐에게 선물을 사 주려고 모은 돈은 겨우 1달러 87센트였다는 시작 부분에서 이미 독자들은 가느다란 한숨을 내뿜게 된다. 머리를 잘라서 시곗줄을 산 가난한 아내, 시계를 팔아 머리빗을 산 남편의 기막힌 성탄해후가 지난 100년 동안 독자들의 가슴을 흔들어 놓곤 했다.

Tip 5. 사랑과 시간 [틱낫한의 『힘』 중에서]

당신이 너무 바빠서 아이들, 아내를 위해 시간을 낼 수 없다면 당신은 그들을 사랑한다고 말할 수 없다. 사랑은 원할 때 곁에 있어 주는 것이며 그를 위해 온전히 자신의 시간을 내주는 것이기 때문이다. 당신이 거기 존재하지 않는데 도대체 어떻게 그들을 사랑할 수 있겠는가?

  * 사랑은 시간이라는 묶음으로 발목을 묶고 함께 달리는 경주와 같습니다. 서로 시간을 할애하여 발을 맞추지 않으면 이내 넘어지고 맙니다. 지금 시간을 내십시오. 사랑의 시간을…….

  사랑은 미루는 것이 아닙니다. 이런 약속을 지켜보신 적이 있으십니까? '언제 한번 저녁이나 함께 합시다. 언제 한번 술이나 한잔 합시다. 언제 한번 차나 한잔 합시다. 언제 한번 만납시다. 언제 한번 모시겠습니다. 언제 한번 찾아뵙겠습니다. 언제 한번 다시 오겠습니다. 언제 한번 연락드리겠습니다.' 언제 한번은 오지 않습니다. '오늘 저녁' 약속이 있느냐고 물어보십시오. '이번 주말'이 한가한지 알아보십시오. 아니, '지금' 만날 수 없겠냐고 말해 보십시오. '사랑'과 '진심'이 담긴 인사라면, '언제 한번'이라고 말하지 않습니다. 사랑은 미루는 것이 아닙니다.

Tip 6. 사랑하면 보여요.

  존재하지 않더라도 사랑하면 보여요. 상대의 마음도 보이고요, 이웃의 아픔도 보이고요. 그냥 보아서 보는 것은 아름다운 게 아니에요. 마음으로 보이는 것, 사랑으로 인해 보는 것이 진정한 아름

다움이랍니다. 정말이랍니다. 모든 만물을 예쁜 사랑으로 본다면
세상에는 무서울 것이 없으리라 믿습니다. 용서하고 북돋우어 주고
이끌어 주고 밀어 주고 한다면 누구든 자신 있게 세상을 잘 살 것
입니다.

주제 4. 신앙

Tip 1. 하나님이 싫어하시는 것 7가지

1. 교만한 눈이다(롬12장).
2. 거짓된 혀이다(히6:18, 행5:1 – 11).
3. 잔인한 손이다(창9:6).
4. 사악한 마음이다.
5. 악을 향한 발걸음이다(잠6:18).
6. 거짓증인이다(시27:12, 마26:59 – 61, 행25:7 – 8).
7. 이간하는 마음이다.

Tip 2. 천국과 지옥 – 최일도 목사

– 천국은 우리가 찾아가는 곳이 아니라 마음을 돌려 다가오게

만드는 곳이다. 죽은 뒤에 펼쳐지는 낙원이 아니라 바로 지금, 바로 여기, 내 마음에서부터 천국이 시작된다.

 * 내가 머물러 선 바로 지금, 바로 여기! 천국일 수도 있고 지옥일 수도 있습니다. 천국과 지옥은 다 자기 마음 안에서 창조되는 것이니, 사랑과 기쁨, 감사, 희망의 재료들로 자기 안에 지옥이 아닌 천국을 만들어 보면 어떨까요.

Tip 3. 또 하나의 열매를 바라시며

감사해요 깨닫지 못했었는데 내가 얼마나 소중한 존재라는 걸 태초부터 지금까지 하나님의 사랑은 항상 날 향하고 있었다는 걸 고마워요 그 사랑을 가르쳐준 당신께 주께서 허락하신 당신께 그리스도의 사랑으로 더욱 섬기며 이제 나도 세상에 전하리라. 오늘 날 너를 보내어 나를 영접케 하신 이스라엘의 하나님 여호와를 찬송할지로다(삼상25:32)

Tip 4. 처음 믿는 사람의 열심을 보며(Holytoon.com)

무언가 잃어버린 것 같습니다. 아무것도 없어도 하나님 한 분만으로 만족하던 그 행복함과 그리고 너무나 행복했던 구원의 기쁨과 밤새워 눈물 흘리며 기도하던 그 열정과 열심히 줄을 쳐가며 성경을 읽던 열심도 제 마음속에 잘 보이지 않습니다. 하지만 무척이나 그립습니다. 하나님! 주의 구원의 즐거움을 내게 회복시키시고 자원하는 심령을 주사 나를 붙드소서(시편51:12)

Tip 5. 12월 주님의 시간에……

지금 이 시간 어느 곳에서는 새 생명이 태어나고, 또 다른 어느 곳에서는 하나님의 부르심을 받는 우리의 이웃이 있습니다. 우리가 생각지도 못하게 어느새 하루가 일 년이 지나갔네요. 지금의 시간에 충실한 우리가 되길 기도드립니다. 12월 주님의 시간에……

만일 그 종이 마음에 생각하기를 주인이 더디 오리라 하여 노예를 때리고 먹고 마시고 취하게 되면 생각지 않는 날 알지 못하는 시간에 이 종(鐘)의 주인이 이르러 엄히 때리고 신실치 아니한 자의 받는 율(律)에 처하리니……(눅12:45 – 46)

주제 5. 탈무드

Tip 1. 일곱 가지 단계

<탈무드>에 의하면 남자의 생애는 7단계로 나눈다.

1) 한 살은 임금님 - 모두가 모여서 왕을 모시듯이 달래거나 어르거나 비위를 맞춘다.

2) 두 살은 돼지 - 흙탕 속을 뛰어다닌다.

3) 열 살은 양 - 웃고 떠들고 뛰어다닌다.

4) 열여덟 살은 말 - 크게 자라서 자기의 힘을 남에게 과시해 보려고 한다.

5) 결혼하면 당나귀 - 가정이라는 무거운 짐을 지고 터벅터벅 걸어가지 않으면 안 된다.

6) 중년은 개 - 가족을 살리기 위해 사람들의 호의를 구걸하지 않으면 안 된다.

7) 노년은 원숭이 - 어린이로 되돌아가지만 아무도 관심을 기울

여 주지 않는다.

Tip 2. 술의 기원

이 세상에서 최초의 인간이 포도를 재배하고 있었다. 거기에 악마가 찾아와서 물었다.

"무엇을 하고 있는가?" "멋진 식물을 심고 있지!" "이런 식물은 본 일이 없는데……"

인간은 악마에게 말했다. "여기는 아주 달콤하고 맛있는 열매가 열려서 그 즙을 마시면 당신은 행복하게 될 것이다."

악마는 그렇다면 자기도 꼭 한몫 끼워 달라고 말하면서 양과 사자와 돼지와 원숭이를 데리고 오더니 이 네 마리를 죽여서 그 피를 비료로 쏟아부었다 한다. 이것이 포도주가 생긴 유래이다. 술은 처음 마시기 시작할 때 양처럼 순하고 그보다 더 마시면 돼지처럼 더럽게 된다. 너무 지나치게 마시면 원숭이처럼 춤추거나 노래 부르거나 한다. 이것이 악마가 인간에게 준 선물인 것이다.

Tip 3. 나무열매

어떤 노인이 뜰에서 묘목을 심고 있었다. 그곳을 지나가던 한 나그네가 그것을 보고 노인에게 물었다.

"당신은 그 나무에서 열리는 것이 언제쯤이라고 예상합니까?" "아마 70년 정도 지나면 열매가 열릴 것이요." "그러면 당신은 그

토록 오래 살게 됩니까?" "아니오! 그렇지 않습니다. 내가 태어났을 때 과수원에는 풍부하게 열매가 맺혀 있었습니다. 그것은 내가 태어나기 전에 아버지가 나를 위하여 묘목을 심어 주셨기 때문이었습니다. 그와 마찬가지일 뿐입니다."

Tip 4. 포도원 여우

어느 날 한 마리 여우가 포도원 옆에 서서, 어떻게든지 그 속에 들어가려고 벼르고 있었다. 그러나 울타리가 있어서 기어 들어갈 수가 없었다. 여우는 사흘 동안 단식하여 몸을 가늘게 만들어서 간신히 울타리 틈을 빠져 침입하는 데 성공했다. 포도원에 들어간 여우는 포도를 실컷 먹은 다음 포도원을 빠져나가려고 했지만 이제는 배가 불러 울타리의 틈을 빠져나갈 수가 없었다.

그래서 할 수 없이 다시 3일간 단식하여 몸을 가늘게 만들어서야 겨우 빠져나올 수가 있었다. 이때 여우가 탄식하며 말했다.

"결국 뱃속은 들어갈 때와 나갈 때가 같구나!"

인생도 그와 마찬가지이다. 발가숭이로 태어나고 죽을 때도 역시 발가숭이로 가지 않으면 안 된다.

사람은 죽어서 가죽과 부귀와 선행 세 가지를 이 세상에 남긴다. 그러나 선행 이외는 과히 대단한 것이 못 된다.

Tip 5. 유대인의 지혜로운 가치관은?

가장 현명한 사람은? - 많은 사람으로부터 배우려고 하는 사람이다.

가장 부유한 사람은? - 자기가 가지고 있는 것에 만족할 줄 아는 사람이다.

가장 강한 사람은? - 자기와 싸워 이기는 사람이다.

주제 6. 파스칼의 『팡세』

Tip 1. 생각하는 갈대

－생각하는 갈대, 내가 나의 존엄성을 구하려는 것은 공간에서가
아니라, 내 사고의 규제에서이다. 내가 아무리 많은 영토를 소유하
더라도 그 이상의 것을 손에 넣었다고 할 수는 없다. 우주는 공간
으로써 나를 포용하고, 하나의 점인 양 나를 삼켜 버린다. 그러나
나는 사고로써 우주를 포용할 수 있다.

Tip 2. 인간의 존엄성

－인간은 하나의 연약한 갈대에 지나지 않는다. 모든 자연 중 가
장 약한 존재이다. 그러나 그것은 생각하는 갈대이다. 그를 무찌르
기 위해 전 우주가 무장할 필요는 없다. 한 줄기의 증기, 한 방울
의 물만으로도 그를 죽이기에 충분하다. 그러나 우주가 그를 무찌

른다 해도 인간은 자기를 죽이는 자보다 더 고귀하다. 왜냐하면 인간은 자기가 반드시 죽어야만 한다는 사실과 우주가 자기보다 강하다는 사실을 알지만, 우주는 그것을 전혀 모르고 있기 때문 이다. 그러므로 인간의 존엄성은 그의 사고에 있는 것이다. 우리는 사고에 의해서 스스로를 높여야 한다. 우리가 모두 채울 수 없는 공간이나 시간에 의해서가 아니다. 그러므로 인간은 잘 사고하기에 힘써야 한다. 이것이 바로 도덕의 근본이다.

Tip 3. 두 종류의 사람

파스칼의 『팡세』 중 제2부 신과 인간 중의 한 대목입니다.

세상에는 두 종류 사람밖에 없다.

– 하나는 자신을 죄인이라고 생각하는 의인(義人)이며,

– 다른 하나는 자신을 의인이라고 생각하는 죄인(罪人)이다.

어쩌면 이렇게도 간결하게, 그리고 똑떨어지게 표현할 수 있었을까? 당신은 파스칼이 말한 두 종류의 사람 중 어느 쪽에 속합니까? 속사람에게 조용히 물어보는 묵상의 시간을 갖는 일에도 유익이 있습니다.

주제 7. 명시

Tip 1. 꽃(김춘수 시인)

내가 그의 이름을 불러 주기 전에는 그대는 다만 하나의 몸짓에 지나지 않았다. 내가 그의 이름을 불러 주었을 때 그는 나에게로 와서 꽃이 되었다. 내가 그의 이름을 불러 준 것처럼 나의 이 빛깔과 향기에 알맞은 누가 나의 이름을 불러다오 그에게로 가서 나도 꽃이 되고 싶다. 우리들은 모두 무엇이 되고 싶다 너는 나에게 나는 너에게 잊혀지지 않는 하나의 눈짓이 되고 싶다.

Tip 2. 초원의 빛(윌리엄 워즈워즈, 영국 계관시인)

여기 적힌 먹빛이 희미해짐을 따라 그대 사랑하는 마음 희미해진다면
여기 적힌 먹빛이 마름해 버리는 날 나 그대를 잊을 수 있을 것

입니다.

그렇게도 찬란한 빛이었건만 이제는 영원히 사라져 버린 초원의 빛이여! 꽃의 영광이여!

그것이 돌아오지 않음은 서러워 말라 그 속에 간직된 오묘한 힘을 찾을지라.

초원의 빛이여! 그 빛이 빛날 때 그때 영광 찬란한 빛을 얻으소서

Tip 3. 인생찬가

(롱펠로우(Longfellow 1807~1882) 교수 - 하바드대 현대시) 1938년 작품으로 *Voices of the Night*(1939)에 발표되었다. 이 <인생찬가>는 젊은 사람들을 위해 쓴 작품으로 널리 애창되고 있다. 롱펠로우는 낙천적 경향을 지니고 있는바 이상주의적인 경향을 보여주고 있다. 감상적인 면을 주저함 없이 표현한 시도 많이 있고 더구나 사상도 명확하지 못하나 대중에게 사랑을 받았다.

슬픈 사연으로 내게 말하지 말라.
인생은 헛된 꿈에 불과하다고!

잠자는 영혼은 죽은 것이어니
만물의 외양의 모습 그대로가 아니다.
인생은 진실이다! 인생은 진지하다.
무덤이 그 종말이 될 수는 없다. "너는 흙이니 흙으로 돌아가라."

이 말은 영혼에 대해 한 말은 아니다. 우리가 가야 할 곳,
또한 가는 길은 향락도 아니요 슬픔도 아니다.

저마다 내일이 오늘보다 낫도록 행동하는 그것이 목적이요 길이다.
예술은 길고 세월은 빨리 간다.

우리의 심장은 튼튼하고 용감하나 싸맨 북소리처럼
둔탁하게 무덤 향한 장송곡을 치고 있느니,

이 세상 넓고 넓은 싸움터에서
인생의 노영 안에서 발 없이 쫓기는 짐승처럼 되지 말고

싸움에 이기는 영웅이 되라. 아무리 즐거워도 미래를 믿지 말자
죽은 과거는 죽은 채 매장하라! 활동하라, 살아 있는 현재에 활
동하라!

안에는 마음이, 위에는 하나님이 있다.
위인들의 생애는 우리를 깨우치느니,

우리도 장엄한 삶을 이룰 수 있고,
우리가 떠나간 시간의 모래 위에 발자취를 남길 수가 있느니라.

그 발자취는 뒷날에 다른 사람이,
장엄한 인생의 바다를 건너가다가 파선되어 버려진 형제가 보고

다시금 용기를 얻게 될지니,

우리 모두 일어나 일하지 않으려나, 어떤 운명인들 이겨낼 용기를 지니고,
끊임없이 성취하고 계속 추구하면서 일하며 기다림을 배우지 않으려나.

주제 8. 철학

〈극복해야 할 여섯 가지 결점〉

로마의 철학자이자 정치가였던 키케로는 인간이 극복해야 할 여섯 가지 결점에 대해 다음과 같이 지적했다.

1. 자기의 이익을 위해서라면 남을 희생시켜도 된다는 식으로 생각하는 것.
2. 변화나 수정이 불가능하다고 고집하고 걱정만 하는 것.
3. 어떤 일에 대해 도저히 성취할 수 없다고 생각하고 움직이지 않는 것.
4. 사소한 애착이나 기호를 끊지 못하는 것.
5. 수양이나 개발을 게을리 하고 독서와 연구 습관을 갖지 않는 것.
6. 자기의 사고방식이나 행동 양식을 남들에게 강요하는 것.

고통 속에 아파하다 죽어 가는 사람을 보면 대부분 커다란 병 하나 때문이다. 작은 암세포 하나 때문에, 보잘것없는 바이러스 하나 때문에 쓰러진다. 보잘것없어 보이는 작은 결점 하나 때문에 삶이 무너질지도 모른다. 그러나 불행하게도 자신의 결점을 자신은 모르고 남이 알 때가 더 많다. 나의 결정적인 결점이 무엇인지 아는 사람은 이미 결점을 극복하기 시작한 사람이다.

> ─좌절을 경험한 사람은 자신만의 역사를 갖게 된다. 그리고 인생을 통찰할 수 있는 지혜를 얻는 길로 들어선다. 강을 거슬러 헤엄치는 사람만이 물결의 세기를 알 수 있다.
> ─쇼펜하우어, 『희망에 대하여』 중에서

> ─좌절을 경험한 사람은 실패한 사람이 아니다. 좌절을 경험하고 있는 사람도 실패하고 있는 사람이 아니다. 좌절 속에 그대로 머물러 있으려 하지만 않다면 좌절은 나를 강하게 만들고 지혜롭게 만들고 겸손하게 만든다.

Tip 1. 플라톤의 세 가지 감사조건

그리스 철학자 플라톤(Platon: BC 428~348)은 평생 세 가지에 감사한다는 글을 남겼다. 아래 내용들은 어찌 보면 아주 평범하고 소박한 것 같기도 하고 또 한편으로는 강한 자존감을 나타내는 내용인 듯도 하다.

첫째는 동물로 태어나지 않고 사람으로 태어난 것에 감사한다.

둘째는 이방인으로 태어나지 않고 희랍인으로 태어난 것에 감사한다.

셋째는 타 학문이 아니라 철학자로 태어난 것에 감사한다.

Tip 2. 어느 묘비명 앞에서

당신이 지금 웃으며 그곳에 서있듯이 나도 한때는 웃으며 그곳에 서있었소 내가 지금 누워 이곳에 잠들어 있듯이 당신도 언젠가는 이런 곳에 잠들 것이오 어서 돌아가서 나를 따를 준비나 하시오.

Tip 3. 플라톤의 부족의 행복

행복하기 위한 조건으로 플라톤은 다섯 가지를 꼽았다.

첫째, 먹고 입고 살기에 조금은 부족한 듯한 재산.

둘째, 모든 사람이 칭찬하기엔 약간 부족한 외모.

셋째, 자신이 생각하는 것보다 절반밖에 인정받지 못하는 명예.

넷째, 남과 겨루었을 때 한 사람에게는 이기고 두 사람에게는 질 정도의 체력.

다섯째, 연설을 했을 때 듣는 사람의 절반 정도만 박수를 보내는 말솜씨.

플라톤이 제시한 행복의 조건 다섯 가지의 공통점은 바로 '부족함'이다.

Tip 4. 도(道)

덕경 높은 사람이 도(道)를 들으면 성실하게 도를 알아보려고 하고 중간 사람이 도를 들으면 아는 듯 마는 듯 하고 낮은 사람이 도를 들으면 큰 소리로 웃을 것이다. 만일 이들이 웃지 않는다면 이것은 도가 될 수 없으리라.

Tip 5. 변화될 수 있는 인간 본성(버트런드 러셀)

인간의 본성은 무한히 순응적이지만 인간은 그들이 어떻게 취급받았는가에 따라 완전히 다르게 변할 수 있다. 따라서 나는 인간의 본성은 변화시킬 수 없다는 당신의 생각은 어리석은 것이라고 생각한다.

주제 9. 여성

Tip 1. 여성의 향기 – 피천득 『인연』 중에서

아무리 아름다운 여성도 청춘의 정기를 잃으면 시들어 버리는 것이다.

솔직하게 말하여 나는 사십이 넘은 여인의 아름다운 얼굴을 드물게 본다.

'원숙하다' 또는 '곱게 늙어간다'라는 말은 안타까운 체념이다. 슬픈 억지다.

여성의 미를 한결같이 유지하는 약방문은 없는가 보다.

다만 착하게 살아온 과거, 진실한 마음씨, 소박한 생활 그리고 아직도 가지고 있는 희망, 그런 것들이 미의 퇴화를 상당히 막아낼 수는 있을 것이다.

Tip 2. 여성을 칭찬할 때 쓰는 말 10가지

1. 마음씨가 참 곱군요.

2. 분위기가 참 우아하고 멋있습니다.

3. 미소가 참 밝습니다.

4. 미모가 뛰어나시네요.

5. 머리모양이 세련되었네요.

6. 맡겨진 일을 잘하시는 모습이 보기에 좋습니다.

7. 책임감이 있으시네요.

8. 목소리가 아름답습니다.

9. 재치가 넘치네요.

10. 유머 감각이 풍부하시네요.

Tip 3. 아내의 지혜

한 젊은이가 조그마한 회사에 다니고 있었다. 쥐꼬리만 한 봉급을 받는 자신의 신세를 비관하며 늘 아내에게 미안한 생각을 가졌다. 그러던 어느 날 사장에게 봉급에 대해 항의하기로 마음먹고 아내에게 그 사실을 알린 후 출근했다. 그러나 회사일이 너무 바빠 말도 못 하고 맥없이 돌아왔다.

집에 돌아온 젊은이는 탁자 위에서 두 장의 카드를 발견했다. 한 장의 카드는 '여보, 봉급 인상을 축하해요.'라고 적혀 있었고, 다른 카드에는 '봉급 인상은 안 됐지만 최선을 다하는 당신이 자랑스러워요. 난 당신의 능력을 믿어요.'라고 적혀 있었다.

오래지 않은 시간이 흐른 뒤, 젊은 남편은 아내의 격려와 칭찬으로 그 회사의 사장이 되었다.

Tip 4. 노동인구인 여성(미국)

- 오늘날 16세 이상의 여성 6,500만 명가량이 일하고 있으며, 이는 60%의 노동 참여율이다.
- 노동인구 중 39%가 어머니다.
- 일하는 어머니 중 72.2%가 18세 이하의 어린이를 키우고 있으며, 약 64.8%가 6세 이하의 어린이를 키우고 있다.
- 결혼한 커플 중 60%가 맞벌이를 한다.
- 미국 노동력의 45%를 맞벌이 가정이 구성한다.
- 맞벌이 부부인 남성의 56%가, 여성의 65%가 배우자가 일하는 것이 직장 생활에 긍정적인 효과를 미친다고 말했다.
- 맞벌이 부부인 남성과 여성의 67%가 두 사람이 벌기 때문에 직장이 만족스럽지 않을 때 자유롭게 퇴직할 수 있다고 말했다.
- 맞벌이 부부인 남성의 69%와 여성의 67%가 재정적인 필요가 없어도 직장생활을 계속하겠다고 말했다.

주제 10. 리더십

Part 6. 멘토링 CEO 명상록

Tip 1. 진정한 리더십

진정한 리더십이란 무엇일까?

리더는 단지 효율적으로 일 처리하는 사람이 아니다. 리더는 '올바른 일'을 하는 사람이다.

리더는 목표 달성을 위해 수단과 방법을 가리지 않는 사람이 아니라, 올바른 가치관에 따라 움직이는 사람이다. 리더는 자기의 장단점을 정확히 알고 자기의 약점을 극복하기 위해 노력하는 사람이다.

– 게리 맥킨토시, 새무얼 리마의 ≪리더십의 그림자≫ 중에서

Tip 2. 존경받는 지혜로운 리더십

1. 처음 만나는 사람의 이름을 잘 기억하라.

2. 함께 있는 사람이 긴장감을 갖지 않도록 노력하라.

3. 화를 내지 말고 어떤 일에도 관용을 베풀고 여유로운 마음을
   갖도록 노력하라.

4. 이기적이 되어서는 안 된다.

5. 조잡하고 옹졸한 성격은 뜯어 고쳐라.

6. 사소한 일이라도 남에게 관심을 갖는 습관을 가져라.

7. 마음속에 자리 잡고 있는 고민을 남에게 나타내지 말라.

8. 모든 사람을 진심으로 사랑하라.

9. 친구의 성공에 대하여 축하하는 데 인색하지 말라.

10. 모든 사람에게 강한 인간이 되고 도움을 줄 수 있도록 힘써라.

Tip 3. 리더의 인격(George Patton)

전쟁은 무기를 가지고 싸우지만 전쟁에서 이기는 것은 무기가 아니라 사람이다. 리더를 따르는 부하들과 부하들을 이끄는 리더의 정신이 전쟁에서 승리를 거두는 것이다.

Tip 4. 인격을 갖춘 리더(Col. Larry Donnithorne)

리더십은 선하지도 악하지도 않다. 그것을 어떻게 발휘하느냐에 따라 선과 악이 구분된다. 그래서 인격을 갖춘 리더는 공익(共益)을 위해 자신의 능력을 최대한 발휘한다.

Tip 5. 도덕성 리더십(James Lincin)

만약에 근로자들이 비효율적이라고 비난하는 리더가 있다면, 그의 위치를 근로자와 바꾸어 보라. 그들도 아마 똑같이 행동할 것이다. 근로자들은 별종이 아니다. 그도 리더가 요구하고 바라는 것과 같은 것을 요구하고 바란다. 어느 누구도 자신을 처벌하는 프로그램에는 관여하고 싶어 하지 않는다. 어느 리더가 그러한 것을 원할 것인가?

주제 11. CEO

페덱스의 1:10:100 법칙-『C학점의 천재가 만든 경영신화』中

서비스 부문에서 말콤 브리지 상을 수상한 페덱스에게는 1:10:100의 법칙이라는 것이 있다.

불량이 생길 경우 즉각적으로 고치는 데에는 1의 원가가 들지만, 책임소재나 문책 등의 이유로 이를 숨기고 그대로 기업의 문을 나서면 10의 원가가 들며, 이것이 고객의 손에 들어가 클레임으로 되면, 100의 원가가 든다는 법칙이다.

인재를 어떻게 구할 것인가?

Q. 세종의 질문

- 인재를 어떻게 구할 것인가? <『책문』 중에서>

"임금님께서 다음과 같이 말씀하셨다. 인재는 세상 모든 나라의 가장 중요한 보배이다.

인재의 근원은 마음의 기질에서 나오고, 마음의 기질은 정치적 교화로 양성된다.

이처럼 마음의 기질과 정치적 교화는 상호 변화함으로써, 현명한 사람과 어리석은 사람이 나뉜다.

지금은 임금과 신하가 함께 경계하면서, 날마다 조심하고 근심하며 부지런히 노력할 때이다.

인재를 등용하고, 인재를 양성하며, 인재를 분별하는 방법은 무엇인가?”

A. 강희맹의 답변

- 장점을 취하고 단점을 보완해 쓰소서

“세상에 완전한 재능을 갖춘 사람은 없지만, 적합한 자리에 기용한다면 누구라도 재능을 발휘할 수 있습니다. 모든 일을 다 해낼 수 있는 사람은 없으니, 일을 잘 처리하는 사람이 유능한 사람입니다.

단점을 버리고 장점을 취하면, 탐욕스런 사람이나 청렴한 사람이나 모두 부릴 수 있습니다.

하지만 결점만 지적하고 허물만 적발한다면, 현명하고 유능한 사람이라도 벗어날 수 없습니다.

그러니 어떤 사람은 쓸 수 있고, 어떤 사람은 쓸 수 없다고 할 수 있겠습니까?

재능 있는 사람만 찾아서는 안 됩니다. 장점을 취하면 누구라도 쓸 수가 있습니다. 아주 어리석은 사람을 완전히 뜯어고칠 수는 없습니다. 하지만 단점만 보완하면 누구라도 쓸 수가 있습니다.”

타고난 보스(데일 도튼)

진정한 만남은 모든 제도, 모든 형식, 모든 환경을 초월해서 위대한 작업을 성취한다.

좀 거창하게 말하자면, 유비가 제갈량을 만났듯이, 예수가 바울을 만났듯이, 부처가 가섭을 만났듯이 위대한 보스는 위대한 동지를 만나야 한다. '타고난' 보스들은 애인을 고르듯, 아니 평생의 동반자를 고르듯, 항상 깨인 눈으로 주변을 바라보고 있다.

* '타고난 보스'는 따로 없다.

눈과 귀가 늘 열려 있는 사람이 타고난 보스이다.

아랫사람의 말, 표정, 눈빛의 겉 뜻과 속뜻을 읽을 줄 알아야 평생을 함께할 좋은 동반자를 만날 수 있다.

윗사람은 아랫사람을, 아랫사람은 윗사람을 잘 만나는 것이 곧 행운이고 행복이다.

Tip 1. 철강왕 카네기

미국의 철강왕 카네기는 13세 때 이민을 가서 32세 때 철강왕이 된 입지전적 인물이다. 그는 철강으로 쌓아 올린 재력을 뉴욕에 카네기 홀을 지어 기증했으며 카네기재단을 사회에 환원했다. 그의 묘지에는 이런 글이 쓰여 있다. "여기 자신보다 영리한 사람들을 곁에 둘 줄 알았던 한 인간이 잠들어 있다."라고 말이다. 100년이 지난 지금, 묘지에 새긴 그 구절을 우리 기업체 CEO들이 마음에

새겨야 할 때가 아닐까?

Tip 2. 단원들의 선물

연습 때 단원들이 잘못하면 성질을 참지 못하고 아무거나 집어 던지는 못된 성격을 가진 오케스트라 지휘자가 있었다. 어느 연습 시간, 그 지휘자의 귀에 거슬리는 소리가 들렸다. 순간적으로 그 지휘자는 옆에 풀어 놓은 자기의 시계를 바닥에 던져 버렸다. 앗차! 했지만, 그 시계는 수리할 수도 없을 정도로 산산조각이 났다.

며칠 후, 그 지휘자는 오케스트라 단원들에게 선물을 받았다. 상자 속에는 두 개의 시계가 있었다. 하나는 금시계였고 다른 하나는 아주 싸구려 시계였다. 그리고 이런 메모가 적혀 있었다. '선생님은 정말 훌륭한 지휘자이십니다. 우리 모두는 우리 오케스트라가 세계 최고가 되리라고 확신합니다. 금시계를 존경의 마음으로 드립니다. 다른 시계는 연습할 때만 사용하세요.' 단원들의 인상적인 선물 이후 더욱 멋진 화음을 낸 것은 물론이다.

Tip 3. CEO의 정당한 권위

가족으로부터 자연스럽게 인정받는 – 아버지의 권위
사원들로부터 자연스럽게 인정받는 – 경영자의 권위
학생들로부터 자연스럽게 인정받는 – 교육자의 권위

교인들로부터 자연스럽게 인정받는 - 목회자의 권위
국민들로부터 자연스럽게 인정받는 - 대통령의 권위

Tip 4. 상도경영이 주는 교훈 - 최인호

지금 한국기업은 기업경영에 높은 수준의 윤리적 기준과 책임을 도입해야 하는 전환기에 처해 있다. 새로운 발상과 패러다임이 요구되는 시점이다. 윤리경영으로 전환하는 과정에서 가장 먼저 부딪히는 문제는 '윤리란 무엇이며, 그것이 기업 활동에 왜 필요한가?'를 이해하는 일이다. 그것이 21세기 기업의 생존을 좌우하는 윤리경영의 출발점이기 때문이다.

"장사는 돈을 남기는 것이 아니라 사람을 남긴다는 나의 소신이 틀리지 않았어. 조선 천지에 나보다 더 큰 부자는 없을 거야." 만상도방 홍득주가 임상옥에게 도방 자리를 물려주면서 한 이 말은 오늘의 기업들도 경영 신조로 삼을 만한 명언이다. 드라마 상도는 곳곳에서 기업의 윤리 원칙을 알리는 대목을 발견할 수 있었다.

Tip 5. CEO 인재중시 7대 성공전략

미국에서 가장 존경받는 기업
1위는 제너럴 일렉트릭(GE)이다.
2위는 사우스웨스트항공, 이는 최근 포춘지가 선정한 순위이다.

그런데 GE가 1위로 뽑힌 것은 쉽게 납득이 가지만 사우스웨스트항공이 2위에 올랐다는 것은 얼른 이해가 가지 않는다. 그다지 크지 않은 항공사가 마이크로소프트, 월마트, 인텔 등을 제치고 2위에 올랐다는 것은 정말 의외다. 더욱이 9·11테러 등 여파로 초대형 항공사인 유나이티드 항공이 파산보호 신청을 하는 등 항공업계가 몸살을 앓고 있는데도 이 회사는 오히려 존경받는 기업 2위를 차지한 것이다. 거기에다, 지난 30년간 줄기차게 흑자를 기록해 왔다. 그렇다면 이 회사의 경영비밀은 무엇일까? 내용을 자세히 캐 보면 이 회사의 경영방식은 참으로 혁신적이다. 아래CEO 인재중시 7대 성공전략에서 그 의미를 찾아보도록 하자.

1. 일하고 싶은 회사를 만든다.
2. 즐거운 마음으로 고객을 감동시킨다.
3. 어려워도 인력 감축을 하지 않는다.
4. 펀(Fun)경영을 한다.
5. 똑똑해도 사풍에 적응하지 못하면 탈락시킨다.
6. 사내 결혼을 장려한다.
7. 창의적으로 기술을 혁신한다.

Tip 6. CEO지도력

해양 경계 임무를 수행하고 있던 한 젊은이가 위험한 임무에 참가하게 되었다. 배 한 척이 거대한 폭풍우로 인해 조난당했다는 신

호를 보내 온 것이다. 조난당한 배를 구조하기 위해서 큰 배를 움
직이기 시작했을 때 그 젊은이는 미친 듯 몰아붙이는 폭풍우에 놀
라 선장에게 말했다. "우리는 다시 돌아오지 못할지도 모릅니다."
이 말을 들은 선장이 대답했다. "지금 우리에게 중요한 것은 돌아
오는 것이 아니라 나아가는 것이다."

주제 12. 세계명언

1월 사랑이 그대 곁에 머물 때

- 사랑이란 두 개의 고독한 영혼이 서로 지키고, 접촉하고, 기쁨을 나누는 데 있다. - 릴케
- 인간의 사랑은 인간의 위대한 영혼을 더욱 위대한 것으로 만든다. - 쉴러
- 가장 완성된 사람은 모든 사람을 사랑하는 사람이다. 그 사람들이 좋건 나쁘건 가리는 일 없이 모든 사람에게 착한 일을 하는 사람이다. - 마호메트

2월 고통 속에 행복 있다

- 행복한 생활이란 대체로 고요한 생활이어야 한다. 왜냐하면 고요하다는 그 분위기 속에서만이 참다운 환희가 살아날 수 있기 때문이다. - 러셀

- 불안한 마음으로 풍부하게 사는 것보다 나는 두려움과 걱정 없
  이 부족한 생활을 하는 것이 오히려 행복하다. - 에픽테토스
- 고뇌를 거치지 않고는 행복을 파악할 수가 없다. 황금이 불에
  의해 정제되는 것처럼 이상도 고뇌를 거침으로써 순화되는 것
  이다. 천상의 왕국은 노력에 의해 얻어지는 것이다. - 도스토
  예프스키

3월 한밤에도 빛은 존재한다

- 아무리 적은 것도 이를 만들지 않으면 깨닫지 못한다. 노력과
  배움, 이것이 없이는 인생을 밝힐 수 없다. - 맹자
- 진리도 때로는 우리를 다치게 할 때가 있다. 그러나 그것은 머
  지않아 치료를 받을 수 있는 가벼운 상처다. - 앙드레 지드
- 진리는 인간이 보존하는 최고의 것이다. - 초오서

4월 또 다른 인생을 꿈꾸는 시간에

- 인생은 고독, 그것이다. 왜냐하면 인생은 남을 잘 모르기 때문
  이다. - 헤세
- 앞으로 다가올지 모르는 불행을 미리 근심하는 것보다 눈앞의
  불행을 이겨 내려는 마음을 갖는 것이 더 현명한 것이다. - 라
  로슈코프
- 인생은 한 권의 책과 같다. 바보들은 아무렇게나 책장을 넘기
  지만 현명한 사람은 공들여 읽는다. 왜냐하면 그들은 단 한 번
  밖에 그것을 읽지 못함을 알고 있기 때문이다. - 장 파울

5월 살의 등불을 밝히고

- 진리는 거대한 횃불이다. 그런 까닭에 모두들 눈을 가늘게 뜨고 그 곁을 지나치려 한다. 화상이라도 입을까 조심하면서. - 괴테
- 가장 깊은 진리는 가장 깊은 사랑에 의해서만 열린다. - 하이네
- 시간은 금이다. 그러나 한 푼의 가치도 없는 일 년이 있는가 하면, 수만금을 쌓아도 마음대로 할 수 없는 30분이 있다. 시간에도 여러 가지 시간이 있는 법이다. - 톨스토이

6월 사랑한다는 것만으로

- 사랑은 자기희생 없이 생각할 수 없는 것이다. - 도스토예프스키
- 사랑은 신뢰의 행위다. 신이 존재하느냐 않느냐는 아무래도 좋다. 믿으니까 믿는 것이다. 사랑하니까 사랑하는 것이다. 대단한 이유는 없다. - 로망 롤랑
- 사랑은 어떤 점에선 짐승을 인간으로 만들고, 또 다른 점에선 인간을 짐승으로 만든다. - 셰익스피어

7월 하늘을 보라

- 생활이란 생각하는 것이 그 본질이다. 인간의 존엄성은 오로지 사고에 있다. 인간의 내부에 모순되는 두 요소, 즉 천사의 일면과 짐승의 일면 어느 쪽이 나를 지배하는가는 나의 사고에 달려 있다. - 파스칼

- 인생은 활동하는 가운데 존재하며, 무기력한 휴식은 죽음을 뜻한다. - 볼테르
- 나는 존재한다. 그러나 나는 그 존재 이유를 발견하고 싶다. 왜 내가 살고 있는가를 알고 싶은 것이다. - 앙드레 지드

8월 내가 가야 할 먼 길

- 시간은 모든 것을 데리고 가 버린다. 뿐만 아니라 시간은 사람의 마음마저 가져가 버린다. - 베르길리우스
- 오늘 할 수 있는 일은 내일로 미루지 말라. 자기가 할 수 있는 일은 남에게 미루지 말라. 싸다고 해서 필요치 않는 물건을 사지 말라. 지나치지 않고 알맞게 행동하면 후회하는 일이 없다. - 제퍼어슨
- 당신이 생명을 사랑한다면 시간을 낭비하지 말라. 시간이야말로 생명을 만드는 재료다. - 벤자민 프랭클린

9월 아! 삶이여

- 인생의 커다란 비결은 결코 낡지 않은 인간으로서 끝까지 사는 것이다. - 시바이쩌
- 인생은 교향악이다. 인생 각각의 순간들이 합창으로 노래하고 있다. - 로망 롤랑
- 나는 이 세상을 이 세상으로 생각할 뿐이다. 여기서 각자가 한 가지 역할을 해내며, 나는 슬픈 역을 연출하는 무대다. - 셰익스피어

10월 내 가난한 소망을 향하여

- 생명이 있는 한 희망이 있다. 희망은 만사가 용이하다고 가르
  치고, 실망은 만사가 곤란하다고 가르친다. - J. 워어트
- 마음이 맑고 깨끗한 사람은 온 세계가 맑고 깨끗하게 보이고,
  마음이 잡된 사람은 온 세계가 또한 잡되고 더럽게 보인다. -
  에머슨
- 힘은 희망을 가진 사람들에게 주어지고, 용기는 가슴속의 의지
  에서 일어나는 것이다. - 펄벅

11월 사랑아 너를 알고 싶다

- 애정에는 한 가지 법칙밖에 없다. 그것은 사랑하는 사람을 행
  복하게 만드는 것이다. - 스탕달
- 상대가 눈앞에 없으면 보통사랑은 멀어지고, 큰 사랑은 가중된
  다. 바람이 불면 촛불은 꺼지고 화재는 더 불길이 센 것처럼.
  - 라 로슈코프
- 참다운 사랑은 결코 맹목이 아니다. 오히려 보통 사람들의 눈
  에는 보이지 않는 심안에 새로운 빛이 더하는 것이다. - P. 케
  어리

12월 내게 삶의 진실을 가르쳐 준

- 모든 덕 가운데서 가장 강하고 고결하고 자랑스러운 것은 진
  정한 용기다. - 봉테에뉴

- 사람은 누군가 그가 하는 말에 의해서 자기 자신을 비판한다. 원하든 원하지 않든 간에 말 한마디 여하가 남 앞에 자기의 초상을 그려 놓는 셈이다. - 에머슨
- 불은 금을 시험하고, 역경은 강한 사람을 시험한다. - 세네카

Part 7

멘토링 전산시스템

멘토링 전산시스템은 조직의 양적, 질적, 성과적인 경쟁력 강화 차원에서 Off Line의 한계인 인원적, 시간적, 장소적, 관리적 제한을 벗어나는 효과가 있다.

특히 대학, 그룹사, 학교, 대형교회 등에서 수천 명을 동시에 On Line에서 지원이 가능하다. 저비용 고효율의 효과를 지속적으로 얻을 수 있는 중장기적인 On Line 시스템이다.

이번 파트에서는 온라인 사이버 교육시스템을 갖추면서 Off Line을 보완하여 On Line 시스템을 체계 있게 구축, 운영할 수 있도록 먼저 효율적인 투자 차원에서 아래 세 가지 시스템별로 예산편성 표를 소개한다.

Off Line – 수십 / 수백 명 멘토링 활동가능
On Line – 수천 / 수만 명 멘토링 활동가능

Diamond System Style
Gold System Style
Silver System Style

Episode◀고객감동 멘토링

'우리 사장님은 짱이야'

무역업을 경영하는 문 사장은 회사 내에서 인기가 최고이다. 특히 여사원으로부터 대단한 인기를 누리고 있다. 그 이유는 간단한다. 신입사원으로부터 임원들에 이르기까지 누구를 막론하고 문 사

장은 상대방에게 존댓말을 쓴다는 것과 인격적으로 사람을 대해
준다는 것이다. 그래서 모든 사원들은 사장과 가까이서 대화를 나
누기를 원하고 틈이 있으면 스스로 사장에게 찾아가서 이런저런
이야기를 나누면서 전혀 부담 없이 대면한다.

'문 사장님은 짱이야'

무역을 하다 보면 많은 바이어(Buyer)를 접대해야 한다. 특별하게
도 문 사장은 근처 요정을 단골로 정하고 줄곧 거래처 손님을 접대
해 왔다. 그 요정에서도 문 사장은 마담을 비롯한 접대 아가씨들에
게 인기를 독차지하고 있었다. 어느 날 문 사장의 매너에 감동한
아가씨의 질문이다. "문 사장님! 어째서 저희들에게까지 그렇게 깍
듯이 존댓말을 쓰시나요?" "그래 부담이 되나 보죠? 걱정할 필요
없어요. 우리 회사 여직원이나 이곳 아가씨들이나 똑같은 직장인들
이에요. 나는 직장인에게 최소한의 예의를 지켰을 뿐이에요."

IMF가 찾아왔다. 쇼킹한 뉴스가 요정에 전해 왔다. 문 사장의 회
사가 부도나서 사장이 피해 있다는 것이다. 얼마의 시간이 지난 후
에 마담은 요정 종업원들을 불러 모아 의논을 하고 결정을 하였다.
수소문해서 마담은 문 사장을 만났고 모금한 2억 원을 건네주었다.
문 사장은 회사 직원들이 모금해 준 1억과 합하여 무난히 부도를
수습하게 되었고 그 회사의 경영은 전보다 더욱 활발해졌다.

1장 멘토링에 관한 소개
2장 멘토링 시스템 추진 방법
3장 시스템 운영 예산 편성표

경쟁력 강화를 위한 조직별 멘토링 시스템

멘토링 전산시스템은 조직의 양적, 질적, 성과적인 경쟁력 강화 차원에서 Off Line의 한계인 인원적, 시간적, 장소적, 관리적 제한을 벗어나는 효과가 있다.

특히 대학, 그룹사, 학교, 대형교회 등에서 수천 명을 동시에 On Line에서 지원이 가능하다. 저비용 고효율의 효과를 지속적으로 얻을 수 있는 중장기적인 On Line 시스템이다.

이번 파트에서는 온라인 사이버 교육시스템을 갖추면서 Off Line을 보완하여 On Line 시스템을 체계 있게 구축, 운영할 수 있도록 먼저 효율적인 투자 차원에서 아래 세 가지 시스템별로 예산편성 표를 소개한다.

Diamond System Style
Gold System Style
Silver System Style

목차

I. 멘토링에 관한 소개
II. 멘토링 시스템 추진 방법

1장 멘토링에 관한 소개

◆ 멘토링의 필요성

◆ 멘토링이란?

◆ 멘토링 제안 배경

◆ 멘토링 내용 분석

◆ 멘토링 시스템 특징

◆ 멘토링 효과

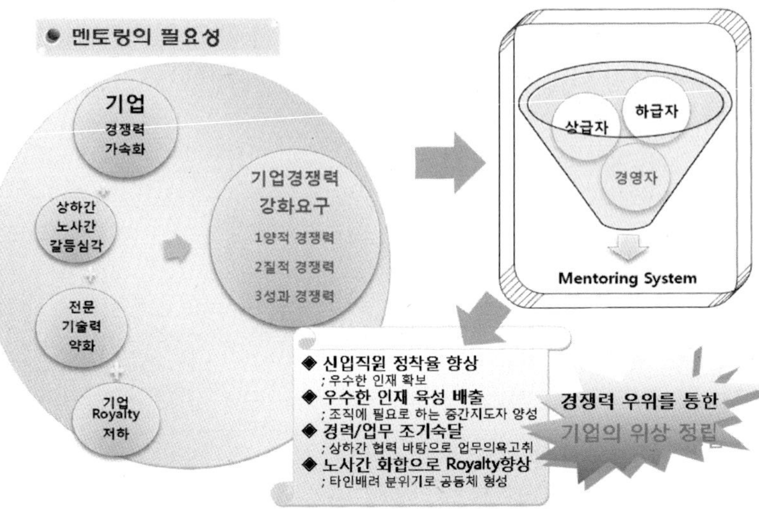
● 멘토링의 필요성
기업
경쟁력
가속화
상하간
노사간
갈등심각
전문
기술력
약화
기업
Royalty
저하
기업경쟁력
강화요구
1 양적 경쟁력
2 질적 경쟁력
3 성과 경쟁력
상급자
하급자
경영자
Mentoring System
◆ 신입직원 정착율 향상
; 우수한 인재 확보
◆ 우수한 인재 육성 배출
; 조직에 필요로 하는 중간지도자 양성
◆ 경력/업무 조기숙달
; 상하간 협력 바탕으로 업무의욕고취
◆ 노사간 화합으로 Royalty향상
; 타인배려 분위기로 공동체 형성
경쟁력 우위를 통한
기업의 위상 정립

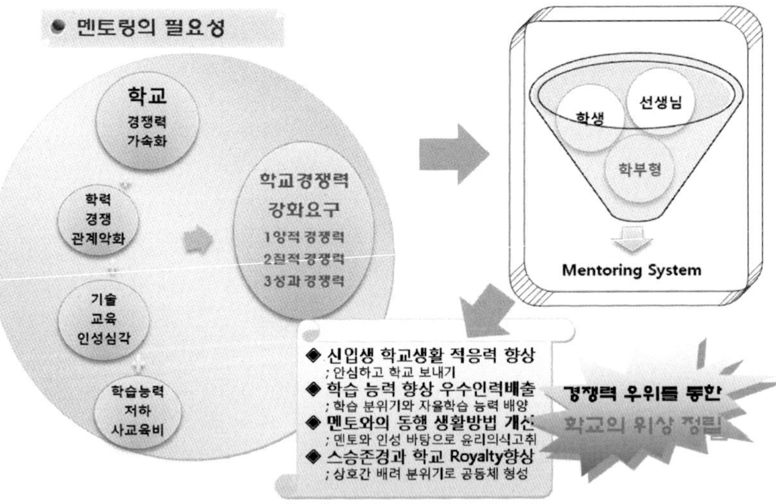
● 멘토링의 필요성
학교
경쟁력
가속화
학력
경쟁
관계악화
기술
교육
인성심각
학습능력
저하
사교육비
학교경쟁력
강화요구
1 양적 경쟁력
2 질적 경쟁력
3 성과 경쟁력
학생
선생님
학부형
Mentoring System
◆ 신입생 학교생활 적응력 향상
; 안심하고 학교 보내기
◆ 학습 능력 향상 우수인력배출
; 학습 분위기와 자율학습 능력 배양
◆ 멘토와의 동행 생활방법 개선
; 멘토와 인성 바탕으로 윤리의식고취
◆ 스승존경과 학교 Royalty향상
; 상호간 배려 분위기로 공동체 형성
경쟁력 우위를 통한
학교의 위상 정립

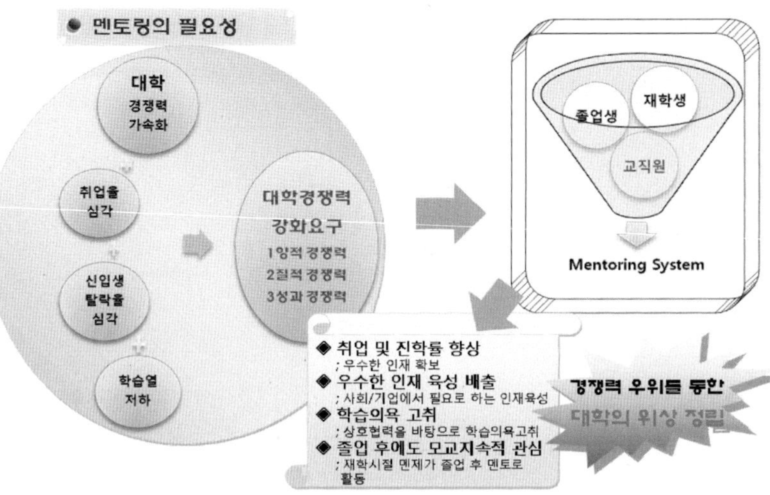
멘토링의 필요성
대학
경쟁력
가속화
취업율
심각
신입생
탈락율
심각
학습열
저하
대학경쟁력
강화요구
1 양적 경쟁력
2 질적 경쟁력
3 성과 경쟁력
졸업생
재학생
교직원
Mentoring System
◆ 취업 및 진학률 향상
; 우수한 인재 확보
◆ 우수한 인재 육성 배출
; 사회/기업에서 필요로 하는 인재육성
◆ 학습의욕 고취
; 상호협력을 바탕으로 학습의욕고취
◆ 졸업 후에도 모교지속적 관심
; 재학시절 멘제가 졸업 후 멘토로
활동
경쟁력 우위를 통한
대학의 위상 정립

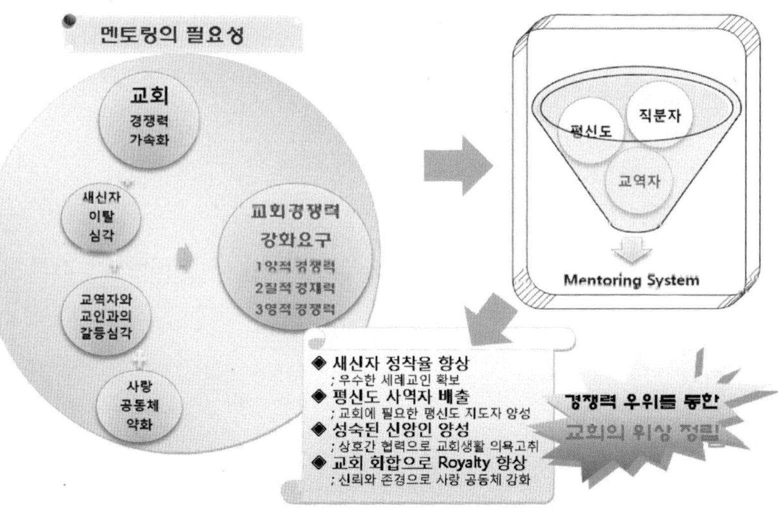
멘토링의 필요성
교회
경쟁력
가속화
새신자
이탈
심각
교역자와
교인과의
갈등심각
사랑
공동체
약화
교회경쟁력
강화요구
1 양적 경쟁력
2 질적 경재력
3 영적 경쟁력
평신도
직분자
교역자
Mentoring System
◆ 새신자 정착율 향상
; 우수한 세례교인 확보
◆ 평신도 사역자 배출
; 교회에 필요한 평신도 지도자 양성
◆ 성숙된 신앙인 양성
; 상호간 협력으로 교회생활 의욕고취
◆ 교회 화합으로 Royalty 향상
; 신뢰와 존경으로 사랑 공동체 강화
경쟁력 우위를 통한
교회의 위상 정립

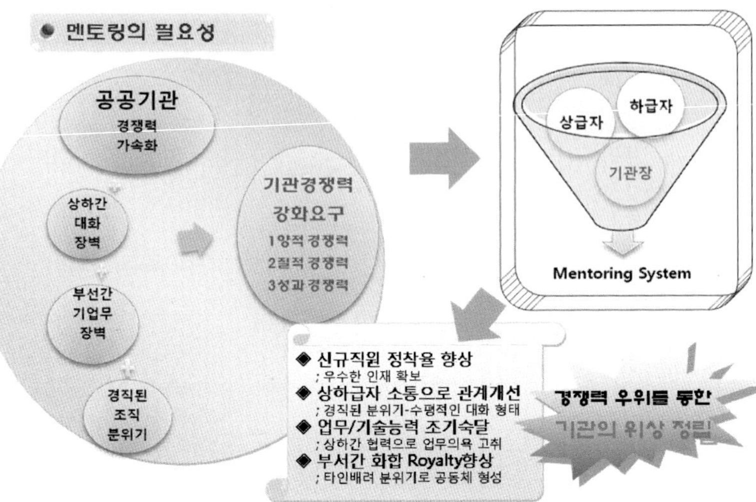
● 멘토링의 필요성
공공기관
경쟁력
가속화
상하간
대화
장벽
부선간
기업무
장벽
경직된
조직
분위기
기관경쟁력
강화요구
1양적 경쟁력
2질적 경쟁력
3성과 경쟁력
상급자
하급자
기관장
Mentoring System
◆ 신규직원 정착율 향상
; 우수한 인재 확보
◆ 상하급자 소통으로 관계개선
; 경직된 분위기-수평적인 대화 형태
◆ 업무/기술능력 조기숙달
; 상하간 협력으로 업무의욕 고취
◆ 부서간 화합 Royalty향상
; 타인배려 분위기로 공동체 형성
경쟁력 우위를 통한
기관의 위상 정립

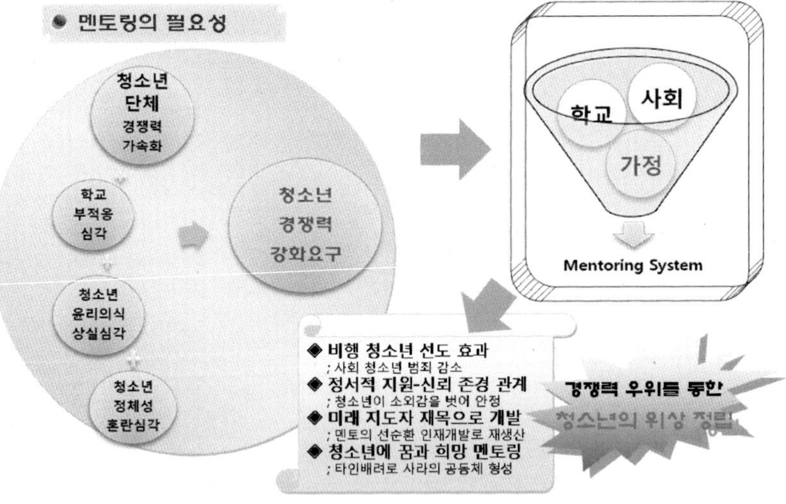
● 멘토링의 필요성
청소년
단체
경쟁력
가속화
학교
부적응
심각
청소년
윤리의식
상실심각
청소년
정체성
혼란심각
청소년
경쟁력
강화요구
학교
사회
가정
Mentoring System
◆ 비행 청소년 선도 효과
; 사회 청소년 범죄 감소
◆ 정서적 지원-신뢰 존경 관계
; 청소년이 소외감을 벗어 안정
◆ 미래 지도자 재목으로 개발
; 멘토의 선순환 인재개발로 재생산
◆ 청소년에 꿈과 희망 멘토링
; 타인배려로 사라의 공동체 형성
경쟁력 우위를 통한
청소년의 위상 정립

● 제안배경

◆ 조직이 미래의 핵심인재를 육성하고 현장에서 업무 / 학습 성
과를 도출

◆ 구성원들의 개인 만족도와 조직의 효율성을 높일 수 있는 인
재양성

◆ 각자의 특성에 맞는 소질을 계발하고 잠재력을 발굴하여 지도
함으로써 희망을 가질 수 있노록 도와주는 멘토링 시스템 운영

기 업	학 교	대 학	교 회	공공기관	청소년단체
신입직원 적응력	학습능력 향상	신입생 적응력	새신자 적응력	신규직원 정착	청소년 선도
경력 / 업무 숙달	학생 생활 개선	학습능률 향상	재적 / 출석 향상	업무 / 기술숙달	슬럼프 회복
노사 간 화합촉진	교사 자기 장학	취업률 향상	중보기도 활성화	대민 성과 향상	미래리더 개발
				전문 자격 취득	

그동안, 당사의 노하우를 바탕으로 멘토링을 성공적으로 추진하
도록 지원코자 함

● 멘토링별 내용분석(기업)

경쟁력	멘토링 종류	주요활동내역	효 과
양적 경쟁력	신입사원 정착 향상 전문 / 자격자 확보율	− 신입사원, 전입사원 선정 − 업무미숙자나 자격 미소자 선정 − 외국어 완전정복 대상자 선정 * 선배나 전문 자격자와 일대일 연결	− 정착 향상률 상승 전문 / 자격자 확보율 상승 외국어 숙달 확보율 상승
질적 경쟁력	평사원 리더 개발 핵심인재개발	− 멘토 / 멘제 중 핵심 멘토 선정 − 회사 핵심인재 / 업무대상자 선정 * 직분자와 일대일로 연결 1년 동행	멘토 리더 확보율 상승 후계자 및 핵심인재 확보
성과 경쟁력	경력 / 업무 성과율 영업 / 생산 성과율 노사 간 화합 성과율	− 저경력자나 업무숙달 대상 선정 − 영업스킬, 생산스킬 대상 선정 − 노사 간 화합 촉진 대상자 선정 * 간부급 및 숙달자와 일대일로 연결	− 경력개발 업무조기 성과 − 계약률과 생산수율 성과 − 노사협상횟수 감소 성과

◈ 위와 같은 멘토링을 효과적으로 추진하기 위해서:

− 멘토링의 과학적, 체계적인 수행(matching, monitoring, evaluation)

− 멘토와 멘제의 수가 많은 멘토링 활동에서의 철저한 관리 제공

− 멘토링 활동의 부(반)작용의 사전 탐색을 위한 모니터링

− 대면에 의한 시간적, 공간적 제약을 Cyber 공간을 통하여 최대한 해소

− 멘토링 추진에 효과적으로 접근하는 용이성 제공

● 멘토링별 내용분석(학교)

멘토링 종류	내 용	주요활동내역	효 과
자율 학습능력 향상 멘토링	학습 열등자, 학습영재급 지원	− 학업이 특별히 우수한 영재 선정 − 학업이 특별히 부진한 열등 선정 * 멘토와 일대일로 영재 및 보충학습	열등 − 학습 성적 향상 영재 − 조기 발견 대책 − 평준화 보완 효과
학생 생활 개선 지도 멘토링	인성바탕 접근으로 윤리의식 지원	− 담배 피우는 자, 술 마시는 자 − 조폭에 가입자, 소외된 자 * 우수학생이나 교사와 일대일 동행	인성 회복의 기회 진로지도 오픈 마인드 − 문제학생 선도 효과
교사 자기개발 장학 멘토링	교사 자기능력 체계적 개발 장학 지원	− 신규 발령 교사 선정 − 전입하여 온 교사 선정 * 기존 교사와 일대일로 1년 동행	신규 학교 정착 효과 타성적 교수법 개선 − 실력 교사로 인정

◈ 위와 같은 멘토링을 효과적으로 추진하기 위해서:

− 멘토링의 과학적, 체계적인 수행(matching, monitoring, evaluation)

− 멘토와 멘제의 수가 많은 멘토링 활동에서의 철저한 관리 제공

− 멘토링 활동의 부(반)작용의 사전 탐색을 위한 모니터링

− 대면에 의한 시간적, 공간적 제약을 Cyber 공간을 통하여 최대한 해소

− 멘토링 추진에 효과적으로 접근하는 용이성 제공

● 멘토링별 내용분석(대학)

경쟁력	멘토링 종류	주요활동내역	효 과
양적 경쟁력	신입생 정착률 향상	– 신입생과 재학생을 연결 – 신입생이 학교생활에 신속히 적응하도록 하고 – 적성 및 특기를 발견토록 지도	신입생이 조기 학교생활에 정착 – 휴학, 자퇴 억제
질적 경쟁력	학습능률 향상	각 적성, 특기별 능력자(멘토)가 미숙하거나 미진한 자를 지도	학교 전체에 면학분위기 조성 – 지식, 인격적 성장
성과 경쟁력	취업 / 진학률 향상	– 졸업생 또는 취업 / 진학 전문가가 재학생에게 취학, 진학지도	취업 / 진학 카운셀링 및 정보제공 – 취업/진학 성취

◈ 위와 같은 멘토링을 효과적으로 추진하기 위해서:

– 멘토링의 과학적, 체계적인 수행(matching, monitoring, evaluation)

– 멘토와 멘제의 수가 많은 멘토링 활동에서의 철저한 관리 제공

– 멘토링 활동의 부(반)작용의 사전 탐색을 위한 모니터링

– 대면에 의한 시간적, 공간적 제약을 Cyber 공간을 통하여 최대한 해소

– 멘토링 추진에 효과적으로 접근하는 용이성 제공

● 멘토링별 내용분석(교회)

경쟁력	멘토링 종류	주요활동내역	효 과
양적 경쟁력	새신자 정착률 향상 재적대 출석률 향상	– 새신자와 직분자 연결 – 재적부에 있으나 불출석자 선정 – 교회 가끔 출석자를 선정 *직분자와 일대일로 세례까지 동행	– 이탈률 감소 재적대 출석률 향상 헌금률 향상
질적 경쟁력	평신도 리더 개발 청소년 리더 개발	– 평신도 중 사역 / 봉사대상자 선정 – 청소년 / 대학생 리더 대상 선정 *직분자와 일대일로 연결 1년 동행	멘토 리더 확보율 확대 청소년 교회 자긍심 향상
성과 경쟁력	중보기도 성취율 슬럼프 교인 회복률	– 특정 기도대상자 선정 – 슬럼프 교인 선정 – 교회 비평 / 불만자 선정 *직분자와 일대일로 1년 동행	– 사랑의 공동체 구축 – 봉사자 확보율 향상 – 교회 사랑 Royalty 향상

◈ 위와 같은 멘토링을 효과적으로 추진하기 위해서:

– 멘토링의 과학적, 체계적인 수행(matching, monitoring, evaluation)

– 멘토와 멘제의 수가 많은 멘토링 활동에서의 철저한 관리 제공

– 멘토링 활동의 부(반)작용의 사전 탐색을 위한 모니터링

– 대면에 의한 시간적, 공간적 제약을 Cyber 공간을 통하여 최대
  한 해소

– 멘토링 추진에 효과적으로 접근하는 용이성 제공

● 멘토링별 내용분석(공공기관)

경쟁력	멘토링 종류	주요활동내역	효 과
양적 경쟁력	신규직원 정착률 향상 멘토링	– 신규직원과 기존직원을 연결 – 신규직원이 직장생활에 신속히 적응하도록 하고 * 적응력 향상과 업무처리기술	신입직원이 직장생활에 안정적으로 정착 – 이직률 억제
질적 경쟁력	업무 / 기술 조기 숙달 멘토링	기술 저하자를 선정 – 업무미숙자, 신입, 전입자, 선정 * 경력자나 자격자와 일대일 동행	경력개발의 성과자 업무 조기 숙달자 – 전문인력 확보
성과 경쟁력	민원 성과 향상 전문 자격 취득 멘토링	– 민원근무자 일대일로 1년간 동행 – 무자격자와 유자격자 일대일 동행	민원 감소율 효과 전문자격 취득률 효과 – 성과율 상승 효과

◆ 위와 같은 멘토링을 효과적으로 추진하기 위해서:

– 멘토링의 과학적, 체계적인 수행(matching, monitoring, evaluation)

– 멘토와 멘제의 수가 많은 멘토링 활동에서의 철저한 관리 제공

– 멘토링 활동의 부(반)작용의 사전 탐색을 위한 모니터링

– 대면에 의한 시간적, 공간적 제약을 Cyber 공간을 통하여 최대한 해소

– 멘토링 추진에 효과적으로 접근하는 용이성 제공

● 멘토링별 내용분석(청소년단체)

경쟁력	멘토링 종류	주요활동내역	효 과
청소년 선도 멘토링	비행, 문제 청소년 정상 생활 지원	- 학교 부적응 청소년 선정 - 담배, 술, 조폭 청소년 선정 * 사회 저명인사, 대학생과 결연	가정과 학교에 정상생활 안정적으로 정착 - 범죄율 억제
슬럼프 청소년 회복 멘토링	인성 중심으로 정서적인 상담 통해 지원	사회에서 소외된 청소년 선별 - 가정, 학교에서 문제학생 선정 * 교사나 사회인사와 일대일 동행	예방 범죄 차원에서 인성 회복 효과 - 정상 청소년 회목
미래 지도자 개발 멘토링	꿈과 희망을 통해 미래 지도자로 지원	- 적성과 재능개발로 영재급 선정 - 인간성 회복으로 리더급 선정 * 교사, 사회인사, 대학생과 결연	양적 교육의 문제점을 질적 멘토링 개선 효과 - 미래 리더 개발 효과

◈ 위와 같은 멘토링을 효과적으로 추진하기 위해서:

- 멘토링의 과학적, 체계적인 수행(matching, monitoring, evaluation)

- 멘토와 멘제의 수가 많은 멘토링 활동에서의 철저한 관리 제공

- 멘토링 활동의 부(반)작용의 사전 탐색을 위한 모니터링

- 대면에 의한 시간적, 공간적 제약을 Cyber 공간을 통하여 최대한 해소

- 멘토링 추진에 효과적으로 접근하는 용이성 제공

●멘토링 시스템 특징

멘토링이 목표로 삼고 있는 멘제의 잠재 능력을 개발하여 효과적으로 멘토링 수행

대학에서 추진코자 하는 여러가지 목표를 효과적으로 달성하기 위해 가장 적합한 도구설계 및 적용

멘토링에 대한 전반적인 이해도를 높여 향후 지속적으로 멘토링 프로그램을 진행하는 데 도움

개인간 멘토링과 달리 멘토의 지원과 강제성이 강한 조직의 현실을 감안한 최적의 대안 제시

시간과 공간적 제약을 탈피할 수 있는 솔루션을 제공하여 적용 – Cyber 교육 시스템 등

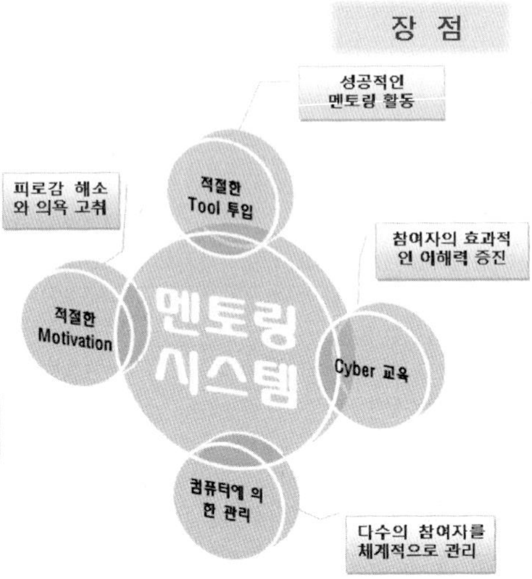

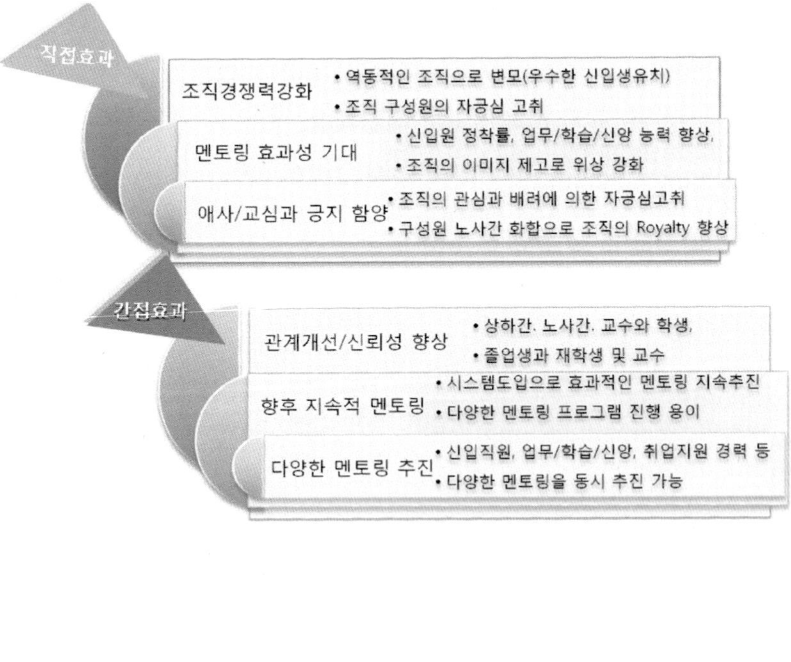

장 점

2장 멘토링 추진 방법

◆ 시스템 사전진단

◆ 시스템 추진단계

◆ 시스템 설계내역

◆ 활동단계 지원사항

◆ 멘토링 교육 자원

◆ 당사 보유 기술현황

◆ 시스템 핵심 성공요소

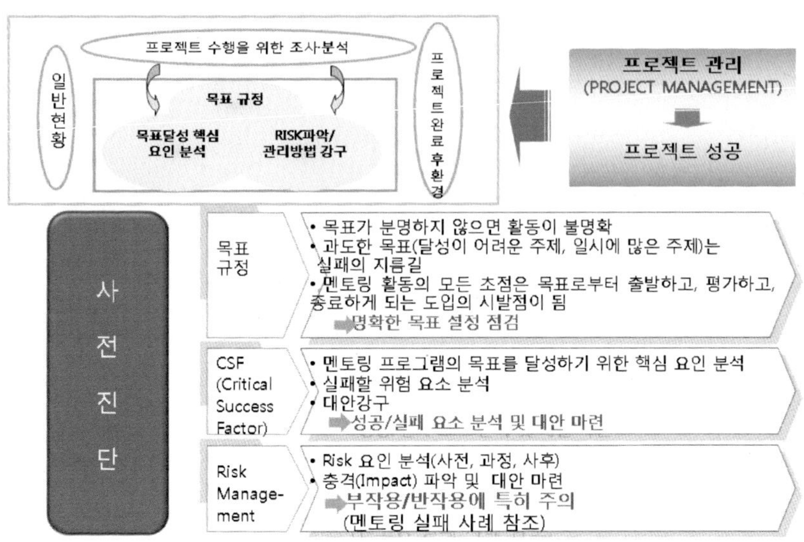

일반현황
프로젝트 수행을 위한 조사·분석
목표 규정
목표달성 핵심 요인 분석
RISK파악/ 관리방법 강구
프로젝트 완료 후 환경
프로젝트 관리
(PROJECT MANAGEMENT)
프로젝트 성공
사전진단
목표 규정
• 목표가 분명하지 않으면 활동이 불명확
• 과도한 목표(달성이 어려운 주제, 일시에 많은 주제)는 실패의 지름길
• 멘토링 활동의 모든 초점은 목표로부터 출발하고, 평가하고, 종료하게 되는 도입의 시발점이 됨
➡ 명확한 목표 설정 점검
CSF (Critical Success Factor)
• 멘토링 프로그램의 목표를 달성하기 위한 핵심 요인 분석
• 실패할 위험 요소 분석
• 대안강구
➡ 성공/실패 요소 분석 및 대안 마련
Risk Management
• Risk 요인 분석(사전, 과정, 사후)
• 충격(Impact) 파악 및 대안 마련
➡ 부작용/반작용에 특히 주의 (멘토링 실패 사례 참조)

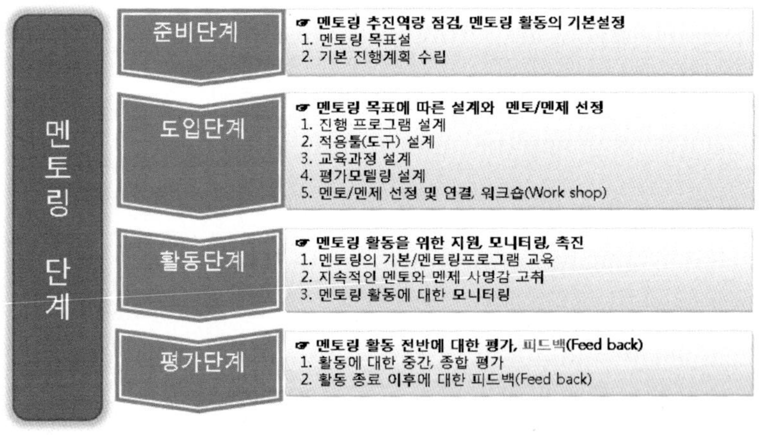

멘토링 단계
준비단계
☞ 멘토링 추진역량 점검, 멘토링 활동의 기본설정
1. 멘토링 목표설
2. 기본 진행계획 수립
도입단계
☞ 멘토링 목표에 따른 설계와 멘토/멘제 선정
1. 진행 프로그램 설계
2. 적용툴(도구) 설계
3. 교육과정 설계
4. 평가모델링 설계
5. 멘토/멘제 선정 및 연결, 워크숍(Work shop)
활동단계
☞ 멘토링 활동을 위한 지원, 모니터링, 촉진
1. 멘토링의 기본/멘토링프로그램 교육
2. 지속적인 멘토와 멘제 사명감 고취
3. 멘토링 활동에 대한 모니터링
평가단계
☞ 멘토링 활동 전반에 대한 평가, 피드백(Feed back)
1. 활동에 대한 중간, 종합 평가
2. 활동 종료 이후에 대한 피드백(Feed back)
프로세스 설계 주안점
● Matching – 많은 참여자를 대상으로 최적 연결, 재 Matching
● 체계적 관리 – 활동이 부진한 경우 즉시 관리자에게 알려, 독려

◆ 시스템 설계내역

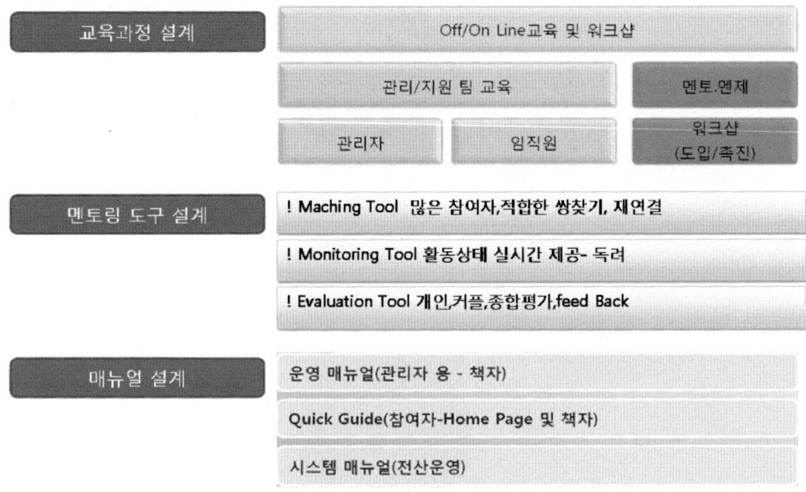

◆ 활동단계 지원사항

프로그램 명	지원항목	지원내용
공통	교육(On / Off Line)	간부, 교수, 교역역, 관리자, 멘토, 멘제에 대한 멘토링 기본내용, 활동 SKILL
	자료(On line)	멘토링 성공사례, 활동촉진 자료 등
신입직원(생) 새신자 정착 지원 멘토링	인간관계 및 조직샘활 자료	바른 인간관계, 의사소통, 리더십, 조직정보, 가치 있는 조직생활, 경력, 업무, 취업, 진로지도 관련 자료 등
경력 / 업무 / 학습 / 신앙 능력 향상 멘토링	자기개발 / 선문기술 관련 자료	학습이론(원전학습), CYBER 학습소개, 효과적인 학습방법.
조직의 화합 / 사랑의 공동체 문화 구축	인간 / 타인 배려 자료	- 인성문화 구축 자료 - 대화, 경청, 소통, 성격파악 등 타인 배려 기술자료 - 대학의 취업정보, 바람직한 진로선택, 직업의 세계(정보), 자기이력관리 요령, 취업실무(이력서 작성, 자기소개서 작성, 면접요령)

● 교육자원 내용

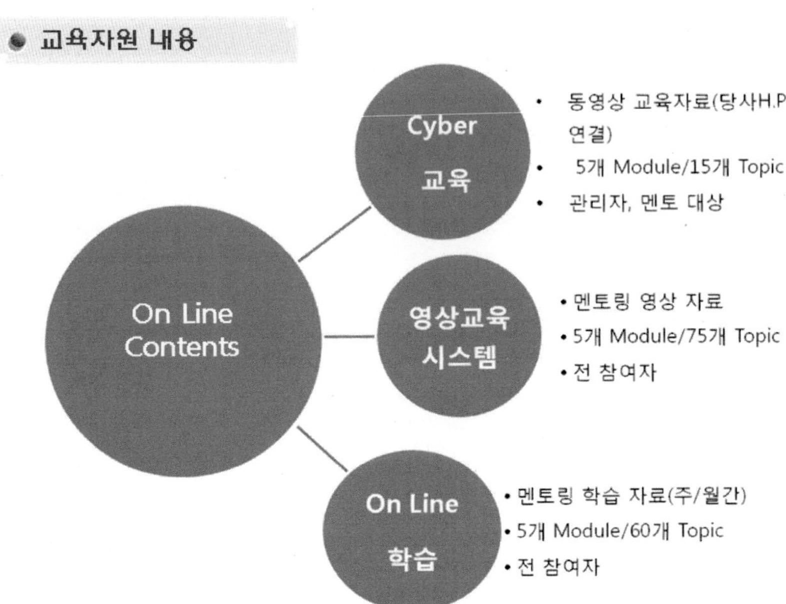

● 당사 기술 보유 현황

I.
연구경력

11년5개월 멘토링 전문연구 경력 보유

☆ 국내연구팀 : 김해영박사, 김동철박사, 최명국박사, 조주영박사, 홍은경박사
☆ 해외연구팀 : William Gray교수(加) Bobb Biehl박사(美)

II.
전문인력

멘토링지도사 자격과정 66명 배출

☆ 강사자격 (60시간 과정)-47명 배출
☆ 컨설턴트자격(80시간 과정)-19명 배출

III.
도서출판

멘토링 관련 도서 출간(총 20권)

☆ 자체출간 : 전문교재 연구총서10권
☆ 외주출간 : 시판도서-10권, 한국학술정보㈜

IV.
전산기술

멘토링 운영/관리를 위한 Tool 및 시스템 보유

☆ Website개발자문 – 노동부다우리, 삼양사, 닐슨코리아
☆ On Line Cyber교육 - 행정안전부

V.
컨설팅
기술

멘토링 운영의 전 과정 지원

☆ 자문업체 - 을지대, 대전보건대, 안산1대, 호서대,영동대
☆ 컨설팅 업체 – 노동부(부천지청)

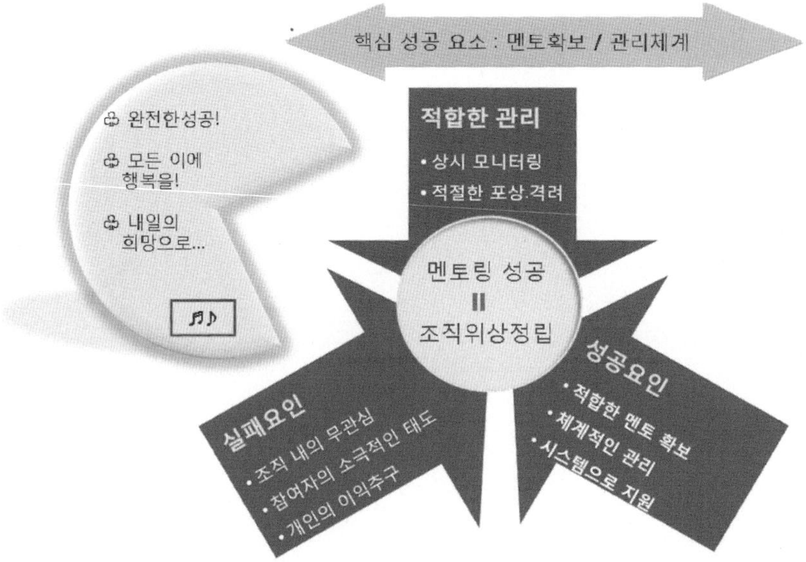

핵심 성공 요소 : 멘토확보 / 관리체계
완전한성공!
모든 이에 행복을!
내일의 희망으로...
적합한 관리
• 상시 모니터링
• 적절한 포상·격려
멘토링 성공 = 조직위상정립
실패요인
• 조직 내의 무관심
• 참여자의 소극적인 태도
• 개인의 이익추구
성공요인
• 적합한 멘토 확보
• 체계적인 관리
• 시스템으로 지원

초판인쇄 | 2010년 3월 5일
초판발행 | 2010년 3월 5일

지은이 | 류재석
펴낸이 | 채종준
펴낸곳 | 한국학술정보㈜
주　소 | 경기도 파주시 교하읍 문발리 파주출판문화정보산업단지 513-5
전　화 | 031) 908-3181(대표)
팩　스 | 031) 908-3189
홈페이지 | http://www.kstudy.com
E-mail | 출판사업부　publish@kstudy.com
등　록 | 제일산-115호(2000. 6. 19)

ISBN　978-89-268-0860-3 13320 (Paper Book)
　　　　978-89-268-0861-0 18320 (e-Book)

이담 Books 는 한국학술정보(주)의 지식실용서 브랜드입니다.